월가의 승자들

거인의 어깨에서 바라본 금융과 투자의 세계

월가의 승자들
거인의 어깨에서 바라본 금융과 투자의 세계

2021년 1월 5일 초판 1쇄 발행
2023년 10월 31일 초판 4쇄 발행

지 은 이 | 최정혁
펴 낸 곳 | 삼성글로벌리서치
펴 낸 이 | 차문중
출판등록 | 제1991-000067호
등록일자 | 1991년 10월 12일
주 소 | 서울특별시 서초구 서초대로74길 4(서초동) 삼성생명서초타워
전 화 | 02-3780-8153(기획), 02-3780-8084(마케팅)
팩 스 | 02-3780-8152
이 메 일 | sgrbooks@samsung.com

ISBN | 978-89-7633-998-0 03320

삼성글로벌리서치의 도서정보는 이렇게도 보실 수 있습니다.
홈페이지(http://www.samsungsgr.com/) → SGR BOOKS

WALL STREET

월가의 승자들

거인의 어깨에서 바라본 금융과 투자의 세계

최정혁 지음

삼성글로벌리서치

추천사

평소 쉽게 접하기 어려운 글로벌 금융 리더들의 경영 철학과 투자관을 잘 풀어낸 책이다. 특히 최근 주목받고 있는 인물들을 대거 등장시켜 시의성 있는 지식과 통찰을 전달하고 있다. 책의 구석구석에는 저자의 현장 경험이 스며 있어 책을 읽는 내내 생동감을 느끼게 한다. 현업 종사자는 물론이고 금융·투자 및 리더십에 관심 있는 분들께 일독을 권한다.

조웅기 미래에셋대우 대표이사 부회장

지금까지 우리 경제는 전적으로 제조업이 견인했다고 해도 과언이 아닐 것이다. 이제부터 진정한 선진국으로 올라서려면 새로운 원동력이 필요하다. 그리고 금융이 그 역할을 할 수 있음은 많은 선진국 사례에서 알 수 있다. 금융에 대한 시대적 요구와 함께 투자에 대한 관심도 높아진 지금, 이 책이 발간된 것은 매우 환영할 만하다. 국제 금융시장을 주도하는 거물들의 활약상과 그 배경인 월스트리트를 들여다볼 최고의 기회를 제공한다.

윤영각 파빌리온자산운용 회장, 전 삼정KPMG 회장

'월스트리트'는 맨해튼 초기 정착민들이 외적 방어용으로 세운 울타리에서 비롯되었는데, 그 이름대로 미국 경제의 방어벽 역할을 충실히 해왔다. 당연히 이 금융 중심지에 대한 국내의 관심도 커서 그 역사와 현황 관련 책은 여럿 발행되었다. 그러나 이를 움직이는 '사람'에 관한 이야기는 별로 다루어진 적이 없었다. 이 책은 바로 이 주요 인물들의 면면을 다루었다. 저자는 업계의 '속살'을 직접 보았기 때문에 그의 글은 쉽지만 깊이가 있다.

김경원 세종대학교 부총장·경영대학장

월스트리트 구루guru. 관심은 가지만 선뜻 접근하기 어려운 인물들이다. 이들의 리더십, 경영 철학, 투자 노하우 등은 금융·투자 세계에서는 교과서로 통하지만 한국 독자에게는 생소한 편이다. 저자는 월스트리트의 작동 원리와 구루들의 철학을 생생하게 그려냈다. 그의 유려한 문체와 호흡 좋은 글 속에서 월스트리트 리더십이 빛을 발한다.

김종윤 〈중앙일보〉 편집국장

책을 내며

2008년 9월 14일 추석날 늦은 밤, 본가에 있던 필자는 요란한 전화벨 소리에 잠을 깼다. 전화기에서 들려오는 다급한 목소리가 사태의 긴박감을 전하고 있었다. 급하게 열어본 이메일의 수신함은 긴급 메일로 넘쳤다.
다음 날 아침, 예정보다 하루 일찍 서울로 향했다. 곧장 사무실로 달려가 시스템을 켜고 한 은행과 우리가 그동안 거래한 모든 내역을 뽑아 리스크를 파악했다. 그러고는 요동치는 금융시장 속으로 뛰어들었다. 그곳에선 벌써 치열한 전쟁이 벌어지고 있었다. 조금이라도 더 빨리, 더 나은 가격에 리스크를 떨쳐내려는 무리의 아우성이 가득했다. 안전 자산인 달러와 국채 가격은 폭등했고, 아시아 주식시장은 폭락하고 있었다. 10년 전 외환위기의 기억이 선명하게 되살아났다. 거래에 몰입하면서도 한편으론 불안감이 엄습해왔다. '이제 월스트리트에 남은 투자은행은 단 두 군데, 그렇다면 다음 차례는 우리가 될지도 모른다.'

유난히 짧았던 2008년 추석 연휴 끝자락, 당시 골드만삭스 서울에서 트레이딩 사업을 총괄하던 필자가 겪은 24시간의 기억이다. 그 도화선은 지구 반대편 월스트리트발 긴급사태였다. '대마불사大馬不死'의 신화를 깨고 158년 역사를 가진 리먼 브라더스가 무너진 것이다. 리먼 브라더스는 골드만삭스, 모건스탠리와 더불어 월스트리트 3대 투자은행 중 하나였다. 리먼 브라더스 파산은 연휴 직전까지만 해도 전혀 예상하지 못한 일이었다. 영국계 금융회사 바클레이즈가 리먼 브라더스를 인수할 거라는 기대가 워낙 컸던 까닭이다. 평소 필자와 가깝게 지내던 리먼 브라더스 직원들 중 어느 누구도 회사가 파산하리라고는 상상조차 하지 못했다.

그렇게 시작된 '블랙 스완'의 날갯짓은 세계경제와 금융시장에 크나큰 상처를 남겼다. 세계경제는 빠르게 뒷걸음질치고 금융시장은 패닉에 빠져들었다. 기세등등하던 많은 금융인이 위기의 원인 제공자로 내몰리며 역사의 뒤안길로 사라지고 말았다. 반면 살아남은 이들은 이전과 비교할 수 없을 만큼 강해졌다. 경쟁자들이 생사의 기로에 선 사이 그 빈틈을 파고들었고, 때론 무너진 패자를 헐값에 사들이며 월스트리트를 재편했다.

이 책은 무수한 위기를 겪고 살아남아 월스트리트의 승자가 된 그들에 대한 호기심에서 출발했다. 오랜 기간 금융 현장에서 월스트리트 거물들의 흥망성쇠를 목격하며 품게 된 의문이 책을 쓴 계기다. '그들은 거대한 전환의 시기를 맞아 어떻게 대응했을까?', '무엇이 그들로 하여금 남다른 의사결정을 내리게 했을까?', '그들은 어떻게 조직을 움직였을까?'. 이렇게 꼬리에 꼬리를 무는 궁금증이 '그들은 과연 무엇이 달랐을까?'라는 궁극적인 질문으로 귀결됐다.

이에 대한 답을 구하기 위해, 먼저 현대 금융사에 한 획을 그은 인물들을 선별해 탐색을 시작했다. 위기를 도약의 기회로 돌려놓으며 금융과 투자의 새 지평을 연 사람들을 찾아봤다. 이 과정에서 위기의 배경을 굳이 2008년 글로벌 금융위기로 제한하진 않았다. 그들 중 다수는 이미 그 이전부터 결정적 순간을 맞을 때마다 현명하게 대처하며 명성을 쌓았고, 2008년의 위기를 계기로 더 큰 도약을 했을 뿐이기 때문이다.

다음으론 마치 '보물찾기'를 하듯 그들의 인생 경로를 거슬러 올라갔다. 여기에다 최근의 발자취까지 더해 가능하면 그들의 전 생애를 조망해보고자 했다. 이 과정에서 필자의 금융 현장 경험을 십분 녹여내고자 했다.

'그들은 과연 무엇이 달랐을까?'에 대한 해답은 그들의 가치관과 거기에 기반을 둔 투자 및 경영 철학에 있었다. 성장 배경, 교육, 금융 경력, 심지어 비금융권 경력까지 복합적으로 작용한 결과였다. 어린 시절의 강렬한 기억이 평생 동안 그들을 이끄는 나침반 역할을 하기도 했다. 예를 들어 칼라일 그룹의 데이비드 루벤스타인 회장이 12세 때 접한 존 F. 케네디 전 미국 대통령의 취임식 연설은 평생의 영감으로 남아 그의 삶에 지대한 영향을 미쳤다. 또한 뱅가드 그룹의 설립자 존 보글은 대공황의 경험을 투자 업계의 문제점을 지적하는 대학 졸업 논문에 담았고, 이것이 그의 투자 철학이자 뱅가드의 경영 철학으로 발전했다.

그들이 가진 리더십도 특별했다. 흔히 생각하는 교과서적인 리더상像과는 판이한 리더십을 지닌 인물도 여럿이었다. 대표적 인물이 제이피모건 체이스의 제이미 다이먼 회장과 모건스탠리의 제임스 고먼 회장이다. 모건 제국을 이끌고 있는 두 사람은 회사의 모든 걸 꿰고 있어야 직성이 풀릴 정도로 세심함과 철저함에서 타의 추종을 불허한다. 다만 결은 아주 다르다. 다이먼 회장이 거칠게 몰아붙이는 스타일이라면 고먼 회장은 세심하고 차분하게 파고든다.

금융 거물들을 깊숙이 들여다보면서 이처럼 뜻밖의 모습을 발견할 수 있었고, 이런 성향이 금융과 투자의 특수성과 맞물려 그들의 인생과 비즈니스에 긍정적 촉매 역할을 톡톡히 하고 있음을 알 수 있었다.

이 책은 3부로 구성되어 있다. 앞서 말한 인물들을 포함해 총 11명의 삶을 세 가지 유형으로 나누어 조망했다. 첫째는 업의 본질을 규정하고 이를 지켜 조직을 경영하며 투자 활동을 펼친 인물들이다. 이들은 특히 고객의 투자금을 위탁받아 운용하는 데 있어 자신의 확고한 투자철학에 기반한 투자를 실천했다. 둘째는 변화의 물결에 적극적으로 올라탄 인물들이다. 위기는 물론이고 금융 환경의 변화에 민첩하고 적극적으로 대응함으로써 월스트리트에서 확고한 위치를 다졌다는 공통점을 갖고 있다. 마지막은 월스트리트를 초월한 인물들이다. 금융회사 경영과 투자의 성공 스토리가 뒷받침된 그들은 그 역할이 월스트리트에만 머물지 않고 더 넓은 세상을 향하고 있다.

이 책을 발간하는 2020년에 공교롭게도 블랙 스완이 다시 날아올랐다. 이번에는 코로나19 바이러스가 원인을 제공했다. 실물경제는 여지없이 치명타를 맞았다. 그런데 이에 아랑곳하지 않고 뜨겁게 달아오른 주식시장을 두고 논쟁이 거세다. 이미 달리는 호랑이 등에 올라탄 투자자든 호랑이 등에 올라탈 기회를 놓친 투자자든 이른바 '포지션 토크 position talk'라는 걸 하는 탓이다. 자신이 처한 입장에 따라 그에 유리한 방향으로 견해를 형성한다는 말이다. 이럴 때 진정 필요한 것이 바로 확고한 투자 철학이다. 원칙을 세우고 이를 지켜 투자하는 자세가 중요하다. 이는 이 책의 등장인물들이 한결같이 지닌 공통점 중 하나다.

이 책을 쓰면서 늘 염두에 둔 것은 워런 버핏의 말이다. "자신의 경험을 통해 배우는 것도 좋지만, 가능하면 다른 사람의 경험을 통해 배우는 것이 현명하다." 직접 경험하는 것도 중요하지만, 시간과 비용 등을 고려하면 간접경험이 훨씬 더 경제적이고 효율적이란 뜻이다. 독자 여러분도 이 책을 통해 그와 같은 경험을 할 수 있기를 바란다.

자, 이제 거인의 어깨에 올라서서 더 넓은 세상을 바라볼 준비가 됐는가? 그렇다면 그들의 삶의 궤적을 좇아 월스트리트로 떠나보자.

2020년 12월

최정혁

차례

추천사 _4

책을 내며 _6

1부 '마이다스의 손'은 없다
업의 본질을 찾아내라

Intro _16

1장 | **존 보글** 뱅가드 그룹 설립자
'선량한 관리자'를 자임한 인덱스 펀드의 창시자 _19

2장 | **제임스 사이먼스** 르네상스 테크놀로지 설립자
인간의 직관은 필요 없다, 오직 데이터로 투자한다 _43

3장 | **데이비드 루벤스타인** 칼라일 그룹 회장
당신의 투자가 국가를 위해 무엇을 할 수 있을지 물어라 _71

4장 | **데이비드 스웬슨** 예일대학교 기금 최고투자책임자
장기 분산 투자라는 오래된 원칙이 부린 마법 _99

2부 변화 속에 기회 있다
파도에 휩쓸리지 말고 올라타라

Intro _126

5장 | **로이드 블랭크페인** 골드만삭스 전 회장
빠르게 적응하고 영리하게 돌파하라 _129

6장 | **마이클 노보그라츠** 갤럭시 디지털 CEO
동물적 감각으로 시장을 길들이는 월스트리트 명스토리텔러 _157

7장 | **제임스 고먼** 모건스탠리 회장
두 번의 큰 변화를 이끌어낸 컨설턴트 CEO _183

3부 경계는 없다
세상의 긍정적 변화를 이끌어라

Intro __210

8장 | **마이클 블룸버그** 블룸버그 L.P. 설립자
금융업을 넘어 '월스트리트 생태계'를 창조한 최고 권력 __213

9장 | **레이 달리오** 브리지워터 어소시에이츠 회장
원칙과 철학으로 '구루'의 반열에 오른 투자가 __237

10장 | **제이미 다이먼** 제이피모건 체이스 회장
월스트리트 최장수 CEO, 모건 제국 이후를 꿈꾸다 __259

11장 | **하워드 막스** 오크트리 캐피털 매니지먼트 회장
〈메모〉로 대중들의 투자 나침반이 되다 __283

참고자료 __305

1부

'마이다스의 손'은 없다

업의 본질을 찾아내라

Intro

모든 조직은 존재의 이유를 갖고 있다. 영리를 추구하는 영리 조직이건 사회적 가치를 추구하는 비영리 조직이건 모두 고유의 미션을 지닌다. 그 미션이 바로 '업의 본질'이다. 이때 미션 설정부터 미션 달성을 위한 세부 전략의 수립과 집행 전반에서 절대적 영향력을 행사하고 중추적 역할을 하는 존재가 창업자 또는 최고경영자 같은 리더다. 리더의 가치관과 철학은 이 모든 과정을 통해 조직에 깊숙이 녹아들어 조직의 질서와 규범, 즉 조직 문화의 기틀이 된다.

고객의 자금을 위탁받아 운용하는 투자회사는 '선량한 관리자'의 역할을 충실히 수행하는 데 방점을 찍는다. 표현의 차이는 있지만 고객의 이익을 최우선하는 투자 활동이 미션의 골자가 되는 것이다. 그런데 당연하게 들리는 이 미션을 실천하기가 결코 쉽지 않다는 사실은 모두가 알고 있는 바다. 크게는 회사의 이익을, 작게는 개인의 이익을 좇느라 선량한 관리자라는 업의 본질을 망각한 사례가 너무나도 많다. 회사가 위기를 맞는 것 또한 업의 본질이 흐려진 탓인 경우가 적잖다.

회사가 정상 궤도를 이탈하지 않고 목적지를 향해 잘 나아가도록 하는 원동력이 조직 문화다. 투자회사에서는 리더의 투자 철학이 일상적 투자 활동의 규범으로 자리 잡아 문화가 된다. 이 책의 1부는 바로 그런 문화를 기반으로 업의 본질을 지켜낸 리더들의 이야기다. 뱅가드 그룹 설립자 존 보글의 '단순함이라는 원칙을 통한 비용 절감', 르네상스 테크놀로지 설립자 제임스 사이먼스의 '스토리텔링의 배제', 칼라일 그룹 회장 데이비드 루벤스타인의 '국가 중심 가치관' 그리고 예일대학교 기금 최고투자책임자 데이비드 스웬슨의 '애교심愛校心에 기초한 장기 분산 투자'가 그들이 이끄는 조직 문화의 핵심이다.

John Bogle, 1929~2019

뱅가드 그룹의 설립자이자 전 회장. 웰링턴 매니지먼트 회장을 역임했다. 1951년 프린스턴대학교 경제학과를 졸업한 뒤 웰링턴 매니지먼트에 입사하며 투자회사에 발을 들였다. 1975년 자산 운용사 뱅가드 그룹을 세웠다. 2020년 1월 기준 뱅가드 그룹의 운용 자산 규모는 6.2조 달러, 직원 수는 1만 7,600명이다.

1장

존 **보글** 뱅가드 그룹 설립자

'선량한 관리자'를 자임한 인덱스 펀드의 창시자

2008년 1월, 향후 10년의 투자 성적을 놓고 100만 달러짜리 내기가 벌어졌다. 한쪽은 투자 전문가가 엄선한 헤지 펀드*에, 다른 한쪽은 시장 평균을 노리는 인덱스 펀드**에 돈을 걸었다. 즉 헤지 펀드 대 인덱스 펀드의 투자 싸움이었다.

금융시장과 언론의 뜨거운 관심 속에 시작된 이 내기는 중간에 금융위기까지 겪게 되면서 '위기관리'의 진정한 승자를 가리는 대결로도 여

* 금융시장의 움직임과 무관하게 안정된 수익을 올리는 것을 목적으로 하는 가장 전문적인 투자 형태의 하나로, 여기 뛰어든 회사는 헤지 펀드에 분산 투자하는 재간접 펀드(펀드 오브 펀드) 회사 '프로테제 파트너스(Protége Partners)'였다.

** 개별 종목이 아닌 시장지수의 움직임을 추종하는 펀드.

겨졌다. 물론 지난 10년 동안 이 내기가 흥행에 성공한 이유는 단 한 가지, 가장 단순한 투자 상품인 인덱스 펀드에 베팅한 사람이 '오마하의 현인'으로 불리는 투자 업계의 거물 워런 버핏Warren Buffett이었기 때문이다. 게다가 그는 "헤지 펀드 매니저들의 IQ는 고평가 상태"라고 일갈하며 공개적으로 이 내기를 제안한 장본인이었다. 스스로 10년 드라마의 주인공이 되는 한편, 광고 책임자까지 자처한 것이다. 하지만 화려한 주연과 마케팅에도 불구하고 내기의 결말은 허무했다. 2017년 12월 29일 끝난 이 내기의 결과는 연평균 수익률 2.2% 대 7.1%, 인덱스 펀드의 완승이었다.

버핏이 베팅한 인덱스 펀드는 펀드 매니저의 개인기가 중요하지 않다. 이 경우 펀드는 '운용'이 아니라 '관리'의 대상이기 때문이다. 코스피KOSPI 200*이나 미국의 S&P 500** 인덱스 구성에 맞춰 주식을 매수해 포트폴리오를 짜놓으면 끝이다. 헤지 펀드와 같이 치열한 분석을 거쳐 투자 종목을 선정하는 '액티브 펀드'***와는 대조적인 '패시브 펀드'****의 대표 주자다. 단순 관리만 제공하다 보니 비용도 저렴하다. 결국 액티브 펀드와 비교하면 탁월한 성과에 착한 가격까지 더해져 그야말로 '가성비 끝판왕 펀드'라 불릴 만하다.

이 기막힌 금융 상품을 처음으로 고안해낸 이가 바로 존 보글이다.

---

* 시가총액이 크고 거래량이 많은, 코스피를 대표하는 종목 200개의 주가로부터 산출하는 주가지수.

** 미국 500대 대기업의 시가총액 기준 주가지수.

*** 펀드 매니저가 특정 종목을 선정하고 운용해 시장지수를 초과하는 수익을 목표로 하는 펀드.

**** S&P 500 등 시장지수의 흐름에 따라 수익을 추구하는 펀드로, '인덱스 펀드'라고도 한다.

스코틀랜드 이민자 집안 출신인 보글은 대공황 이후 가정 형편이 급격히 나빠져 생계를 책임져야 하는 환경에서 성장했다. 하지만 가난을 극복하려면 교육이 최우선이라는 생각을 갖고 있던 어머니 덕분에 그를 포함한 삼형제 모두 기숙사를 갖춘 사립학교에 진학했다. 이후 보글은 프린스턴대학교에서 경제학을 공부했다. 물론 사립학교의 비싼 등록금과 생활비를 충당하려면 장학금과 아르바이트가 필수였다. 대공황이 촉발한 유년기의 궁핍한 삶은 그가 스코틀랜드인 특유의 근검절약 정신을 가슴 깊이 새기고 현명한 투자, 특히 '단순함에 기반을 둔 저렴한 장기 투자'가 가져올 삶의 개선에 일찌감치 눈을 뜨게 한 계기가 됐다.

이 같은 믿음은 이후 보글이 반세기 이상 펼치게 될 투자 활동의 기저에 공고히 자리 잡는다. 그는 투자자, 그중에서도 개인 투자자들에 대한 '선량한 관리자'의 의무를 다하는 것을 항상 최우선으로 삼았다. 은퇴 자금, 학자금, 주택 자금 등을 마련하기 위해 개인 투자자들이 맡긴 투자금의 '관리자'로서 회사의 이익보다 투자자들의 이익을 먼저 챙겨야 한다는 의무감을 견지한 것이다. 실제로 보글은 "자본주의, 금융 그리고 펀드 운용에서 선량한 관리자의 의무를 정상화하는 것"이 자신의 사명이라고 말하며, 2019년 생을 마감할 때까지 이를 실천했다.

단순한 것에 답이 있다는 믿음으로

단순함은 보글의 일생을 관통하는 핵심 가치관의 하나다. 지금이야 복잡한 세상살이에 지친 사람들이 '미니멀리즘minimalism', '레스 이즈 모어less is more' 같은 말에 공감한다지만, 그가 이런 가치관을 금융 상품에 녹여내기 시작한 1970년, 그로부터 30년 동안은 '복잡함'이 주목받던 시기다. 마케팅이 절대적 영향력을 발휘해 소비가 미덕이던 소비지상주의 시대에는 금융도 예외가 아니었다.

'복잡함'의 바탕에는 욕심이 깔려 있다. 많은 것을 하나로 구현하려다 보니 복잡해진다. 한편 복잡함은 '전문성'을 상징한다는 선입견이 작용해 과대평가를 받기 쉽다. 일반인이 자신에게 부족한 전문지식을 얻는다는 명목으로 지나치게 높은 가격을 지불하게 되는 것이다. 금융에서도 회사와 고객 간 '정보 비대칭'이 가격 거품을 키울 수 있다.

1950년, 우연한 기회에 펀드 업계, 그중에서도 뮤추얼 펀드*를 주제로 삼아 대학 졸업논문을 쓰게 된 보글은 이 문제를 정확히 간파했다. 업계가 과다한 거래 비용과 마케팅 비용을 투자자들에게 전가해 잇속을 챙기는 현실을 목도한 것이다. 하지만 이들의 투자 실력은 전문가라고 하기에는 미흡한 수준이었다. 기대 이하의 운용 실적에 온갖 비용까지 제하고 나면 미국 주식 가치의 평균치라 할 다우존스 지수에도 미치지 못하는 초라한 수익을 거두는 운용사가 대부분이었다. 딱히 전문적인 투자 전략이 필요한 시절도 아니었는데 말이다. 지금과는 비교가 되지 않을 정도로 작은 규모의 주식시장에서 기껏해야 시장을 대표하는 대형주 몇 종목으로 펀드를 구성해놓던 때다.

---

* 투자자의 자금을 모아 투자회사를 설립한 후 주식 등에 투자해 이익을 분배하는 펀드로 투자자는 설립된 투자회사의 주주가 된다.

졸업논문을 계기로 강한 문제의식을 품은 보글은 졸업 후 투자 현장으로 뛰어들었다. 1951년 당시 펀드 업계의 선두 주자인 웰링턴 매니지먼트Wellington Management, 이하 '웰링턴'의 월터 모건Walter L. Morgan 회장에게 발탁된 것이다. "난 한 번도 일을 일이라고 여겨본 적이 없다"라고 보글은 당시를 회상했다. 어릴 적부터 쌓아온 근면성을 무기 삼아 성공의 사다리를 밟아 올라간 보글에게는 행운도 따랐다. 너나없이 주식시장에 뛰어들던 '고-고Go-Go 시대'*가 열린 것이다. 근면과 주식시장 활황을 등에 업고 1965년 보글은 모건 회장의 가장 유력한 후계자로 떠올랐다.

그런데 고-고 시대가 젊은 보글에게 영예만 안겨준 것은 아니었다. 주식 활황의 시기가 저물면서 보글에게도 시련이 찾아왔다. 세상을 떠날 때까지도 보글은 이 시기에 겪은 일을 '인생 최대의 실패'라고 여기며 후회하고 아파했다. 하지만 그 실패는 보글 개인의 고통스러운 기억으로만 남지는 않았다. 그 시련을 딛고 보글은 이른바 '단순함의 미학'을 반영한 투자 혁신을 일으키며 금융사에 길이 남을 위대한 업적을 쌓게 되었기 때문이다.

---

* 1960년대 주가 급등 시기를 가리키는 표현으로 1962년 535.76이던 다우존스 지수가 1966년엔 1000에 도달하기도 했다. 저금리에 기댄 개인 투자자들의 주식 투자 열풍과 기업 인수·합병의 급증이 주요 요인으로 작용했다. 당시 기술주·성장주로 부각된 폴라로이드, 제록스 등이 1968년까지 주가 상승을 이끌었다.

문제에 대한
여러 해결책이 있을 때는
가장 간단한 것을 선택하라.

Bogle, John C. (2009).
Enough: True Measures of Money, Business, and Life. Wiley.

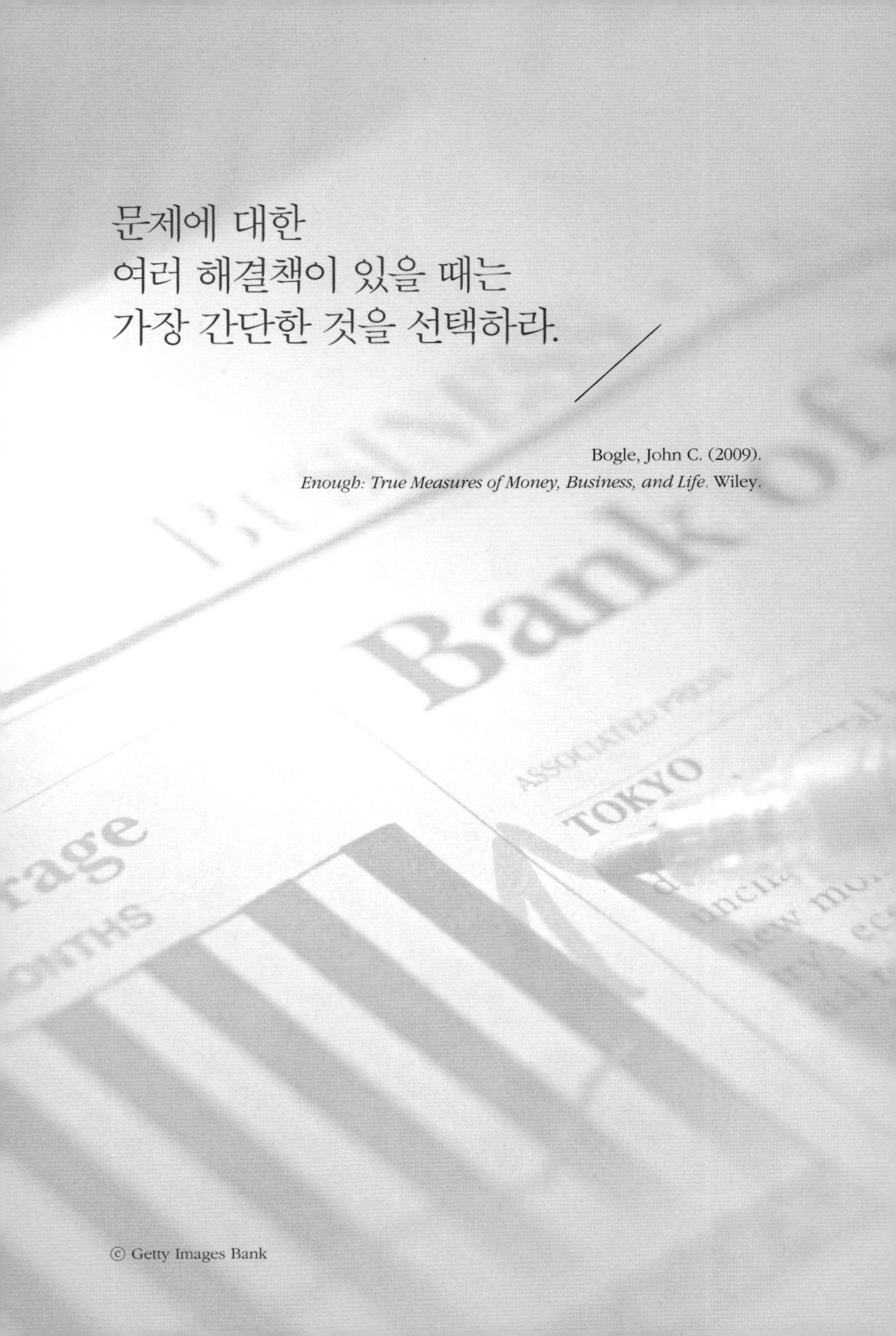

최대의 실패에서 얻은 최고의 깨달음

1960년대는 '주식 가격은 항상 올라가는 것'이라는 환상에 빠져 있던 때다. 주식시장이 뜨거워질수록 그에 비례해 투자자들의 수익에 대한 욕심도 함께 커졌다. 이에 편승한 펀드들은 새로운 투자 전략을 앞다퉈 내놓으며 호응했다. 그렇지만 경쟁이 치열하면 치열할수록 차별화된 전략으로 꾸준한 성과를 거두긴 더 어려웠다. 이에 펀드 운용사들은 어떻게 하면 조금이라도 더 높은 수익을 올리는 상품으로 투자자들을 유치할 수 있을지 골몰했다.

웰링턴의 젊은 후계자 보글도 같은 고민에 빠졌다. 오랜 역사를 내세우며 보수적으로 운용되던 '웰링턴 펀드Wellington Fund'로는 거대한 시장의 변화를 헤치고 나아가기에 역부족이라는 생각 때문이었다. 당장 웰링턴의 시장점유율이 속락하고 있었다. 1928년 설립된 웰링턴은 우선주와 우량 채권에 투자해 안정된 수입income을 벌어들이는 '웰링턴 펀드'로 명성을 쌓았지만, 고-고 시대에는 그저 안정적 실적을 내는 것만으로는 주가 상승에 베팅하는 신생 펀드들에 비해 열세를 면할 수 없었다.

모건 회장으로부터 회사의 턴어라운드를 위한 전권을 위임받은 보글은 성장주 펀드 운용으로 사업을 확장하기로 결정했다. 과거의 실적이 아니라 미래의 가능성을 보고 가격 상승 폭을 키우는 성장주 투자에 뛰어들기로 한 것이다. 이를 위해 보글은 성장주 펀드 운용에 강한 투자회사를 목표로 인수·합병에 나섰다. 웰링턴이 자체적으로 펀드를 조성하고 운용하기엔 시간과 역량이 부족하다는 판단 끝에 내린 결론이었다.

이때 보글의 레이더에 잡힌 것이 보스턴에 위치한 신생 운용사 '손다이크, 도런, 페인 & 루이스Thorndike, Doran, Paine & Lewis; TDP&L'였다. 네 명의 30대 아이비리그 출신들이 세운 이 회사는 성장주 투자로 높은 성과를 올리며 한창 주목을 받던 운용사였다. 뛰어난 리서치와 투자 역량을 보유하고 있어 웰링턴의 부족한 부분을 채워줄 최적의 인수 대상이었다. 웰링턴호에 올라타는 것은 TDP&L에도 분명 플러스 요인이었다. 전통 있는 대형 운용사 웰링턴의 명성과 영업력을 활용하면 펀드 매출을 크게 늘릴 수 있을 것이었다. 이렇게 서로의 이해관계가 맞아떨어지자 거래는 급물살을 탔고, 1966년 웰링턴은 TDP&L 인수 거래를 마무리하며 공격적인 액티브 투자에 첫발을 디뎠다.

그 후로도 한동안 지속된 주식시장의 활황은 웰링턴의 성과 개선으로 이어졌다. 인수한 성장주 펀드에 돈이 몰리면서 이전 몇 년간 하향세를 보이던 회사의 매출이 강하게 반등한 것이다. 이에 고무된 모건 회장은 더욱 공격적인 펀드 운용을 예고하며 보스턴 4인방에게 힘을 실어주었다. 이들의 권한이 커진다는 것은 반대로 보글의 입지가 좁아진다는 의미였다. 비록 인수를 성사시키며 CEO 자리에 오른 보글이었지만 그의 역할은 마케팅과 내부 운영으로 제한돼 있었다. 펀드 운용과 리서치 등 핵심 영역은 이미 4인방에게 넘어간 뒤였다. 게다가 인수 조건의 하나로 모건 회장이 양도하기로 한 지분도 보글이 4인방에 비해 불리했다. 전체 지분의 40%가 4인방의 몫으로 갔고 보글에겐 25%만 주어졌던 것이다.

한편, 공격적 주식 투자는 리스크와 비용의 증가로 이어졌다. 공짜 점심은 없는 법인지라 고수익 추구에는 더 많은 리스크 감수가 뒤따랐고, 장세 변화에 적극 대응하다 보면 거래량이 늘어나 그에 따른 비용도 증가했다. 이는 온전히 웰링턴에 투자한 고객들이 부담해야 하는 리스크이고 비용이었다.

사달이 난 건 주식 활황이 끝나면서다. 그것도 아주 잔인한 종말이었다. 오일쇼크와 함께 찾아온 고물가·저성장의 스태그플레이션을 계기로 오랜 탐욕의 축제가 막을 내렸다. 웰링턴의 펀드들도 예외가 아니었다. 고수익의 이면에 가려져 있던 고위험의 실체가 드러나며 펀드 수익이 급락했다. 워런 버핏의 말처럼 수영장 물이 빠지자 발가벗고 있던 사람들의 실체가 그대로 드러난 형국이었다. 안정된 수입을 추구하는 운용사라는 웰링턴의 오랜 명성은 회사 실적과 같은 궤적을 그리며 무너졌다. 펀드 해약이 잇따랐는데, 이는 고수익 거품의 주범인 성장주 펀드에 제한되지 않았다. 웰링턴의 역사를 상징하는 플래그십 펀드 '웰링턴 펀드'의 규모도 급감했다. 1965년의 20억 달러에서 4분의 1 토막이 나며 5억 달러를 하회하는 수준까지 떨어졌다. 1968년 50달러이던 웰링턴의 주가 역시 1975년엔 5달러 밑으로 맥없이 무너졌다.

궁지에 몰린 경영진 사이에 책임 논란이 불거졌다. 서로를 손가락질하던 사내 갈등은 회사 운영을 양분하던 보글과 보스턴 4인방 간 파워게임 양상을 띠었고 1974년에는 이사회의 표 대결까지 가는 상황이 연출됐다. 결과는 보글의 패배였다. 8년 전 TDP&L 인수 계약 시 확보한 지분율, 즉 의결권의 차이가 워낙 컸기 때문이다. 결국 보글은 CEO 자리에서 물러났다.

여기까지가 보글 스스로 '인생 최대의 실패'라고 얘기하는 아픈 기억이다. 웰링턴에 입사해 승승장구하던 청년 보글은 인수·합병을 통한 사업 모델 전환으로 회사는 물론 자신의 성공 또한 앞당기고 싶었을 것이다. 비록 기업 실적의 뒷받침 없이 미래에 대한 기대감으로만 연명하던 주식시장이 일순간에 무너진 것이 기폭제였지만, 거슬러 올라가면 프린스턴대학교 시절부터 품고 있던 펀드 업계에 대한 문제의식을 잊은 것이 위기의 시발점이었다. 보글은 자신이 지적했던 투자 업계의 무책임한 관행에 본인 또한 동참했었다는 사실이 후회스러웠다.

위기에서 기회를 찾는 역발상: 인덱스 펀드의 탄생

웰링턴에서 해고당한 보글은 생존 방안을 강구해야 했다. 다른 회사로 옮기는 것도 생각해보았지만 청춘을 바쳐 일한 웰링턴과의 인연을 완전히 끊기란 쉬운 일이 아니었다. 그 순간 웰링턴이 운용하는 펀드의 '서비스 회사'를 세우자는 아이디어가 떠올랐다. 뮤추얼 펀드와 운용사는 상호 독립적이어야 한다는 점에 착안한 것이었다. 법적으로 웰링턴은 뮤추얼 펀드의 운용사일 뿐이었다. 뮤추얼 펀드의 주요 의사결정 권한은 전적으로 자체 이사회에 있었다. 다만 펀드 운영에 있어 중심 역할을 하는 운용사가 뮤추얼 펀드에 미치는 영향력은 막대했다.

펀드 운영에서 서비스는 펀드의 정산이나 리포트 발송 등 펀드와 관련된 단순 관리 업무에 국한되었다. 그렇다 보니 펀드를 제대로 관리할 의무가 있는 펀드의 이사회는 물론이고 운용사인 웰링턴의 입장에서도 굳이 보글의 서비스 회사 설립을 막을 이유가 없으리라고 예상한 것이다.

그러나 운용사 웰링턴은 여전히 보글에게 적대적인 세력이 장악하고 있는 상황이었다. 운용·판매 보수부터 거래 비용까지 펀드가 부담하는 모든 경제적 비용을 운용사가 자의적으로 결정할 정도로 뮤추얼 펀드와 운용사 간 관계가 불평등했다. 이는 운용사에서 보글의 회사 설립을 간접적인 방식으로라도 방해할 수 있다는 의미였다. 하지만 그것이 오히려 보글에게 기회가 될 수도 있었다. 웰링턴에 대한 펀드 이사회의 반감이 상당했기 때문이다. 게다가 고-고 시대의 종말로 반토막이 나버린 펀드 운용 실적에 대한 불만도 높았다.

보글은 명분과 실리를 동시에 챙길 수 있는 회사 설립을 강하게 밀어붙였다. 운용사와는 별개로 주주 편에 서서 일해줄 서비스 회사 설립의 당위성을 내세우며 펀드 이사회 설득에 나섰다. 결국 이사회의 표 대결까지 가게 된 보글의 제안은 웰링턴의 압력을 이겨내고 박빙의 차이로 통과되었다. 그렇지만 조건이 따랐다. '서비스 회사'는 펀드 운용과 판매에는 절대 관여할 수 없다고 못 박은 것이다. 보글은 이 조건을 받아들였고, 1975년 펀드 관리회사 뱅가드 그룹The Vanguard Group, 이하 '뱅가드'을 출범시키며 재기의 발판을 마련했다.

힘겨운 과정을 거쳐 창업하다 보니 회사명을 결정할 때도 심사숙고를 했는데 역설적으로 보글은 전 직장 '웰링턴'에서 영감을 얻었다. 나폴레옹 전쟁을 승리로 이끈 영국의 전쟁 영웅 웰링턴 공작이 웰링턴이라는 회사 이름을 낳았다면, 이번엔 같은 전쟁의 또 다른 영웅 넬슨 제독으로부터 힌트를 얻은 것이다. 1798년 나일 해전에서 프랑스 함대를 격퇴한 넬슨 제독의 기함이 바로 '뱅가드호'였다. 물론 이것은 단순한 기함의 명칭을 넘어서는 의미도 내포했다. 뱅가드는 원래 '새로운 변화의 리더'라는 뜻도 있었으며, 여기에 웰링턴과 넬슨의 경쟁 관계 등이 복합적으로 함축돼 있는 것이다. 어찌 보면 보글의 속마음이 읽히는 회사명이었다.

우여곡절 끝에 뱅가드호의 닻을 올린 보글은 웰링턴 시절 잊고 지냈던 대학 졸업논문을 다시 떠올렸다. 돌이켜보니 자신의 웰링턴 경력 후반부는 졸업논문의 주제를 정확히 실증한 셈이었다. 전체 주식시장 평균에도 못 미치는 성적을 올리면서 고객에게 높은 리스크와 비용까지 전가하는 펀드 업계의 불편한 진실 말이다. 보글은 이런 사업 모델은 결코 지속가능하지 않다는 확신이 들었다. 그렇다고 당장 운용사가 고객 이익을 최우선하도록 만들 유인책을 찾기도 어려웠다. 답은 한 가지였다. 아예 주식시장 평균 수익률을 목표로 삼는 펀드였다. 주식시장의 평균이라 할 수 있는 주가지수를 추종하는 펀드, 즉 인덱스 펀드였다. 이런 펀드라면 펀드 업계의 고질적인 문제를 해결하고, 나아가 뱅가드가 운용사로 도약하는 돌파구 역할을 할 수도 있었다. 운용과 판매가 불허된 뱅가드의 태생적 한계를 극복할 기회를 보글은 인덱스 펀드에서 찾아낸 것이다.

관건은 일반 펀드와 인덱스 펀드의 차별성을 내세워 다시 한 번 펀드 이사회를 설득하는 일이었다. 보글의 논리는 명료했다. 인덱스 펀드는 '운용'의 대상이 아니라 '관리'의 대상이라는 것, 그게 핵심이었다. 기존의 주식 펀드와는 운용 방법이 확연히 다르다는 점을 그는 강조했다. 펀드 매니저가 전도유망한 종목을 선정해 투자하는 것과 달리 주식시장 인덱스의 구성과 동일하게 주식을 매수하면 끝나는 일이었다. 그야말로 기계적이고 수동적인 투자 형태였다. 이런 방식이라면 펀드 이사회나 펀드 운용사인 웰링턴이 반대할 명분이 없었다. 펀드 운용과 판매에 관여할 수 없다는 뱅가드의 설립 조건에 저촉되지 않는 기발한 아이디어였다. 서비스 회사 뱅가드는 본연의 역할인 펀드 '관리'를 할 뿐이었다. 펀드 매니저의 개입이 생략되니 운용 보수와 거래 비용도 파격적으로 낮아질 수 있었다. '단순함의 미학'에 기초한 경제적 주식 투자법인 인덱스 펀드는 이렇게 세상에 첫선을 보였다. 1976년 최초의 인덱스 펀드 '퍼스트 인덱스 인베스트먼트 트러스트First Index Investment Trust'*가 탄생한 순간이다.

투자자가 곧 운용사의 주주가 되는 뱅가드 모델

인덱스 펀드는 초기에는 그리 호응을 얻지 못했다. 1억 5,000만 달러 조성을 목표로 투자자 모집에 나선 첫 공모에 겨우 1,100만 달러가 모였다. 이렇게 작은 금액으론 S&P 500 지수를 구성하는 500 종목을 비중에 맞춰 사는 것도 쉽지 않았다. 여전히 고-고 시대의 환상에 사로잡혀 있던 투자자들은 인덱스 펀드를 투자의 대상으로 보지 않았다. 무

* S&P 500 지수를 추종하는 인덱스 펀드로 지금의 '뱅가드 500 인덱스 펀드'이다.

릇 주식 투자란 가격이 상승할 개별 종목을 발굴해서 사는 것이지 이것저것 섞여 있는 인덱스를 사는 건 아니라고 여긴 탓이다.

투자 업계도 냉소적이기는 마찬가지였다. 운용이라고 볼 수 없는 데다 운용 보수가 낮아 수익성도 떨어지는 인덱스 펀드를 '보글의 어리석은 짓'이라고 부르며 비웃었다. 자연히 어떤 운용사도 뱅가드를 경쟁 상대로 여기지 않았고, 그로부터 10년이라는 시간이 지날 때까지 경쟁 펀드도 등장하지 않았다. 하지만 이 같은 업계의 무시가 역설적으로 보글이 조용히 미래를 준비하는 데 이점으로 작용했다. 특히 웰링턴의 견제가 소홀해진 틈을 타 뱅가드를 정식 운용사로 도약시킬 기회로 삼을 수 있었다. 인덱스 펀드를 투자자의 권리 회복과 뱅가드의 부상을 위한 디딤돌로 삼으려는 보글의 행보는 이렇게 한 걸음씩 앞으로 나아가고 있었다.

보글의 도전은 단순히 인덱스 펀드를 만드는 데 그치지 않았다. 획기적인 비용 절감이 그 뒤를 따랐다. 펀드 운영에 소요되는 비용을 줄여 투자자들에게 돌아갈 몫을 키우려는 것이었다. 펀드 투자 고객이 운용사로부터 착취를 당하는 현실을 개선해보려는 시도였다. 인덱스 펀드는 운용사가 별도로 필요하지 않다는 점에 착안해, 웰링턴을 배제시켜 운용사가 챙기는 높은 보수를 절감한다는 복안이었다.

이렇게 운용사의 모습을 갖춘 뱅가드는 펀드의 전반적 운영과 관리를 책임진 투자회사로서 펀드 투자자가 곧 운용사의 주주가 되는 최초이자 유일한 사례가 됐다. '뱅가드 모델'에선 외부 주주가 존재하지 않는다. 주식시장에 상장되어 있는 다른 경쟁사들과 달리 지금까지도 비상장 회사인 뱅가드는 뮤추얼 펀드에 투자한 고객이 동시에 회사의 주주가 되는 형태다. 따라서 뱅가드는 외부 주주와 고객 사이에서 주주를 위한다는 명분으로 고객을 상대로 굳이 이익을 남길 필요가 없다. 주주와 고객이 일치하다 보니 고객의 이익을 최우선하는 것이 당연시되는 지배구조였다.

보글의 '고객 이익 극대화'의 노력은 운용 보수의 절감에서 한발 더 나아갔다. 기존의 일반적 펀드들은 중개회사의 영업망을 통해 간접 판매가 이루어졌으나 인덱스 펀드는 그런 과정 없이 직접 판매를 함으로써 중개에 따른 판매 비용을 아예 없애는 전략을 취했다. 사실 중개회사를 통한 펀드 판매는 이전까지 웰링턴과 같은 운용사들이 도맡아 처리하던 영역이다. 보글이 뱅가드 모델을 두고 "구조적, 수학적 그리고 윤리적으로도 바람직하다"라고 말할 수 있었던 것은 그동안 웰링턴과 같은 운용사들이 누리던 불합리한 비용 구조를 획기적으로 뜯어고쳐 그 혜택을 고스란히 고객의 몫으로 돌려줄 수 있었기 때문이다.

그러나 고객에 대한 이러한 진정성에도 불구하고 보글의 뱅가드 모델은 한동안 시장의 주목을 끌지 못했다. 투자자들은 오로지 액티브 펀드의 대표 주자들에게 열광했는데, 주식에서는 피터 린치Peter Lynch*, 채권에서는 빌 그로스Bill H. Gross**가 그 주인공들이었다. 게다가 뱅가드 모

---

* 대표적 주식 뮤추얼 펀드인 피델리티 사의 '마젤란 펀드'를 1977년부터 1990년까지 운용한 전설적 펀드 매니저.

** 1971년 자산 운용사 핌코를 설립해 2014년까지 채권 뮤추얼 펀드 '토탈 리턴 펀드'를 운용하며 세계 최대 펀드로 성장시킨 펀드 매니저.

델에 대한 증권거래위원회Securities and Exchange Commission; SEC의 미지근한 반응도 부정적으로 작용했다. SEC는 뱅가드의 파격적 지배구조에 대해 한시적 영업만 허용하며 최종 결정을 미루고 있었다. 최초의 인덱스 펀드가 출범하고도 오랫동안 이런 상황이 지속됐다. 대표적 규제 산업인 금융의 특성상 최고 감독기관의 불확실한 태도는 뱅가드 모델에 가장 큰 리스크로 작용했다. 하지만 보글은 SEC를 설득하는 노력을 멈추지 않았다. 투자자의 이익을 최우선으로 여기는 뱅가드 모델이 '금융 소비자 보호'라는 SEC의 목표와 정확히 일치한다는 점을 꾸준히 설명했다.

이 같은 노력은 5년 후 마침내 결실을 맺었다. 오랜 심사 끝에 1981년 공식적인 사업 허가를 받으며 규제 리스크를 제거하는 데 성공한 것이다. 게다가 SEC는 운용사, 판매사 등으로부터 독립성을 추구하는 뱅가드 모델에 대해 공개적으로 찬사를 보내며 '선량한 관리자'를 표방하는 보글에게 힘을 실어주었다.

또한 비슷한 시기 뱅가드가 서비스 관리를 하던 펀드 중 하나가 '퍼스트 인덱스 인베스트먼트 트러스트'에 통합된 것도 긍정적 요인이었다. 덕분에 당시 뱅가드가 관리하던 11개 펀드 중 규모 면에서 보잘것없던 인덱스 펀드가 순식간에 1억 달러로 덩치를 키우며 '규모의 경제'를 실현할 기회를 잡을 수 있었다. 뱅가드 모델은 펀드의 독립적 운영을 통해 외부 금융회사로 새나가는 비용을 절감하는 것이 핵심이기 때문에 규모가 커질수록 추가 비용이 감소되어 효율성이 높아져 선순환에 올라타게 된다.

뱅가드호, 대항해를 시작하다

대항해를 위한 만반의 준비를 끝낸 뱅가드호에 순풍 역할을 한 건 다시 찾아온 주식 활황이었다. 1981년 인덱스 펀드의 명칭을 '뱅가드 500 인덱스 펀드'로 바꾸고 얼마 지나지 않아, 그동안 인플레이션과 중남미 외환위기*로 잔뜩 웅크리고 있던 주식시장이 기지개를 켜기 시작하면서다. 보글은 인덱스 펀드 선두 주자의 이점을 최대한 활용하며 여전히 기세등등하던 액티브 펀드에 도전장을 내밀었다.

몇 년 뒤 피델리티를 비롯한 대형 운용사들도 인덱스 펀드를 내놓으며 뱅가드를 추격하는 듯했지만, 이들은 구색 맞추기의 한계를 벗어나지 못했다. 수익성 측면에서 한참 뒤지는 인덱스 펀드는 운용사들의 진열대 귀퉁이에서 제대로 눈에 띄지도 못했다. 게다가 보수 등 비용 측면에서도 뱅가드보다 2배 이상 비쌌다. 그들은 인덱스 펀드 판매에 열의가 없었다.

반면에 보글의 열정은 사그라지지 않았다. 1987년엔 S&P 500에 속하지 않는 중소형주로 구성한 인덱스 펀드 '익스텐디드 마켓 인덱스 펀드Extended Market Index Fund'를 내놓으며 주식 인덱스 투자의 범위를 크게 확장했다. 인덱스 투자의 자산군도 넓혀 1986년엔 채권 인덱스 펀드 '토털 본드 마켓 인덱스 펀드Total Bond Market Index Fund'를 조성하며 채권 투자에도 도전장을 내밀었다.

---

* 1980년대 초 멕시코, 브라질, 아르헨티나 등 중남미 국가들의 과도한 외채가 초래한 외환위기.

'저비용 장기 투자'는 보글이 평생 동안 설파한 투자 원칙이다. 개인 투자자들은 노후 자금 마련을 위해 여유 자금을 인덱스 펀드에 묻어두란 얘기다. 그렇다고 그가 모든 인덱스 펀드의 손을 들어준 건 아니다. 지금은 주식시장의 대세가 된 ETFExchange Traded Fund, 상장지수펀드*에 대해 부정적 시각을 가졌던 것이 그 예다. 1992년, ETF를 처음 고안한 네이선 모스트Nathan Most**가 뱅가드와의 파트너십을 기대하고 찾아왔을 때 보글은 퇴짜를 놓았다. 거절의 이유는 명확했다. 자신의 투자 원칙에 반하기 때문이었다. 개별 종목처럼 자유롭게 거래되는 ETF는 불필요한 단기적 투기 거래를 유발해 거래 비용의 증가로 이어진다는 생각이었다.

다음 해인 1993년, 모스트는 자산 운용사 '스테이트 스트리트State Street'와 파트너십을 맺고 최초의 ETF, 'SPDRStandard & Poor's Depository Receipts S&P 500 ETF'를 뉴욕 주식시장에 상장시켰다. 이것이 바로 현재 전 세계에서 거래되는 ETF 중 거래량 및 운용 자산 규모에서 압도적 1위인 ETF다. 최초의 ETF를 출범할 기회를 놓친 인덱스 펀드 창시자 보글은 그 뒤로도 ETF에 대한 부정적 견해를 거두지 않았다. 뱅가드 그룹은 한참 후인 2001년 보글이 현직에서 물러난 뒤에야 ETF 시장에 뛰어들 수 있었다.

한편, 뱅가드의 독보적 저비용 구조와 탁월한 투자 성과는 꾸준한 자

---

* 인덱스 펀드의 일종으로 주식시장에 상장되어 개별 종목처럼 거래가 가능한 펀드 상품.

** 아메리카 증권거래소(American Stock Exchange; AMEX)의 상품개발 본부장으로 있을 때 ETF를 창시했다.

금 유입으로 이어졌다. 1976년 1,100만 달러로 초라하게 시작한 '뱅가드 500 인덱스 펀드'는 1999년에는 1,000억 달러를 돌파했고, 뒤이어 2000년엔 과거 피터 린치가 운용했던 마젤란 펀드를 추월하며 세계 최대 펀드의 지위에 올랐다.

2000년 이후 인덱스 투자에 대한 세간의 관심이 폭증하면서 뱅가드의 위상은 더 커져갔다. 여기엔 2000년 인터넷 버블* 붕괴와 2008년 글로벌 금융위기가 결정적 역할을 했다. 여러 번의 위기를 거치면서 항상 뛰어난 투자 실적을 올리는 소위 '마이다스의 손'이란 없다는 사실이 입증되자 액티브 펀드에서 인덱스 펀드로 자금이 급선회한 것이다. 인덱스 펀드의 규모는 꾸준히 증가해 1985년 전체 펀드 시장의 4%에 불과하던 데서 2018년엔 43%로 크게 올랐다. 그리고 그중 뱅가드의 비중은 절반에 달해 인덱스 펀드 시장에서 압도적인 지위에 올라 있다.

인덱스 펀드 성공의 일등 공신이 보글의 뱅가드 모델이라는 점엔 이제 이견이 없다. 인덱스 투자의 대명사 뱅가드의 전체 운용 자산은 2020년 1월 6조 달러를 돌파했고, 회사의 플래그십 펀드 '뱅가드 500 인덱스 펀드'의 규모는 2020년 2월 말 기준 5,000억 달러에 달한다.

'섬김'과 '겸손'의 리더십이 일군 성공

보글은 자신의 투자 철학을 뱅가드 모델로 구현했다. 대학 졸업논문

* 닷컴 버블, IT 버블이라고도 한다.

을 쓰며 처음 인식한 펀드 업계의 문제를 웰링턴에서 체험했고, 그 후 뱅가드를 창업해 이를 바로잡는 데 앞장섰다. 반세기에 걸친 투자 활동으로 보글은 자신의 회사 뱅가드는 물론이고 금융 업계에 커다란 족적을 남겼다.

보글은 뱅가드 모델을 통해 자신의 투자 철학을 뱅가드의 기업 DNA로 녹여냈다. 직원들과 투자 철학을 공유하고 스스로 모범을 보이며 기업 문화로 내재화한 것이다. 또 외부적으로도 펀드 업계, 더 나아가 금융의 바탕을 바꾸는 데 앞장섰다. 업의 본질을 제대로 수행하지 못하는 금융은 다양한 경로로 비판하고 뱅가드 모델의 구현과 함께 다음과 같은 태도를 견지했다.

첫째, 보글은 말과 글을 적극 활용해 자신의 투자 철학을 지켜왔다. 그는 특히 어휘의 선택을 중요하게 여겼다. 대표적 예가 직원들을 '승무원crew member'이라 부른 것이다. 뱅가드의 직원들은 여객선에서 고객의 안전과 편안을 책임지는 승무원과 같은 자세로 고객의 자금을 운용한다는, 일종의 대외적 선언의 의미였다. 직원들 또한 스스로를 승무원이라 부름으로써 고객의 이익을 최우선으로 여기는 마음을 되새기게 된다. 어휘 하나가 무수한 광고와 세세한 업무 지침을 능가하는 힘을 발휘한다고 믿었던 보글은, 펀드를 '상품product'이라 부르는 것을 절대 금지했다. 펀드를 상품이라고 부르면 치약이나 맥주 같은 느낌이 들어 그에 걸맞은 취급을 하기 십상이라는 이유였다.

보글은 직원들과 직접 소통했다. 리더의 의사소통은 대리인이 아닌 리더 스스로 작성한 글로 이루어져야 한다는 강한 믿음에서였다. 글의 내용도 딱딱하고 사무적인 문구는 지양하고 쉽게 와닿는 일상적인 문구를 사용하고자 했다. 동일한 메시지를 전달한다 하더라도 동일한 문구의 반복은 피했다. 반복적으로 강조해야 하는 중요한 사항일지라도 그 전달 방식을 매번 달리함으로써 직원들의 집중도를 높였다. 이를테면 전달하고자 하는 바와 맥락을 같이하는 역사적 사건이나 인용구 등을 끌어와 전달의 효과를 극대화했다. 보글은 특히 역사서를 섭렵했는데, 역사를 소통의 도구로 삼을 뿐 아니라 미래를 준비하는 도구로 여겼다. 보글은 리더가 갖추어야 할 중요한 자질의 하나로 불확실한 상황에서 조직에 방향성을 제시할 수 있는 능력을 강조했고 이 능력을 키우는 데 '역사' 이상 중요한 것은 없다고 보았다.

대외적으로 집필 활동을 활발히 하면서도 시장 예측, 트레이딩 무용담, 재테크 비결 같은 셀프 홍보 느낌이 짙은 글은 결코 쓰지 않았다. 보글의 글은 '상식'을 지키는 투자를 강조했다. 이는 고객의 돈을 대신 맡는 '선량한 관리자'로서 당연히 지켜야 하는 본분이지만, 실상 업계의 현실은 그렇지 못했다. 보글은 수많은 기고, 10여 권의 서적 집필 외에도 자신의 투자 철학을 이론적 연구로 검증하는 논문 또한 다수 발표할 정도로 학구적 성향이 강했다.

둘째, 보글은 자신의 투자 철학을 일상생활에서도 실천하며 본보기가 되고자 노력했다. 뱅가드 모델의 기본인 투자 비용 절감을 위한 '근검절약'을 몸소 실천했다. 보글은 기차나 비행기를 탈 때 일반석을 이용했다. 역이나 공항에 도착해서도 가능하면 걸어서 이동했고, 차를 타더라도 예약된 리무진이 아닌 택시를 불러 목적지까지 이동했다. 값비싼

레스토랑보다는 수수한 단골 식당에서 식사를 즐겼고, 양복 한 벌, 동일한 넥타이를 평생 동안 착용했다.

보글의 진정성이 드러나는 최고의 결정체는 그의 개인 자산 규모다. 그가 남긴 자산의 규모는 8,000만 달러 정도로 알려졌다. 이 역시 큰 금액이지만 투자 업계에서 그가 차지했던 위상과 비교해, 또 다른 유명 투자가들의 자산이 수십억 달러에 이르는 것에 견주어 보면 너무나도 소박한 수준이다. 특히 대표적 액티브 펀드 운용사 피델리티의 회장 에드워드 존슨 3세Edward Johnson III의 자산이 82억 달러2019년 3월 기준인 것에 비하면 시사하는 바가 매우 크다. 보글의 이 '보잘것없는' 개인 자산은 높은 보수를 포기하며 절감한 투자 비용의 혜택을 고스란히 투자자들에게 돌려준 결과를 의미하기 때문이다. 보글은 투자 지식이 부족하고 비싼 비용을 지불할 경제력이 없는 사람들도 투자 전문가 이상으로 수익을 거둘 수 있게 만들어주었다. 개인 자산의 상당 부분을 뱅가드의 인덱스 펀드에 묻어두고 있다는 워런 버핏이 "존 보글은 나와 많은 투자자들에게 영웅과 같은 존재"라고 말하는 것은 그런 까닭에서다.

셋째, 그는 '겸손'의 리더십을 보여줬다. 보글은 거대 금융회사의 CEO와 회장으로 일하면서도 '군림'하기보다는 '섬김의 리더십'을 발휘했다. 기업을 세우고 목표를 향해 경주하는 리더가 되기 위해선 강한 자의식이 필요하다. 하지만 동시에 오만해지지 않고 다양한 의견에 귀 기울여 최적의 의사결정을 내릴 줄 아는 자기통제 능력도 필요하다. 보글은 언제나 그리고 누구에게나 자신을 낮추고 한 걸음 다가갔다. 그는 직원 식당에서 식사하며 직원들의 사소한 얘기에도 귀를 기울이며 리더로서 그들의 노고에 감사를 표했다. 장기근속 직원 및 우수 성과 직원과는 개별적으로 1시간 동안 만나 축하와 감사의 마음을 전했다. CEO의 보수도 투명하고 합리적으로 관리해 직원들이 느낄지 모를 위화감을 최소화했다. 이러한 '섬김의 리더십'의 결과가 뱅가드호의 선장 보글에 대한 승무원들의 충성심으로, 그리고 그 충성심이 다시 뱅가드호의 안전하고 편안한 항해로 이어졌음은 두말할 나위가 없다.

James Simons, 1938~

1961년 캘리포니아 주립대UC버클리를 졸업하고 같은 학교에서 수학 박사학위를 취득했다. 이후 1982년 헤지 펀드 운용사 르네상스 테크놀로지를 설립했다. 《포브스》에 따르면, 2020년 3월 기준 개인 자산 216억 달러로 미국에서는 21번째, 세계에서는 44번째 부자이다.

2장

제임스 사이먼스 르네상스 테크놀로지 설립자

인간의 직관은 필요 없다, 오직 데이터로 투자한다

"침대는 과학"이라는 광고 문구를 기억하는가? 피곤한 하루를 마무리하고 수면을 취하는 곳, 심리적 안정을 가져다주는 감성의 영역일 것만 같은 침대가 과학이라니, 처음에는 납득하기가 어려웠다. 오히려 "침대는 예술"이라고 하는 게 맞지 않겠는가. 하지만 어느새 사람들은 이 말을 자연스럽게 받아들이게 되었다. 그것이 광고 문구 덕택인지 어떤지는 모르지만, 침대의 목적인 '숙면'이 가능하려면 매트리스를 비롯한 침대의 구성품이 인체공학을 고려해서 만들어지고 잘 결합되어야만 한다는 사실을 사람들이 점차 이해하게 되었기 때문이다.

어쩌면 '투자'도 이런 이해의 과정이 필요하지 않을까 싶다. 과거 투자는 오롯이 '인간'의 영역이었다. 숫자를 주로 다루는 특성에도 불구하고 과학기술은 기껏해야 효율성을 높여 인간의 의사결정을 돕는 보조 수단일 뿐이었다. 정성적 판단이 정량적 분석에 우선하는 경우가 다반사였다. 이런 이유로 투자는 인간이 부를 '창조'해내는 활동이라는 것, 특히 예술 활동 같은 것으로 비유되곤 했다. 전설적 투자가에게 '투자의 신', '마이다스의 손' 같은 수식어가 붙는 것은 그런 이유다.

스타 펀드 매니저 개인의 펀더멘털fundamental* 분석력과 직관에 전적으로 의존하는 액티브 투자는 특히나 이런 경우에 해당한다. 고객이 맡긴 자금에 자신의 돈까지 얹어 함께 투자해 고객으로부터 운용 보수와 성과 보수를 받고 거기에다 개인 투자 수익까지 챙기며 억만장자의 반열에 오른 헤지 펀드 매니저 대다수가 이에 해당한다. '개인기'를 앞세운 투자 전략과 '나를 믿고 따르라' 하는 마케팅 전략이 '예술적으로' 빚어낸 성과다.

뜨거운 손의 오류와 스토리텔링

농구에서 유래한 '뜨거운 손hot hand'은 우리가 일상에서 쉽게 빠지는 오류를 지칭하는 표현의 하나다. 농구에서 이전 슛이 잘 들어간 선수는 다음 슛도 성공할 확률이 높다는 믿음인데, 이전의 성공 경험은 다음 시도에서도 성공 확률을 높인다는 것이다. 긍정 이벤트의 연속성을

* 경제를 얘기할 땐 '기초 경제 여건(경제성장률, 물가상승률, 경상수지 등 주요 거시경제 지표)'을 가리키고, 기업을 대상으로 이 용어가 쓰일 때는 '기업 기초 체력(자원, 역량 등)'을 의미한다.

기대하는 이 믿음은 다수의 연구자들에 의해 인지적 오류임이 밝혀졌지만, 일상생활에서는 여전히 강한 심리적 영향력을 갖는다.

농구장 못지않게 투자에서도 '뜨거운 손'에 대한 믿음은 강하다. 다년간 연이어 투자를 성공시킨 펀드 매니저에게는 투자자의 러브콜이 쏟아진다. 그가 담당하는 펀드의 규모는 날로 커지고 그의 말 한마디가 언론의 주목을 받으면서 금융시장을 움직인다.

투자 종목 선정 등 일련의 투자 행위는 그럴듯한 인과관계가 뒷받침할 때 정당성을 부여받고 투자자의 호응을 이끌어낸다는 점에서 '스토리텔링'이라고 할 수 있다. 그런데 투자 행위에 배경이 되는 이 '스토리'는 제한된 데이터에 기반하고 개인적 직관에 크게 의존한다는 점에서 한계를 지닌다. 특히 펀드 매니저 개인이 넘쳐나는 데이터를 모두 검토하기란 불가능하기에 자신의 직관과 부합하고 익숙한 데이터만 취사선택하게 되고, 그렇게 스토리를 써나가다 보면 잘못된 결정을 내릴 소지가 있다. 이것이 인간의 정성적 판단이 좌우하는 투자가 갖는 문제점이다. 규칙의 느슨함으로 인해 투자 의사결정 과정이 불투명해지고, 펀드 매니저 개인의 감정과 경험에 따른 편견의 개입 가능성 또한 커지는 것이다.

이러한 블랙박스 의사결정 방식은 펀드 매니저 개인의 편견이 개입함에 따라 데이터에 기초한 팩트마저 왜곡하는 결과를 낳을 수 있기 때문에, 종국에는 투자자들의 신뢰를 잃기 쉽다. 이른바 '마법'이 사라진 뜨거운 손은 결국 차갑게 식기 마련이고, 오류를 깨달은 투자자들은 냉정하게 떠나간다.

2008년 글로벌 금융위기는 금융시장 환경을 급변시켰고 액티브 투자의 문제점을 부각했다. 금융위기에 대한 국제사회의 유례없는 고강도 대응이 과거의 투자 법칙을 뒤집어엎으면서, 기존에 투자의 '신'으로 불리던 이들도 모두 지상으로 내려와야 했다. 미국 연방준비제도Fed, 이하 '연준'를 비롯해 각국 중앙은행이 유도한 초저금리와 넘쳐나는 유동성은 자산시장 전반의 'V자' 반등을 이끌어냈으나 헤지 펀드로 대표되는 액티브 투자는 큰 재미를 보지 못했다. 특히 거침없이 상승하는 주식시장에서 대부분의 액티브 투자 전략은 초라하게 무너졌다. 마지막 승자는 단순하고 투명한 인덱스 투자였다. 복잡하고 불투명한 액티브 투자를 상대로 완승을 거둔 것이다. 이 결과는 앞 장에서 나온 '버핏의 내기'에서 보았듯 장기 성과를 따져보면 더더욱 두드러져, 뜨거운 손의 오류를 입증한 격이 됐다.

'퀀트 투자'로 투자의 신들에게 도전장을 내밀다

말 많고 탈 많은 '인간 고高관여' 투자에 눈길조차 주지 않는 투자가도 있다. 오직 수치화가 가능한 데이터만이 투자 의사결정을 할 때 고려 대상이 되고, 주관적 판단의 개입은 일절 허용하지 않는다. 한 개인의 편견이나 직관에 의존하지 않고 숫자만 갖고 금융시장에 대응하려면 빠른 연산 및 분석 능력이 중요하다. 그래서 이 투자가는 일찌감치 인간 펀드 매니저보다 컴퓨터 기술에 의한 투자 의사결정에 집중했다. 이제는 꽤 익숙한 투자 기법 '퀀트quant 투자'*의 대부 제임스 사이먼스

이야기다.

사이먼스가 1982년 헤지 펀드 운용사 르네상스 테크놀로지Renaissance Technologies를 세운 후 본격적으로 퀀트 투자를 시작한 게 1988년이다. 사이먼스는 인터넷은커녕 컴퓨터도 보편화되기 이전인 그 시절, 퀀트 펀드 '메달리온Medalion'으로 월스트리트 투자의 신들에게 도전장을 내밀었다. 각국의 환율과 금리를 공략하던 조지 소로스George Soros나, 블랙 먼데이Black Monday**를 정확히 예측해 스타로 떠오른 폴 튜더 존스Paul Tudor Jones와 같이 헤지 펀드 매니저의 화려한 개인기에 의존한 투자가 주목받던 때다. 하지만 사이먼스는 대세에 편승하지 않았고, 지금까지도 퀀트 투자에만 몰입하고 있다.

투자의 세계에 발을 들여놓기까지 그가 살아온 궤적도 남다르다. 대다수 헤지 펀드 매니저들과 달리 금융회사에서 일한 경력이 전무하다. 그의 이력서는 그저 '수학'으로 가득 차 있다. 미국 동서부 명문대 학력, 교수 경력 그리고 연구 업적 등이다. 학교 다닐 때 금융은커녕 경영학 수업조차 들어본 적이 없다. 바로 이런 특이한 경력이 사이먼스가 월스트리트 출신 투자자와는 다른 접근법을 구사하게 된 배경이기도 하다.

수학자로서 사이먼스는 투자 의사결정을 할 때 경험과 지식에 의존하는 직관적 방식의 단점을 논리적 접근으로 보완하고자 했다. 이를 시스템화한 것이 퀀트 투자다. 이른바 '인간'의 영역인 직관은 사고력의 한

---

* 수학적·통계적 모델에 의존하여 과거 데이터를 분석해 투자 기회를 식별하고 투자하는 기법.

** 1987년 10월 19일, 다우존스 산업평균지수(DJIA)가 하루 만에 22% 가까이 하락한 날로, 금융 역사상 악명 높은 날 중 하나로 여겨진다.

계로 인해 제한된 데이터에 의존할 수밖에 없지만, 기술 발전에 비례하는 '컴퓨터'의 데이터 처리 능력은 이를 무한대로 확장시킬 수 있으므로, 그 기술력을 활용한다면 성공 투자의 확률을 높일 수 있다고 본 것이다.

사이먼스의 투자 철학은 직원을 채용할 때도 적용된다. 전문성 있는 인재 확보가 어느 업종보다 중요한 게 금융업인데도 '금융 경력'을 가진 사람은 그의 회사에서 절대적 기피 대상이다. 많은 금융회사가 탐낼 명문대 MBA에 월스트리트 출신도 르네상스 테크놀로지에선 문전박대를 당한다는 얘기다. 사이먼스는 투자에 뛰어든 초창기 때부터 투자 인재를 금융이 아닌 다른 영역에서 물색했다. 인간의 불완전한 인식과 계산 능력을 대체할 수 있는 펀드 매니저, 또 그런 능력을 계속해서 진화시킬 수 있는 인재를 원하기 때문이다. 한마디로 말해 사이먼스는 자신과 유사한 배경을 가진 사람을 채용하고 싶어한다. 그래서 수학, 물리학, 통계학, 컴퓨터 사이언스 등 과학·기술 분야의 박사급 엘리트 채용에 집중한다.

이렇게 영입된 인재들은 펀드 매니저의 기초 체력을 튼튼히 하기 위한 기술 인프라를 구축하고, 정보의 바다를 탐색한 결과를 바탕으로 금융 공식을 만들어 시스템화하는 것이 주요 임무다. 물론 르네상스 테크놀로지의 '펀드 매니저'는 인간을 가리키지 않는다. 이 회사의 펀드 매니저는 알고리즘에 의해 움직이는 컴퓨터 시스템이다.

사이먼스의 퀀트 투자가 내놓은 최고 걸작품은 '메달리온 펀드'다. 1988년 처음 조성된 이 펀드가 2018년까지 거둔 연평균 수익률은

39%에 달한다. 1988년 1달러를 투자했다면 그 투자금이 2018년엔 2만 달러로 불어났을 거라는 뜻이다. 같은 기간 S&P 500 지수 수익률의 1,000배, 워런 버핏의 회사 버크셔 해서웨이Berkshire Hathaway 주식 수익률의 200배다. 더 놀라운 건 이 성적이 메달리온 펀드의 살인적인 보수관리 보수 5%, 성과 보수 44%를 모두 차감한 후의 결과라는 사실이다. 단순 수익률로만 비교한다면, 인간의 우수한 투자 능력을 대표하는 버핏이 고도의 연산 능력과 분석 능력을 가진 컴퓨터에 완패한 모양새다.

수학 천재, 투자를 만나다

1938년, 보스턴에서 신발 제조업을 하던 집안에서 태어난 사이먼스는 일찌감치 수학에 재능을 보였다. 2세 때 2의 승수乘數를 깨우쳤고, 유년기에는 잠자리에 누워서도 수학 이론과 공식을 고민했다. 17세에 수학 전공으로 MIT에 조기 입학해 3년 만에 조기 졸업했고, 그 후 UC버클리에서도 3년 만에 수학 박사학위를 받았다.

뛰어난 연구 실적도 많이 남겼다. UC버클리에서 만난 또 다른 수학 천재 천싱선陈省身 교수와 함께한 공동 연구의 결과물인 '천-사이먼스 형식Chern-Simons form'이 대표적이다. 사이먼스는 이 연구 업적을 인정받아 1976년 기하학자에게 수여되는 가장 영예로운 상인 '오즈월드 베블런 기하학상Osward Veblen Prize in Geometry'을 수상하기도 했다. 이 형식은 기하학 분야에 머물지 않고 물리학 등 다양한 기초 과학자들에 의해 연구, 확장되어 '천-사이먼스 이론'으로 발전했다. 그는 이 수학 형식을 아주 자랑스러워해 액자로 만들어 지금도 자신의 맨해튼 빌딩 로비 중앙에 걸어놓고 있다.

온통 수학의 세계에만 빠져 지내던 사이먼스가 투자의 세계를 처음 접한 것은 UC버클리 박사 과정 시절이다. 그의 첫 번째 투자 대상은 '주식'이었다. 결혼 후 버클리에서 신혼 시절을 보내던 사이먼스는 결혼 축하금으로 받은 5,000달러를 불려볼 생각에 주식 투자를 시작했다. 그러나 공부 잘하는 재주와 돈 굴리는 기술은 확실히 달라서인지 기대와 달리 투자 결과는 만족스럽지 못했다. 실망한 사이먼스는 결국 샌프란시스코로 가서 투자은행 메릴린치의 브로커에게 자문하게 된다. 그리고 그날의 투자 권유는 후일 메달리온 펀드의 주 수입원이 될 금융상품 '선물futures'*을 처음으로 접하는 계기가 됐다.

이때 추천받은 종목은 '콩 선물'이었다. 콩 가격이 올라갈 테니 선물로 미리 사두면 돈을 벌 것이라는 말에 솔깃해진 사이먼스는 브로커가 알려준 선물시장에 대한 얕은 지식만으로 선물 거래에 덜컥 뛰어들었다. 사실 선물 같은 파생상품은 투자에 따르는 위험이 주식과 채권에 비할 수 없이 크다. 파생상품은 전문가의 영역이지 사이먼스 같은 투자 문외한이 발을 들여놓을 영역이 아니다. 그럼에도 사이먼스는 더 높은 수익을 노리고 고위험 거래를 선택했고 콩 선물을 매입했다. 아마 당시만 해도 그는 고수익에 동반되는 고위험을 제대로 이해하지 못했으리라.

---

* 금융 파생상품의 한 종류로서 품질, 수량, 규격 등이 표준화되어 있는 상품 또는 금융자산을 미리 결정된 가격으로 미래 일정 시점에 인도·인수할 것을 약정한 거래.

그런데 평소 느긋한 성격의 수학 천재 사이먼스에게도 선물 투자의 긴장감은 상당했던 모양이다. 콩 선물을 매입한 순간부터 박사학위 논문이 손에 잡히지 않았다. 아침이 밝으면 시카고 선물시장 개장가를 보기 위해 버클리와 샌프란시스코를 오가기 바빴다. 게다가 가격이 올라도 또 가격이 내려도 그 이유를 제대로 알 수 없었다. 수학적이고 논리적인 사고에 단련된 그로선 브로커가 그때그때 풀어내는 스토리를 수긍하기 어려웠을 것이다. 수학과 달리 명쾌한 답이 없는 선물시장에서 한동안 방황하던 사이먼스는 결국 양자택일의 상황에 처했다. 박사학위 논문과 선물 거래는 도저히 양립할 수 없음을 깨달은 것이다. 결국 그의 선택은 학위 논문이었다.

이렇게 원래의 자리로 돌아간 사이먼스에게 첫 투자 경험은 결코 헛되지 않았다. 아주 큰 교훈을 얻었기 때문이다. 지금까지 그의 투자 철학 기저를 이루는 제1원칙, '스토리텔러, 인간의 배제'가 바로 그것이다.

수학자, 콜롬비아에서 타일 사업에 뛰어들다

선물의 마수에서 벗어나 연구에 매진한 사이먼스는 얼마 지나지 않아 저명한 저널에 박사학위 논문을 기고하며 화려하게 학계로 진출했다. 그가 교수로서 택한 첫 대학은 모교 MIT였다. 이미 유년 시절부터 MIT를 목표로 삼을 정도로 이 학교에 애정이 깊었던 사이먼스는 교수로 채용된 뒤 학문 연구는 물론 후배를 가르치는 데도 열정을 바쳤다. 하지만 첫 직장 MIT의 생활은 오래가지 못했다. 첫 학기를 마치고 떠난

남미 여행이 그를 비즈니스의 세계로 이끌었기 때문이다. 여행길에 콜롬비아 출신 MIT 동창의 현지 사업에 참여하게 된 것이다. UC버클리 시절의 선물 투자보다 어쩌면 몇 배는 더 위험할지 모르는 개도국 현지 사업에 발을 담근 것이다.

사이먼스는 MIT 학창 시절부터 함께 포커를 즐기던 절친한 친구 지미 매이어Jimmy Mayer 그리고 에드문도 에스퀘나지Edmundo Esquenazi와 잘 어울려 다녔다. 대학 졸업 기념으로 그들과 함께 스쿠터를 타고 보스턴에서 출발해 에스퀘나지의 고향 콜롬비아 보고타까지 여행을 하기도 했다. 장거리 여행을 통해 남미 현지 생활을 체험한 사이먼스는 콜롬비아에서 사업 가능성을 발견했다. 비록 정치적으로 불안하고 경제적으로 낙후돼 있지만 오히려 그런 환경이 기회가 될 수 있다는 확신이 들었다. 무엇보다도 다른 두 친구의 명석한 두뇌와 사업 감각에 믿음이 갔다. 남미의 저개발 국가와 MIT 수재들의 조합. 사이먼스는 이 조합이 가져올 미래에 가슴이 설렜고, 마침내 그 기회가 찾아왔다고 확신했다.

사이먼스와 친구들이 생각해낸 사업은 타일 제조였다. 콜롬비아의 본격적인 경제 개발과 함께 찾아올 건설 붐의 수혜를 기대한 결정이었다. 그런데 더 놀라운 사실은 이 사업 계획을 놓고 사이먼스가 내린 자신의 커리어에 대한 결정이다. 비즈니스 '올인'이었다. MIT에 사직서를 제출하고 아예 콜롬비아에 눌러앉아 회사 경영에 전념하기로 한 것이다. 그뿐만이 아니었다. 자기에게 할당된 투자금을 마련하기 위해 은행에서 대출을 받았고, 아버지에게도 투자를 권유해 자금을 유치했다.

그러나 이번에도 현실은 기대와 달랐다. UC버클리 시절 주식과 선물 거래가 그러했듯이 콜롬비아에서 벌인 타일 사업도 사이먼스의 수학적 천재성과는 무관했다. 사업 경험이 전무한 데다 현지 사정에 어둡고 언어도 통하지 않는 외국인으로선 단순히 자금을 투자하는 것 외에는 기여할 부분이 별로 없었다. 결정적으로 사업 실적까지 부진했다. 결국 수학이 아닌 투자나 사업은 그가 발을 들여놓을 영역이 아니라는 게 다시 한 번 입증된 셈이었다. 그나마 다행이었던 점은 방향 전환이 빨랐다는 사실이다. 주식과 선물 투자를 포기하고 박사 논문에 매진할 때처럼 이번엔 사업가의 길을 재빨리 접었다. 경영은 친구들에게 맡기고 자신은 재무적 투자자로만 남기로 결정한 사이먼스는 콜롬비아를 떠나 고향 보스턴으로 돌아왔다.

1년이 채 안 되는 짧은 외도였지만 그 외도로 인해 사이먼스는 안정된 직장을 포기해야 했고 투자 빚도 안게 됐다. 수학 천재가 명문대 교수 자리를 박차고 나와 열악한 남미 국가에서 생소한 사업에 올인했다는 사실만으로도 무모했다는 비난을 받기에 충분해 보인다. 그렇지만 무모한 도전의 대가로 얻게 된 큰 교훈이 있었다. 그리고 이 깨달음은 UC버클리 시절 주식과 선물 거래를 통해 얻은 교훈과 함께 미래에 그를 '세상에서 가장 스마트한 억만장자'로 만든 투자 철학의 원동력이 됐다. 그것은 바로 무슨 일을 하든지 간에 '수학의 범주'를 벗어나지 말아야 한다는 원칙이었다. 자신의 고유한 경쟁 우위는 다름 아닌 수학에 있다는 점을 가슴 깊이 새긴 것이다.

다시 수학의 세계로 돌아가려 마음먹은 사이먼스는 새 일자리를 알아봤다. 성급하게 MIT를 떠난 오점에도 불구하고, 다행히 이번엔 특별한 행운이 따랐다. 하버드대학이 국립과학재단NSF의 연구보조금을 지원받게 되면서 교수 자리가 생긴 것이다. 그 덕분에 사이먼스는 하버드대학 수학과 교수로서 학계에 돌아갈 수 있었다.

수학자, 암호해독가로 나서다

다시 수학의 품에 안긴 사이먼스는 연구에 매진했다. 그러나 의지만큼 속도가 나지 않았다. 당시 그가 책임졌던 연구 분야인 '극소 곡면' 연구가 진행이 더뎠다. 게다가 하버드대학 분위기는 모교 MIT와 많이 달라 적응이 쉽지 않았다. 연구는 지지부진하고 하버드대와 '케미'도 맞지 않아 힘들었는데 콜롬비아 사업에 투자하느라 진 빚이 교수 월급으로는 감당하기가 쉽지 않다는 어려움까지 가중되었다. 한 사람의 남편이자 세 아이의 아버지로서 가족을 제대로 부양하고 사업 빚을 갚으려면 뭔가 다른 길을 모색해야만 했다.

이리저리 방안을 찾던 사이먼스는 1964년 조건이 딱 맞는 일자리를 제안받았다. 좋아하는 수학 연구를 계속하며 고액 연봉까지 챙길 수 있는 일이었다. 업무 시간의 절반은 오롯이 자신의 연구에 쓸 수 있었고, 나머지 절반도 수학과 관련된 업무를 하면 되었으니 이보다 좋을 순 없었다. 그것은 프린스턴대학 캠퍼스에 위치한 '국방연구원IDA'에서 암호를 해독하는 일이었다. 이렇게 사이먼스는 냉전의 한복판에서 치르는 최첨단 정보전에 뛰어들었다.

사실 IDA의 경험은 사이먼스가 단순히 하고 싶은 일을 하며 고수입을 올린 것 이상의 의미를 지닌다. 그가 투자가로 사는 데 여러 측면에서 엄청난 영향을 미쳤기 때문이다. 우선 첫째로, 암호 해독은 '퀀트 투자'와 맥을 같이한다. 둘 다 '소음' 속에서 '신호', 즉 '패턴'을 찾아내는 게 핵심이라는 점, 그리고 찾아낸 패턴에 맞춰 알고리즘화한다는 점에서 그렇다. 하지만 암호란 늘 진화하는 것이고, 따라서 암호 전문가는 다시 새로운 패턴을 찾아내 알고리즘을 개선해나가야 한다. 마찬가지로, 금융시장에서도 패턴은 오래가지 못한다. 시장이 투명해져 모든 정보가 가격에 즉각 반영될수록 시장 예측은 불가능해지기 마련이고, 게다가 다른 사람들이 패턴을 알아채면 이용하려 들기 때문에 곧 사라지고 만다.

둘째, IDA에서 사이먼스는 난생처음 코딩의 세계를 접했다. 그동안 수학 이론가로서 난해한 수학 문제를 풀어내는 것이 주업이었던 사이먼스는 문제 해결의 다음 단계에서 이를 알고리즘으로 만들어내는 과정을 경험할 수 있었다.

마지막으로 셋째, IDA의 경험은 후일 르네상스 테크놀로지의 기반이 될 인적 네트워크의 출발점이 됐다. 수학, 그중 통계 분야에서 당대 최고 실력자들과 함께 일하며 친분을 쌓았고, 이는 사이먼스가 투자의 세계에 뛰어들었을 때 크나큰 자산이 됐다. 10여 년이 지나 사이먼스의 첫 헤지 펀드에 동참하게 되는 레너드 바움Leonard Baum을 처음 만난 곳도 IDA였다. 바움이 IDA에서 개발한 '바움-웰치Baum-Welch 알고리즘'은 후일 메달리온 펀드의 두뇌 역할을 했고, 지금도 계속 진화하는 중이다.

직장으로서는 충분히 만족스러운 조건을 갖춘 IDA였지만 베트남전이 확전될수록 사이먼스의 고민도 깊어갔다. 개인적 신념인 '반전주의'에 반하는 행동을 하면서 하루하루를 보내야 했기 때문이다. 구소련을 상대로 단순히 암호를 푸는 것과는 차원이 다른 상황이 전개됐다. 실제 전쟁이었다. 베트남전에 대한 여론도 극도의 분열로 치닫고 있었다. 정부와 반전 단체의 여론전이 날로 수위를 높여갔다.

당시 IDA 국장을 맡고 있던 이는 전쟁 영웅 맥스웰 테일러Maxwell Taylor 장군이었다. 평소 베트남전의 당위성을 설파하는 데 앞장섰던 테일러 장군은 사이먼스가 내적 갈등을 겪던 그 시기에 《뉴욕타임스》에 전쟁을 옹호하는 내용의 글을 기고했다. 이 글을 접한 사이먼스는 분노했다. 그런데 개인적 분노만으로 그치지 않은 것이 문제를 일으켰다. 《뉴욕타임스》에 테일러 장군의 글에 대한 반박 편지를 보냈고 이 글이 신문에 실린 것이다. IDA에 속한 사람 모두가 베트남전에 찬성하는 건 아니라는 것이 주 내용이었다. 다른 때도 아닌 전시에 국방부 기관 소속 공무원이 직속상관에게 공개적으로 반박한 모양새가 돼버린 셈이다.

그의 반전 의사 표명은 거기서 그치지 않았다. IDA 소속 반전주의자로 알려지자 《뉴스위크》가 인터뷰를 요청했고 이에 응한 것이 사태를 더 악화시켰다. 최첨단 정보전에 깊숙이 관여한 IDA 연구원으로서는 적절치 않은 행동을 한 것이었다. 결국 그 행동은 돌이킬 수 없는 결과를 가져왔으니, '즉각 해고'였다. 이처럼 사이먼스는 어떤 일에 강하게 '꽂히면' 과감하다 못해 무모한 결정을 내리곤 했다. 그런 사이먼스의 혈기왕성한 면모가 콜롬비아 사업 진출에 이어 또 한 번 드러난 것이다.

다시 교수의 길로—학문적 전성기를 맞다

일종의 항명죄로 해고당한 사이먼스는 새로운 일자리를 찾아야만 했다. IDA와 같이 이상적인 직장을 찾는 것은 거의 불가능하다는 사실은 이미 깨닫고 있었다. 하고 싶은 일을 하며 높은 연봉을 받는 일자리가 어디 흔한가. 경솔하다고 할 만큼 쉽게 그만둔 MIT 그리고 하버드대학 같은 명문대로 돌아가기도 쉽지 않았다. 아무리 학문적 업적이 뛰어나다 해도 들어온 지 얼마 되지 않아 뛰쳐나가는 사람을 다시 받아줄 대학은 없었다.

새 직장을 잡지 못하고 방황하던 그때, 교수 채용 공고 하나가 사이먼스의 시선을 붙잡았다. 뉴욕의 주립대학 중 하나인 스토니브룩대학The State University of New York at Stony Brook의 수학과 학과장 자리였다.

사실 당시 사이먼스는 아직 20대로, 스토니브룩대학이 찾는 학과장의 조건과는 거리가 멀었다. 나이도 어느 정도 있고 경륜도 있어 수학과를 일류 학과로 성장시킬 수 있는 인물을 찾고 있었기 때문이다. 그러나 스토니브룩대학은 지명도가 낮은 편이고 누가 학과장을 맡든 험난한 앞날이 예상되는 자리인지라 적극적으로 관심을 표명하는 지원자가 드문 상황이었다. 반면 일자리가 간절했던 사이먼스는 적극성과 진정성을 가지고 매 인터뷰에 임했다. 젊은 패기와 높은 연구 역량, 거기에 낮은 경쟁률이 함께 작용한 결과, 결국 사이먼스는 학과장 자리를 차지할 수 있었다. 지금까지도 이어지고 있는 스토니브룩대학과 사이먼스의 반세기 인연은 이렇게 시작됐다.

스토니브룩대학 시절은 사이먼스의 학문적 전성기였다. UC버클리 천싱선과 함께한 공동연구가 마무리된 것도, 그 결과 저명한 상을 받은 것도 모두 이 시기의 일이다. 사이먼스의 뛰어난 연구 실적은 수학계의 변방 스토니브룩대학의 지명도를 올리는 데도 기여했다. 마침 뉴욕 주 정부도 스토니브룩대학을 '동부의 UC버클리'로 키우고자 하는 목표가 있었기에 지원을 아끼지 않던 차였다. 주 정부와 대학의 재정적 뒷받침이 실력 있는 교수 채용으로 이어졌고, 교수들의 연구 업적은 다시 학과의 순위 상승으로 나타났다. 특히 사이먼스의 전공 분야인 기하학에서 스토니브룩대학은 최고 명문 대학의 하나로 자리 잡을 수 있었다.

사이먼스와 스토니브룩대학의 인연은 각별한 데가 있다. 어린 나이에 결혼한 첫 번째 아내 바버라Barbara와 헤어진 곳도, 자신의 학생이던 지금의 아내 메릴린Marilyn을 만나 재혼한 곳도 모두 스토니브룩대학이었다. 스토니브룩대학에 대한 사이먼스의 애정 또한 남다르다. 교수로서는 이미 학교를 떠났지만 자신의 회사 르네상스 테크놀로지는 여전히 스토니브룩대학 캠퍼스에 위치하고 있을 정도다. 이러한 애정에 비례하여 학교에 대한 사이먼스의 재정적 지원도 상당하다. 지금까지 그가 스토니브룩대학에 기부한 금액은 4억 달러에 달한다. 대학병원을 비롯해 사이먼스와 회사의 이름을 딴 학교 건물도 여럿이다.

그가 스토니브룩대학에서 얻은 가장 중요한 자산은 그 무엇보다도 '사람'이다. IDA에서 바움을 얻었다면, 스토니브룩대에서는 제임스 액스James Ax를 얻었기 때문이다. 수학과 동료 교수였던 액스는 후일 바움의 알고리즘 모델을 보완해 메달리온 펀드의 초창기 모델로 완성시킨 인물이다.

스토리텔링을 배제한 퀀트 투자의 장을 열다

스토니브룩대학에 정착한 지 10년째 되던 1977년 사이먼스는 일생일대의 중대한 결정을 내리게 된다. 투자회사를 차리고 전업 투자에 본격적으로 뛰어든 것이다. 사실 투자가로의 변신은 이전부터 전조가 보였다. 오래전에 투자했던 콜롬비아 사업이 마침내 큰 수익을 안겨주면서다. 60만 달러에 달하는 투자 수익으로 여유가 생기자 그는 다시 금융시장에 주목했다. 결정적으로 하버드대학 교수 시절의 제자 찰스 프라이펠드Charles Freifeld의 펀드에 투자한 것이 대박을 터뜨리면서 자신감을 얻었다. 콜롬비아 투자 수익 60만 달러가 그 펀드를 통해 7개월 만에 원금의 10배인 600만 달러로 불어난 것이다. 그런데 아이러니하게도 프라이펠드가 운용한 투자처가 '설탕 선물'이었다. 비록 간접투자이긴 했지만 이번엔 선물로 대박을 터트린 것이다. UC버클리 시절의 콩 선물 투자가 그에게 쓰라린 실패를 주었다면 이번 설탕 선물 투자는 경제적 자유를 준 셈이었다.

그런데 이때 사이먼스의 마음을 사로잡은 또 다른 투자 대상이 있었다. 바로 '환율'이었다. 1971년 브레턴우즈 체제Bretton Woods system*가 무너지면서 환율의 변동성이 급등하고 외환 거래가 급증하던 시기였다. 외환시장의 급격한 성장으로 환율이라는 새로운 투자 대상이 생겨나

---

* 1944년 미국 달러화를 기축 통화로 하는 금환본위제와 고정환율제를 실시하기로 결정한 국제통화 체제로서 1971년 미국 닉슨 대통령의 조치로 폐기되었다.

자 사이먼스도 환율 베팅을 통한 수익 창출의 가능성을 발견한 것이다. 그리하여 사이먼스는 자신처럼 외환 거래에 푹 빠져 있던, 자신의 첫 번째 동업자인 IDA 시절 동료 바움과 함께 1977년 르네상스 테크놀로지의 전신 '모네메트릭스Monemetrics'를 출범시키며 전문 투자가의 길로 들어섰다.

모네메트릭스는 '펀더멘털 투자'가 전문인 투자회사로, 금융시장을 움직이는 글로벌 및 국가 경제 환경을 분석해 투자를 진행했다. 펀더멘털 분석을 통해 거래할 대상을 찾고 최적의 타이밍에 시장으로 진입하는 게 관건이었다. 그런데 이런 투자는 아무래도 인간의 주관적 판단이 개입하지 않을 수 없었다. 사회·정치·경제 지표나 뉴스가 동일하게 한 방향을 가리킬 수는 없는 법이어서, 결국 펀드 매니저 개인의 판단과 선입견에 근거한 스토리텔링이 투자를 좌우할 가능성이 높았다. 게다가 긴 시간 동안 위험을 감수하며 투자를 하다 보면 시장의 움직임에 일희일비하기 일쑤였다. 모네메트릭스를 통해 사이먼스의 금융 지식과 전문성이 이전보다 나아지기는 했으나 UC버클리 시절 콩 선물에 투자했을 때의 나쁜 경험을 반복하고 있는 셈이었다.

그때만 해도 사이먼스와 바움은 수학적 모델을 투자에 적용할 생각을 하지 못했다. 그 이유는 무엇보다 시장 데이터가 충분하지 않았기 때문이다. 게다가 그들은 이미 영국 파운드화와 금 투자로 큰돈을 벌어들이고 있었다. 즉 모네메트릭스의 '펀더멘털 투자'는 실적이 좋았다. 하지만 날마다 탐욕과 심적 스트레스에 지배당하는 자신을 발견하게 되고 한편으로 시장 데이터가 축적되면서, 사이먼스와 바움은 알고리즘을

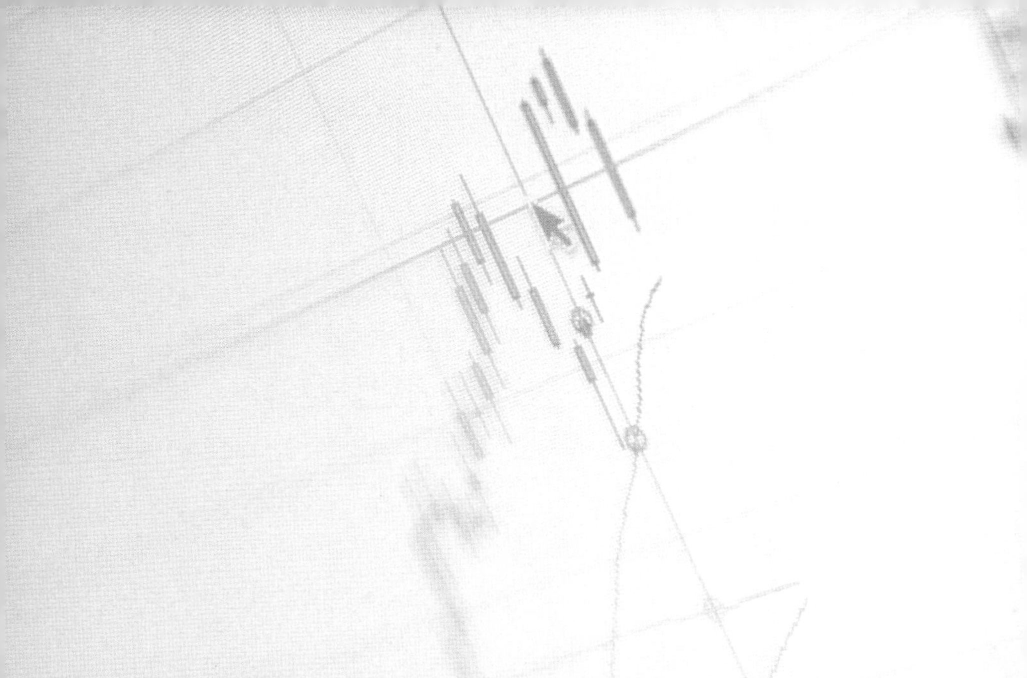

주식의 움직임을 예측하는 것보다
혜성의 진로를 예측하는 것이 더 쉽다.
물론 혜성보다 주식을 예측하는 데서
더 많은 돈을 벌 수 있다는 사실은
매력이지만 말이다.

"Simons at Renaissance Cracks Code, Doubling Assets"
(2007. 11. 27). *Bloomberg,*

적용하는 투자 전략으로 눈을 돌리게 되었다. 그리고 마침내 1982년 '모네메트릭스'라는 사명을 '르네상스 테크놀로지'로 바꾸고 스토리텔링을 배제한 '퀀트 투자'의 장을 열었다.

'르네상스 테크놀로지'에는 월스트리트 출신이 없다

퀀트 투자로의 대전환을 시작하던 그때, 사이먼스가 영입한 첫 번째 인물이 바로 제임스 액스다. 액스는 사이먼스가 스토니브룩대학 학과장이던 시기에 코넬대학으로부터 영입한 동료 교수였다. 액스 역시 대수학 분야의 저명한 상賞인 '프랭크 넬슨 콜 프라이즈Frank Nelson Cole Prize'를 받아 일찍부터 천재성을 인정받은 인물이었다. 바움이 자신의 알고리즘을 기반으로 한 수학적 모델을 외환 거래에 적용했다면, 액스는 이 모델을 상품 선물 거래로까지 확장시켰다. 특히 액스는 시장 데이터에서 패턴을 읽어내는 데 뛰어났다. 반복적 패턴을 이용해 통계적으로 시장가격의 움직임을 예측하는 모델을 개발했고, 이는 1988년 출범한 '메달리온 펀드'의 두뇌 역할을 했다.

초창기에 메달리온 펀드는 부진을 면치 못했다. 1989년 4월엔 손실이 30%에 달했다. 외부 투자자의 자금을 받아 막 운용하기 시작한 펀드는 초반 승부가 중요한데 수익은커녕 큰 손실을 낸 것이다. 인간이 아닌 컴퓨터 시스템이 투자를 결정하다 보니 펀더멘털이 어떻고 펀드 매니저의 아이디어가 어떻고 하는 토론을 해볼 수도 없는 노릇이었다. 고민 끝에 사이먼스가 내린 결론은 펀드 운용 중단이었다. 시간을 두고 투자 모델을 점검해봐야 했다. 물론 내부 반발이 거셌다. 자존심 강한 액스는 자신의 모델이 멈추는 걸 원하지 않았다. 그러나 사이먼스는 단호했고, 결국 액스는 회사를 떠났다.

사이먼스는 투자 모델에 대한 객관적 분석을 위해 외부 인사들에게 의견을 구했다. 이번에도 모두 금융과는 무관한 인물이었다. IDA에서 처음 만난 UC버클리 수학과 교수 엘윈 베르캄프Elwyn Berkamp와 스토니 브룩대학의 동료 교수 헨리 라우퍼Henry Laufer가 그들이다. 분석 기간은 6개월, 10여 년의 흔적을 되짚어나가기엔 결코 길지 않은 시간이었다. 투자 기간도 대폭 수정했다. 중장기 투자는 완전히 접고 단기 거래에만 집중하기로 한 것이다. 장타를 노리기보단 빠른 속도로 많은 거래를 하며 타율을 높이는 전략이었다. 전형적인 퀀트 투자 전략이 태동하는 순간이다.

6개월 후 사이먼스는 아예 베르캄프를 운용 책임자로 들여앉히고 메달리온 펀드를 재가동시켰다. 펀드 운용 중지라는 승부수를 띄운 뒤 재정비를 마친 메달리온 펀드는 확연히 다른 결과를 냈다. 1990년의 수익이 55.9%, 그것도 모든 수수료를 제하고 순수하게 투자자들에게 안겨준 성적표가 그랬다. 놀라운 성과는 한 해에 그치지 않았다. 1991년 39.4%, 1992년 34%, 그리고 외부 투자자의 자금을 더는 받지 않기로 한 1993년에는 39.1%를 기록했다. 1988년의 8.8%, 1989년의 -4.1% 수익과 비교해볼 때, 6개월의 휴식은 메달리온 펀드가 환골탈태하는 데 중요한 계기가 된 셈이다. 그런데 베르캄프도 르네상스 테크놀로지에 오래 머물진 않았다. 1990년 단 한 해 동안 메달리온 펀드를 운용한 후 UC버클리로 되돌아가 수학 연구와 강의에 매진했다.

첫 번째 투자 알고리즘을 제공한 바움, 메달리온 펀드를 탄생시킨 액스, 메달리온 펀드를 진화시킨 베르캄프까지 모든 파트너가 자신처럼 월스트리트 근처에도 가본 적 없는 수학자였기에, 역설적으로 사이먼스의 투자 원칙, 곧 수학에 기반한 투자관과 인재관은 더욱더 공고해졌다.

1990년대로 접어들면서 수학자 등 '과학' 인재 영입이 더 가속화됐다. 사이먼스는 특히 IBM 출신 연구자 영입에 공을 들였다. 대표적인 인물이 르네상스 테크놀로지의 공동 CEO를 지낸 로버트 머서Robert Mercer와 피터 브라운Peter Brown이다. 둘은 IBM의 두뇌라 불리는 왓슨 리서치 센터Thomas J. Watson Research Center에서 인공지능AI의 기반인 전산 언어학computational linguistics을 연구했다. 컴퓨터가 수리 처리 능력에서는 인간을 압도하지만 언어 처리 능력은 그렇지 못하다는 문제를 해결하는 게 그들의 미션이었다. 이 한계는 사이먼스의 투자 모델에서도 마찬가지였다. 그의 모델은 수치화된 정량적 데이터의 통계적 분석을 통해 시장가격의 움직임을 빠르게 예측하는 데는 뛰어나지만, 언어로 표현된 정성적 데이터 처리에서는 뒤떨어졌다.

사이먼스의 주도 아래 머서와 브라운은 IBM 출신들을 대거 영입했다. 사실 사이먼스를 비롯한 초기 멤버들은 모두 수학자들이라 데이터를 수집해 처리하고 활용하는 프로그래밍 기술엔 익숙하지 않았다. 반면 IBM 출신들은 이 분야에서 최고 수준이라 상당한 시너지를 낼 수 있었다. 이전의 메달리온 펀드가 선물시장의 비정상적 가격 움직임을 포착해 돈을 벌었다면, IBM 사단이 합세한 뒤로는 그 투자 범위를 선물 외 다른 대상으로 확대할 수 있었다.

메달리온 펀드는 1993년부터 더 이상 외부인의 투자를 추가로 받지 않았고 2005년에 이르러선 기존의 외부 투자금마저 모두 반환했다. 현재 '메달리온 펀드'는 직원들의 투자금만으로 운용되고 있다.

르네상스 테크놀로지는 외부 투자자를 위한 펀드도 3개 운용하고 있다. 이 펀드들도 메달리온 펀드 운용을 통해 다져진 퀀트 투자 기법을 기반으로 한다. 미국에 상장된 주식에만 투자하는 '르네상스 인스티튜셔널 에쿼티 펀드Renaissance Institutional Equities Fund; RIEF' 그리고 주식시장의 방향성과는 무관하게 안정된 수익을 추구하는 '르네상스 인스티튜셔널 다이버시파이드 알파 펀드Renaissance Institutional Diversified Alpha Fund; RIDAF'와 '르네상스 인스티튜셔널 다이버시파이드 글로벌 에쿼티 펀드Renaissance Institutional Diversified Global Equity Fund; RIDGEF'가 그것이다. 이들 펀드 역시 성과가 뛰어나 RIEF는 출시 이후 2018년까지 연평균 11.5%의 수익률을 기록했다. 특히 미국 S&P 500 인덱스가 6.59% 하락한 2018년에도 8.5%의 수익률을 보여 업계의 부러움을 샀다.

사이먼스와 르네상스 테크놀로지의 성공 키워드

수학과 교수 출신 사이먼스가 이끄는 르네상스 테크놀로지의 성공 비결은 무엇일까? 앞서 언급한 대로, 사이먼스의 '수학을 비롯한 과학 중심적 투자 철학'이 만들어낸 다음과 같은 기업 문화가 핵심이라 할

절대로
투자 모델에
개입하지 않는다.

"Dr. James Simons, S Donald Sussman Fellowship Award | Fireside Chat Series Chat 2 | March 6, 2019" (2019. 7. 11). 〈Finance at MIT〉.

© Shutterstock

수 있다.

첫째, '인간의 관여를 철저히 배제하는 투자'를 실천한다. UC버클리 박사 과정 시절의 주식과 선물 투자, 모네메트릭스의 펀더멘털 투자 같은 이른바 액티브 투자를 경험하면서 갖게 된 제1원칙이다. 사이먼스는 "절대로 투자 모델에 개입하지 않는다"라는 점을 강조한다. 퀀트 투자 전문 회사로서 이 원칙의 중요성은 수차례 입증된 바 있다. 대표적인 경우가 2000년과 2007년이다. 각각 인터넷 버블과 부동산 버블이 터져 주식시장이 폭락하던 때다. 많은 수의 퀀트 투자 펀드들이 잔인한 시장을 견디지 못하고 투자 시스템에 개입해 보유 자산을 던질 때, 메달리온 펀드는 평소의 투자 전략을 최대한 유지했다. 결과적으로 메달리온 펀드는 모든 수수료를 제하고도 2000년에는 98.5%라는 역사상 최고 수익을 올렸고, 2007년에도 85.9%라는 경이로운 성과를 거두었다.

둘째, 수학자를 비롯한 '과학 인재에 대한 무한 신뢰'다. 현재 350여 명에 달하는 직원 중 3분의 1 이상이 박사급 인재로 구성돼 있다. 반면 헤지 펀드 산업의 주축인 월스트리트 출신은 철저히 배제한다. '뜨거운 손'은 존재하지 않고 '투자는 과학'이라는 강한 믿음에서 출발한 채용 문화다. 메달리온 펀드에 깊이 관여했던 베르캄프도 "르네상스 테크놀로지의 성공 비결은 MBA를 채용하지 않는 데 있다"라고 말할 정도다. 이렇게 특별한 배경을 가진 직원들을 위한 동기부여 방식도 특별하다. 대부분의 직원들이 자신의 분야에서 내로라하는 연구자 출신인 데다 홀로 연구실에서 일하는 데 익숙한 성향을 지닌 탓에, 협업을 통한 회사의 목표 달성에 동참하게 하기란 결코 쉬운 일이 아니다. 그래서 사이먼스는 직원들의 연구 활동이 회사의 수익, 더 나아가 직원 개인의 부로 이어져 동기부여가 되도록 탄탄한 연결고리를 만들었다. 오직 직원들의 투자만 허용하는 메달리온 펀드가 좋은 예다. 직원들은 메달리온 펀드 운용 모델의 진화를 위한 연구에 매진하고, 그 결과 펀드의 천문학적 수익은 오롯이 자신들에게 돌아오게 된다.

셋째, 극도의 '비밀주의'다. 르네상스 테크놀로지는 모든 면에서 빈틈없는 보안으로 유명하다. 그중 운용 모델의 보안을 최우선 과제로 삼는다. 최고 인프라와 인재로 빚어낸 투자 공식은 외부로 유출되는 순간 그 생명이 끝나기 때문이다. 평소 차분한 학자 이미지를 보여주는 사이먼스도 직원 이직에 따른 내부 정보 유출에는 격노하며 절대 용납하지 않는다. 실제로 2007년, 두 명의 직원이 경쟁사로 옮겨가면서 자사의 운용 모델을 유출한 데 대해 법정 소송을 벌여 2,000만 달러의 보상을 받아내고 이직을 무효화시키기도 했다. 과학자들이 연구 표절에 민감한 것과 같은 이치다. 또한 이런 강력 대응은 회사에 남아 있는 직원들에 대한 사전 경고의 메시지이기도 하다.

현재 사이먼스는 공식적으로는 경영 일선에서 물러난 상태다. 그렇지만 지금도 자신의 재단이 지원하는 과학자들과 르네상스 테크놀로지의 가교 역할을 하며 과학과 투자 양쪽 모두의 발전을 지원하고 있다. 그가 2016년에 설립한 플랫아이언Flatiron 연구소가 이런 활동을 대표한다. 미국 뉴욕 맨해튼 한복판에 위치한 이 연구소에선 200여 명의 연구원이 수학, 물리학, 천문학 등 기초과학 연구에 매진하고 있다. 이 연구소는 직접 실험을 하기보단 전 세계의 대학과 연구소에서 수집한 복잡한 데이터를 컴퓨터로 분석해 인류의 삶을 개선할 해법을 찾는다. 수익성과는 거리가 멀고 실패 리스크가 커 주로 정부나 대학이 주도하는 기초과학 연구에 이 연구소 또한 막대한 자금을 쏟아부으며 한 부분을 담당하는 것인데, 그 과정에서 르네상스 테크놀로지와의 협업도 원활히 이루어지고 있다. 데이터와 컴퓨터라는 두 공통분모를 가지고 긴밀한 협조를 통해 르네상스 테크놀로지의 투자 모델을 더 발전시키는 한편 플랫아이언도 르네상스 테크놀로지의 30년 데이터 분석 노하우를 공유하는 것이다.

David Rubenstein, 1949~

칼라일 그룹 공동 설립자 겸 공동 회장. 1973년 시카고대학 로스쿨을 졸업하고 백악관에서 4년간 공직 생활을 한 뒤 1987년 사모펀드 운용사 칼라일 그룹을 설립했다. 2020년 4월 기준 개인 자산 규모 30억 달러로 《포브스》가 선정한 미국 부자 275위, 세계 부자 743위에 랭크되어 있다. 2019년 9월 기준 칼라일 그룹의 운용 자산 규모는 2,240억 달러이며 전 세계 32곳의 사무실에서 1,775명의 직원이 근무하고 있다.

3장

데이비드 루벤스타인 칼라일 그룹 회장

당신의 투자가 국가를 위해 무엇을 할 수 있을지 물어라

"국가가 당신을 위해 무엇을 할지 묻지 말고, 당신이 국가를 위해 무엇을 할 수 있을지를 물어라." 1961년 존 F. 케네디 전 미국 대통령 취임 연설의 일부다. 이 역사적 문구는 당시 전 세계인의 애국심을 자극했고, 수많은 미래의 공직자를 낳는 계기로 작용했다.

케네디 대통령의 취임식이 미국 전역에 생중계되던 날, 볼티모어의 유대인 밀집 지역에 살던 소년 데이비드 루벤스타인도 이 연설을 듣고 자신의 미래를 결정했다. 국가를 위해 봉사하는 공직의 길을 걷겠다는 결심이었다. 루벤스타인은 그로부터 정확히 16년 후 20대 청년이 되어 백악관에 들어가 대통령의 국내 정책을 돕는 중책을 맡으며 꿈을 실현한다. 그런데 그의 미래는 공직으로 끝맺지 않았다.

투철한 국가관으로 평생 공직에 머물 것 같던 그는 지금 세계 최대 사모 펀드* 운용사Private Equity Firm; PEF의 수장으로서 전 세계 기관 투자자를 위해 2,240억 달러 자산을 운용 중이다2019년 9월 기준. 최근에는 금융마저 넘어서서 다양한 분야에서 활동을 펼치고 있다. 하버드대학을 비롯한 수많은 비영리기관의 후원자 역할을 할 뿐 아니라 자신의 이름을 내건 TV 토크쇼 호스트로서 대중 스타의 인기까지 얻고 있다.

이렇게 보면 루벤스타인은 소년 시절의 꿈을 잠시 이룬 후 이젠 그 꿈과는 동떨어진 삶을 살고 있는 것처럼 보인다. 하지만 그의 이력, 사업모델 그리고 자선 활동은 모두 '국가'라는 공통분모를 갖고 있다. 어릴 적 꾸었던 공직의 꿈이 '국가 중심 가치관'으로 완성되어 그의 인생에서 나침반 역할을 하고 있는 것이다.

흙수저 유대인, 정부 관료를 꿈꾸던 어린 시절

루벤스타인은 유대인 집안 출신이다. '유대인 파워'라는 말이 상징하듯 사람들은 유대인이 세계경제, 금융, 문화·예술, 언론을 장악하고 있다고 여기기도 한다. 권력의 생리를 잘 알고 돈 버는 재주가 뛰어나다는 고정관념이 광범위하게 존재하고, 실제 사례로 입증된 경우도 없지

* 불특정 다수의 투자자를 대상으로 하는 공모 펀드와 달리 비공개적으로 모집한 소수의 투자자를 대상으로 하는 펀드. 대표적 사모 펀드 운용사인 칼라일, KKR 등은 비상장 회사를 인수해 구조조정 등 경영개선을 통해 기업의 가치를 향상시킨 후 지분을 매각해 이익을 거두는 것을 투자의 주요 목적으로 삼는다.

않다.

그러나 루벤스타인의 집안은 그 경우와는 거리가 멀었다. 루벤스타인은 태어나서 대학에 진학할 때까지 볼티모어의 유대인 거주 지역을 벗어나보지 못했다. 당시 볼티모어는 종교나 민족에 따라 거주 지역이 제한될 정도로 인종 간에 배타적인 분위기가 강했다. 어린 나이에 결혼한 그의 부모는 모두 고등학교를 중퇴했고, 아버지는 우체국 직원으로 일하며 평생 동안 연간 7,000달러 이상은 벌어보지 못했을 정도로 권력, 돈과는 거리가 멀었다.

가난한 유대인 가정의 외아들로 태어난 루벤스타인이 기댈 것이라고는 공부밖에 없었다. 공부를 열심히 해 전문직에 진출하는 것이 유대인 거주 지역을 벗어날 유일한 방법이었다. 그의 부모는 루벤스타인이 치과 의사가 되기를 희망했는데 이유는 소박했다. 그의 어머니가 가장 자주 찾는 병원이 치과였고, 의사이면서 주말에 마음 놓고 쉴 수 있는 진료 과목이 치과라고 생각했기 때문이다.

그렇지만 정작 루벤스타인이 대학에 진학할 때는 어느 대학으로 갈 것인가를 놓고 크게 고민할 필요가 없었다. 당연히 가장 많은 장학금을 제시하는 대학이 입학 1순위였다. 타자기를 살 형편이 안 되었던 루벤스타인은 밤을 새워가며 수많은 대학의 입학원서를 일일이 손으로 썼다. 그러던 중 아주 우연하게 친구로부터 건네받은 한 대학의 입학원서가 인연이 되어 결국 그 대학에 입학까지 하게 되는데, 남부에 자리 잡은 듀크대학Duke University이었다. 듀크대학은 그에게 가장 많은 장학금을 제시했을 뿐 아니라 소수 인종 우대 정책도 있어 유대인인 루벤스타인에게는 조건이 좋았다.

루벤스타인은 대학 도서관에서 사서로 일하며 자연스럽게 학업과 독서에 매진했다. '흙수저' 유대인 청년이 주류 사회로 진입하려면, 특히 어린 시절 꿈꾼 정부 관료가 되려면 우수한 성적으로 대학을 졸업하는 것이 필수이자 그 출발점이었다. 독서도 마찬가지였다. 사실 루벤스타인은 어린 시절부터 책 읽기를 좋아했다. 가난한 소년 루벤스타인에게 볼티모어의 동네 도서관은 그가 접할 수 있는 유일한 지식의 보고였다. 이런 습관이 몸에 배어 있었기에 대학에 와서도 도서관 일을 하며 좋아하는 독서를 마음껏 할 수 있었다. 그의 곁엔 항상 책이 있었다. 분초를 쪼개서 써야 할 정도로 바쁜 삶을 사는 지금도 1년에 100권을 읽는 독서광으로 유명하다.

동서양을 막론하고 정치인이나 고위 관료가 되는 지름길의 하나는 법조계 입문일 것이다. 한 국가의 사회·정치·경제 시스템은 법의 테두리 안에서 작동하기 때문이다. 루벤스타인은 이 점을 잘 알고 있었으며, 따라서 관료의 꿈을 품은 루벤스타인이 대학 졸업 후 향한 곳은 당연히 로스쿨이었다. 로스쿨 진학을 결정한 루벤스타인은 시카고대학을 선택했다. 학교 선택의 기준은 이전과 동일했다. 이번에도 자신의 경제적 부담을 덜어줄 장학금이 그 기준이었다.

신참 변호사, 백악관에 입성하다

1973년 로스쿨을 졸업하고 변호사가 된 루벤스타인은 공직을 향한 행보를 이어갔다. 그의 가슴속 깊이 새겨져 있던 케네디 대통령의 취임 연설은 첫 직장을 결정하는 데 큰 영향을 미쳤다. 케네디 대통령의 연설 담당 보좌관으로 일했던 테드 소렌슨Ted Sorrensen이 근무하고 있던 뉴욕의 로펌 '폴, 바이스, 리프킨트, 와튼&개리슨Paul, Weiss, Rifkind, Wharton & Garrison'에서 변호사 업무를 시작한 것이다. 국가를 위한 봉사라는 강력한 메시지로 자신의 미래 좌표를 설정해준 소렌슨과 같은 직장에서 일하는 것은 루벤스타인에게 큰 영광이었다.

소렌슨은 신참 변호사 루벤스타인에게 많은 조언을 해주었다. 그 조언은 소렌슨이 여전히 정치권에 깊이 관여하고 있던 터라 매우 현실적이었다. 소렌슨은 TV 정치의 막을 연 케네디 대통령의 이미지 메이커 역할을 했고, 케네디 대통령이 자신의 '지적 혈액은행intellectual blood bank'이라 부를 정도로 영향력이 큰 인물이었다. 공교롭게도 소렌슨이 관료사회에 입문했던 시기도 루벤스타인의 나이 또래였던 까닭에 여러 면에서 동질감을 느낀 두 사람은 대화를 자주 나누며 가까운 사이가 될 수 있었다.

루벤스타인은 첫 직장에서 크게 두각을 나타내지 못했다. 이는 스스로도 인정하는 사실이다. 지금도 종종 존재감 없던 이 변호사 시절을 언급할 정도다. 만족스럽지 못한 변호사 생활을 이어가던 루벤스타인이 마침내 중차대한 결심을 하고 소렌슨을 찾아간 건 1976년 어느 날이었다. 자신의 오랜 희망을 실현하기 위한 절호의 타이밍이 왔다는 확신이 들었다. 당시는 리처드 닉슨Richard Nixon 대통령이 워터게이트 사건으로 사임한 후 치러지는 대통령 선거를 앞둔 시점이었다.

이 대통령 선거가 공직 진출을 위한 교두보가 될 수 있다고 생각한 루벤스타인은 소렌슨에게 도움을 청했다. 이에 소렌슨은 루벤스타인에게 민주당 대통령 후보 경선 캠프 참여를 권했고 경선에 나선 한 유력 정치인을 직접 소개해주었다.

소렌슨이 연결해준 정치인은 인디애나주 상원의원 버치 베이Birch Bayh였다. 루벤스타인은 민주당 대통령 후보 경선에 뛰어든 베이의 선거 캠프에 참여했다. 어릴 적 꿈을 좇아 안정된 직장을 버리고 선거 참모로 나선 것이다. 하지만 베이와의 동거는 오래가지 못했다. 루벤스타인이 선거 캠프에 참여한 지 30일째 되던 날 베이가 경선 포기를 선언했기 때문이다. 당혹스러운 일이었다. 퇴로도 차단하고 뛰어든 도전에서 제대로 능력 발휘도 못하고 하루아침에 실업자가 될 위기에 처한 것이다. 하지만 루벤스타인의 관운은 그렇게 끝나지 않았다. 오히려 더 큰 행운으로 이어졌다. 지미 카터Jimmy Carter 당시 민주당 대통령 후보의 선거 캠프에 영입된 것이다. 얼마 후 카터가 패색이 짙던 대통령 선거에서 운 좋게 승리하자 루벤스타인도 28세의 젊은 나이로 백악관에 입성했다.

루벤스타인이 백악관에서 맡은 역할은 국내 정책에 대해 대통령의 자문에 응하는 일이었다. 정확히 '국내 정책 부副고문' 직이었다. 드디어 어린 시절의 꿈을 이룬 루벤스타인은 투철한 사명감으로 일했다. 밤을 새워 보고서를 작성하는 날도 빈번했다. 그때 형성된 하루 평균 4~5시간의 짧은 수면 습관이 70대가 된 지금까지 이어지고 있다. 일 욕심도 대단해서, 자신이 내놓은 아이디어가 정책으로 구현되는 것을 보면서 큰 성취감을 느끼고 승부욕도 발동시켰다.

루벤스타인은 대통령이 읽을 보고서를 작성할 때마다 다른 동료들의 보고서보다 자신의 보고서를 먼저 읽었으면 하는 바람이 컸다. 그래서 대통령의 업무 패턴을 유심히 관찰하여 중요한 사실을 발견할 수 있었다. 대통령이 하루 일과를 시작할 때 집무실 미결 서류함in-box에 놓인 순서대로 보고서를 읽는다는 것이었다. 즉 이 서류함 맨 위에 자신의 보고서가 놓이기만 하면, 대통령에게 가장 먼저 읽히는 보고서가 되는 것이었다. 이를 간파한 루벤스타인은 보고서를 제출할 때면 가장 늦게까지 사무실에 남았다. 그러고는 대통령 집무실의 미결 서류함 맨 윗자리에 자신의 보고서를 두고 나왔다.

그러던 중 언젠가부터 미결 서류함의 맨 윗자리를 자신이 아닌 다른 누군가가 차지하고 있음을 알게 되었다. 루벤스타인의 전략을 눈치챈 또 다른 이가 더 늦은 시간까지 사무실에 남아 있다가 보고서를 서류함 맨 위에 올려두고 가는 것이었다. 루벤스타인은 즉각 잠복에 들어갔고 마침내 범인을 찾아냈다. 대통령 직속 관리예산실OMB의 동료 앨리스 로고프Alice Rogoff였다. 장차 루벤스타인의 아내가 될 여성이었다.

루벤스타인은 유머 감각이 남달랐다. 오죽하면 그 스스로 상대방이 자신이 구사한 유머만 기억하고 대화의 본질은 망각할까 봐 우려된다고 말한다. 그런데 그의 유머는 타고난 것이 아니라 전략적 연습의 결과다. 내세울 것 없는 배경을 가진 그가 사람들에게 깊은 인상을 남기기 위해 일찍부터 터득한 소통의 기술인 것이다. 그는 지금의 위치에 오른 뒤에도 다른 이들에게 친근감을 주기 위해 유머를 즐겨 쓴다. 그가 구사하는 유머의 중심에는 누군가에 대한 풍자가 자주 등장하는데 그 풍자의 대상이 자기 자신인 경우가 아주 많다. 이는 아마도 '폄하'라고 여겨질 정도로 자신을 낮추는 루벤스타인의 '겸손'에 기인하는 게 아닌가 싶다.

백악관 시절을 회상할 때 루벤스타인은 이렇게 우스갯소리를 하곤 한다. "내가 대통령 선거 캠프에 합류할 때 카터 후보가 당시 포드 대통령보다 33포인트나 앞서고 있었지요. 근데 선거 결과는 단지 1포인트 차이가 나자 카터 대통령은 백악관에 들어간 뒤로도 내게 대체 기여한 게 뭐냐고 계속 묻더군요." "역대 백악관 국내 정책 고문 가운데 재직 중 인플레이션을 19%까지 끌어올린 사람은 나밖에 없어요."

그런데 루벤스타인의 이런 언급이 단지 유머러스한 빈말이 아니라 사실이었던 것일까. 실제로 그의 백악관 생활은 오래가지 못했다. 역대 가장 인기 없는 대통령으로 꼽히는 카터 대통령이 재선에 실패하면서 루벤스타인도 백악관을 떠나야 했다.

공직과 법조계를 떠나 새로운 롤 모델을 찾다

루벤스타인은 평소 존경하는 소렌슨의 커리어를 따르고 싶었다. 공직에 입문한 나이도 그렇고, 만약 카터 대통령이 재선에 성공한다면 소렌슨이 그랬던 것처럼 비슷한 연배가 되었을 때 '부副' 자를 떼고 선임 고문이 되리라 기대했다. 주변 분위기도 이런 기대감을 키워주었다. 소위 잘나가는 젊은 권력 주변엔 사람들이 몰렸다. 뭐든 필요한 게 있으면 연락하라는 사람이 한두 명이 아니었다. 로펌들도 앞다퉈 그에게 접근했다. 하지만 권력이란 신기루 같은 것, 루벤스타인이 백악관을 떠나자 상황은 순식간에 바뀌었다. 그에게 구애하던 많은 사람이 냉정하게 돌아선 것이다. 연락하면 응답조차 받을 수 없는 경우가 대부분이었다. 실패한 정권의 인물인 데다 변호사 경력도 일천하다 보니 그 흔한 '회전문 인사'의 운도 따라주지 않았다.

다급해진 루벤스타인은 로펌들의 문을 두드렸다. 그다지 적성에 맞지 않고 재능도 없다고 생각한 일이지만 그래도 기댈 것은 변호사 자격증뿐이었다. 사실 '전前 대통령 고문 출신 변호사' 정도의 인정은 받을 수 있으리라 기대했건만 이마저도 곧 무너지고 말았다. '전관예우'는커녕 그를 원하는 로펌조차 찾기 어려웠다. 결국 경력 인정도 제대로 받지 못한 채 워싱턴의 작은 로펌에 겨우 들어가는 데 만족해야 했다. 일자리가 급했던 탓에 이것저것 따질 여유가 없었다. 자신의 '격'에 맞지 않는 자리라고 생각했지만 대안이 없었다.

루벤스타인은 짧은 시간에 최고 권력의 측근에서 작은 로펌의 일개 변호사로 추락하며 힘든 시기를 보냈지만 그 과정에서 경력을 스스로 주도할 수 없는 공직의 한계도 체감할 수 있었다. 결국 공직자의 길은 자신이 걸을 인생 경로가 아님을 깨달은 것이다. 또다시 '언더독'이 되어버린 루벤스타인은 지금까지와는 다른 길을 모색한다. 적성에 맞지 않는 법조계와 실패를 경험한 공직에서 벗어나 차별화된 경쟁력을 발휘할 새로운 영역을 찾아 나섰다.

변화를 위한 첫 단계는 새로운 롤 모델의 설정이었다. 케네디 대통령과 소렌슨의 가치관과 경력을 지향했던 것처럼 앞으로 새롭게 벤치마킹할 대상을 찾아볼 필요가 있었다. 그 주인공은 그렇게 멀리 있지 않았다. 어느 날 우연히 접한 뉴스에서 새로운 롤 모델을 발견한 것이다. 그 기사는 한 투자회사가 1982년 '깁슨 그리팅스Gibson Greetings'라는 인사말 카드 제조 회사를 인수해 경영을 개선시켜 18개월 후 되팔아 200배 수익을 올렸다는 내용이었다. 당시로선 생소한 투자 기법인 'LBOLeveraged Buy-Out'* 성공 사례였다. 8,000만 달러에 회사를 인수하면서 투자회사의 자본금은 단돈 100만 달러만 투입하고 나머지 7,900만 달러는 피인수 회사의 자산을 담보로 돈을 빌려 투자하는 방식이었다.

무엇보다 그 투자회사의 CEO가 루벤스타인의 시선을 사로잡았는데, 닉슨과 포드 두 정권에 걸쳐 재무장관을 지낸 윌리엄 사이먼William Simon이었다. 게다가 사이먼 개인의 투자 수완도 경이로웠다. 투자회사가 투입한 자본금 100만 달러 중 33만 달러는 그 자신의 돈이어서 개인적으로도 6,600만 달러를 회수했다는 것이다. 전직 고위 관료가 거둔 놀라운 투자 성과에 루벤스타인은 흥분했다. '대체 LBO가 뭐기에 이런 마법 같은 일이 가능하단 말인가, 같은 관료 출신인데 나라고 못할 건 없지 않을까?'

자신과 사이먼의 유사한 배경에 더해, 당시 루벤스타인이 로펌에서 맡고 있던 역할도 LBO에 대한 관심을 부채질했다. 사실 그가 로펌에서 주로 하던 일은 고객을 위한 법률 서비스 제공이 아니라 고객으로부터

* 투자자들의 자본금에다 부채로 조달한 자금을 더해 비상장 회사를 인수함으로써 수익을 극대화하는 사모 펀드 투자 기법.

일감을 수주하는 영업 활동이었다. 이런 활동을 통해 루벤스타인은 당시에 이미 상당한 정도의 사업가 마인드를 갖추고 있었던 것이다.

사이먼의 투자 스토리에 솔깃한 루벤스타인은 곧바로 사업 구상에 들어갔다. 공직 진출의 꿈을 품고 뉴욕 로펌을 떠나 워싱턴 DC로 향할 때처럼 변호사 일에 대한 미련은 없었다. 문제는 자신의 금융 분야 지식과 경험이었다. 사이먼과 달리 자신은 그 두 측면에서 부족함이 있었다. 사이먼은 월스트리트 출신 금융 전문가였다. 장관이 되기 전 이미 투자은행 살로몬 브라더스Salomon Brothers의 고위 임원이었던 사이먼은 정부 요직에서 물러난 뒤 뛰어든 사모 펀드 업계에서도 LBO의 선구자로 통했다. 반면 루벤스타인은 금융에 문외한이었다. 뉴욕에서 3년 동안 변호사 생활을 한 덕분에 그나마 금융 중심지 월스트리트 근처에라도 가봤을 뿐이다. 그때 말고는 정치 중심지인 워싱턴 DC를 떠나본 적이 한 번도 없었다.

운명의 동업자들, 칼라일 그룹을 출범시키다

자신의 부족함을 채워줄 전문가를 찾던 루벤스타인은 전 재무장관 윌리엄 밀러William Miller를 찾아갔다. 밀러는 카터 대통령 정부에서 연준 의장과 재무장관을 모두 지낸 인물로 당시에는 공직을 떠나 자신의 투자회사를 운영하고 있었다. 루벤스타인은 전 정부에서 함께 일했던 밀러에게 사모 펀드 운용 사업을 제안했다. 사이먼과 흡사한 배경을 지닌 밀러야말로 사업을 함께할 최적의 인물이라고 판단했던 것이다.

애초 루벤스타인은 사업의 전면에 나설 생각이 없었다. 밀러가 사모 펀드 운용사를 세우면 자신은 법률 자문 역할을 맡는 구조로 사업을 설계했고, 실제로 그렇게 밀러에게 제안했다. 사모 펀드 운용의 핵심은 금융이기 때문에 그 방면에서 비전문가인 자신은 리더가 되기보다 참모 역할에 머문다는 계획이었다. 그런데 기대와 달리 밀러의 반응은 부정적이었다. 자신은 생각이 없으니 원하면 직접 해보라며 제안을 거절했다.

루벤스타인은 고민에 빠졌다. 이미 마음은 LBO에 가 있던 터라 로펌 업무가 손에 잡히지 않았다. 바로 그때 루벤스타인을 강하게 자극하는 또 다른 신문 기사가 눈에 띄었다. 창업 관련 통계를 소개하는 기사였다. 통계적으로 볼 때 보통 28~37세의 나이에 첫 번째 창업을 하고 그 시기를 지나서 창업을 할 경우 성공 확률이 급격히 떨어진다는 내용이었다. 당시 루벤스타인의 나이는 이미 37세에 접어들고 있었다. 그 기사에 따르면, 루벤스타인에겐 남은 시간이 얼마 없었다.

결국 창업에 나서 직접 리더가 되기로 결심한 루벤스타인은 이제 자기 자신에 대한 관찰과 고민에 들어갔다. 'LBO에 초점을 맞춘 사모 펀드를 운용한다면 나 자신은 어떤 기여를 할 수 있을까? 부족한 부분은 무엇일까?' 다행히도 루벤스타인이 자신의 차별화된 자산을 찾기까지 그리 오랜 시간이 걸리지 않았다. 그가 찾아낸 자산은 바로 '인맥'이었다. 긴 시간은 아니었지만 백악관에서 근무하며 맺은 정·관계 인맥이 무엇보다 큰 자산이었다. 여기에 유머 감각이 뒷받침하는 소통 능력과 근면성 그리고 로펌 영업 경험을 더한다면 기존의 인맥을 더욱더 확장시켜 투자를 유치할 수 있으리라 자신했다. 이제 남은 건 기업을 인수·합병하고 구조조정을 거쳐 매각하는 작업을 실질적으로 담당할 금융 및 기업재무 전문가를 찾는 일이었다.

전문가를 물색하던 루벤스타인은 윌리엄 콘웨이William Conwey와 대니얼 다니엘로Daniel D'Aniello를 만나게 된다(원래는 스티븐 노리스Stephen Norris, 그레그 로젠바움Greg Rosenbaum을 포함해 다섯 명이 창업했으나 이 두 사람은 얼마 후 회사를 떠났다). 콘웨이와 다니엘로는 루벤스타인과 1986년부터 지금까지도 운명을 함께하는 동업자 관계를 맺고 있다.

루벤스타인과 동갑내기인 콘웨이는 MCI의 최고재무책임자CFO였다. 당시 MCI는 주식시장과 채권시장을 넘나들며 공격적인 자금 조달과 기업 인수로 덩치를 불리던 통신 회사였다. 콘웨이는 이 모든 업무를 진두지휘하고 있었고, 그 이전엔 상업은행 퍼스트 시카고 은행First National Bank of Chicago의 대출 책임자로 오랜 기간 근무한 경험도 있었다. 여러모로 LBO를 이끌 최적의 인물이었다. 그보다 연장자인 다니엘로는 호텔 기업 메리어트Marriott Corporation의 재무·개발 담당 부사장 출신으로 자금 조달과 기업 인수는 물론이고 부동산 개발 분야에도 일가견이 있었다. 이렇게 팀을 꾸린 공동 창업자들은 6개월 동안 초기 투자금 500만 달러를 조성해 사모 펀드 운용사 칼라일 그룹The Carlyle Group, 이하 '칼라일'을 출범시켰다.

차별화된 전략으로 틈새시장을 공략하다

'칼라일'이라는 사명은 뉴욕에 있는 럭셔리 호텔 '칼라일 호텔The Carlyle, A Rosewood Hotel'에서 따왔다. 칼라일의 공동 창업자들은 칼라일이라는 호텔 이름이 마음에 들었다. 미국인이 동경하는 영국식 발음인데다 부유하다는 뜻까지 갖고 있어 그랬다. 루벤스타인에게는 아주 특별한 의미가 있는 호텔이기도 했다. 어릴 때부터 존경한 케네디 대통령의 발자취가 남아 있는 장소였기 때문이다. 케네디 대통령은 불행한 죽음을 당하기 얼마 전까지도 칼라일 호텔에 레지던스를 소유해 자주 머물렀다. 유명 여배우 메릴린 먼로Marilyn Monroe와 염문을 뿌렸던 장소이기도 하다.

루벤스타인과 동업자들은 뉴욕의 호텔 이름을 사명으로 정했지만 정작 사업의 주 무대는 금융 중심지 뉴욕이 아닌 정치 중심지 워싱턴 DC였다. 대부분의 금융회사가 뉴욕 월스트리트에 본사를 두는 데 반해 칼라일은 백악관과 국회의사당이 있는 워싱턴 DC 펜실베이니아 애비뉴Pennsylvania Avenue에 자리를 잡았다. 왜 칼라일은 금융 변방 워싱턴 DC를 본거지로 정했을까? 그 답은 칼라일의 초창기 사업 모델에서 잘 나타난다.

칼라일의 세 동업자는 모두 워싱턴 DC에서 잔뼈가 굵었다. 루벤스타인은 백악관에서 일했고, 콘웨이와 다니엘로도 MCI와 메리어트의 본사가 있던 워싱턴 DC가 주요 활동 무대였다. 한마디로 홈그라운드의 이점을 100% 살리는 사업 모델을 구축했다는 얘기다. 그들은 월스트리트의 경쟁사들과 정면 승부를 벌이기보다는 워싱턴 DC에서 '틈새시장'을 찾아냈다. 바로 미국 연방 정부의 영향권 안에 있는 회사들을 투자 대상으로 하는 사모 펀드 운용 사업이었다. 공동 창업자들의 차별화된 인맥과 정보력을 기반으로 항공우주, 방위산업체 등 정부 정책의 영향력이 강하게 작용하는 회사들에 투자해 높은 수익을 거둔다는 전략이었다. 물론 루벤스타인이 중요시하는 '국가에 대한 사명감'도 크게 작용했다. 루벤스타인은 투자 활동을 통해 국가 발전에 기여하겠다는 포부가 있었다.

이와 같은 사업 구조에서는 루벤스타인이 중요한 위치를 차지할 수밖에 없었다. 루벤스타인의 독특한 이력 덕분에 칼라일이 다른 펀드 운용사들은 접근하기 어려운 고급 정보를 갖고 투자한다는 믿음을 줄 수 있었기 때문이다.

칼라일의 세 동업자는 회사 지분은 물론이고 각자의 역할도 명확하게 구분했다. 딜메이커dealmaker 콘웨이는 투자를 책임졌고, 다니엘로는 회사 운영에 주력했다. 펀드 투자금 조성은 루벤스타인의 몫이었다. 사업을 구상하던 초기 단계부터 루벤스타인은 대외 창구 역할을 했으며, 이는 그가 경쟁력을 십분 발휘할 수 있는 최적의 역할이었다. 세 사람의 성향도 화학적으로 잘 어우러졌다. 루벤스타인은 속사포 같은 그 말투처럼 사고의 속도 또한 빨랐고 도전 의식이 강했다. 반면 콘웨이는 극도로 위험을 꺼리는 보수적 성격에, 집중력이 뛰어났다. 하지만 한번 화가 나면 불같이 타올랐다. 이런 두 사람 사이에 갈등의 소지가 있을 때 중재하는 것은 다니엘로의 몫이었다.

워싱턴 DC에서 사업을 시작한 루벤스타인은 틈새시장 공략의 강도를 높이기 위해 전직 고위 관료 영입에 나섰다. 첫 영입 대상은 전 국방장관 프랭크 칼루치Frank Carlucci였다. 방위산업체를 투자 대상으로 삼을 때 전직 국방장관 이상 가는 '영업 사원'은 없을 터였다. 칼루치는 레이건 대통령 당시 국방장관을 지낸 인물이라 칼라일의 성과를 극대화시킬 인물로 여겨졌다.

칼루치의 첫 작품이자 칼라일의 존재감을 세상에 처음으로 알린 거래는 1990년에 있었던 방위 기술 관련 전문 서비스 제공 업체 BDM 인터내셔널BDM International, 이하 'BDM' 인수 건이었다. 칼루치는 이 거래를 성사시키고자 개인적 친분이 있던 BDM의 CEO 얼 윌리엄스Earle Williams를 설득했다. BDM의 가장 중요한 고객인 국방부의 전 수장과 BDM의 CEO가 만나자 거래는 급물살을 탔다. 이 거래는 총 1억 3,000만 달러의 인수 가격 중 9,500만 달러를 부채로 조달하고 나머지는 칼라일의 자본금과 투자자들로부터 조성한 투자금으로 조달한 전형적인 LBO 투자였다. 게다가 인수 후엔 칼루치가 BDM 회장 자리에 앉아 직접 사업을 챙겼다. 칼라일은 특히 BDM 민간사업 부문을 키워 회사의 가치를 높이는 데 집중했고, 그 결과 7년이 지난 1997년에는 인수 가격 대비 10.5배 오른 가격에 BDM을 매각할 수 있었다.

BDM 투자 이후에도 방위산업체를 향한 칼라일의 광폭 횡보는 계속됐다. 대표적 투자 사례로 1992년에 있었던 미국 최대 방위산업체 제너럴 다이내믹스General Dynamics의 전자사업부 인수, 1993년의 마그나복스Magnavox 전자사업부 인수, 2000년의 항공기 제작사 보트Vought 항공 산업 인수 등이 꼽힌다. 1993년부터 칼라일 회장직을 맡은 칼루치의 역할이 이들 거래에서도 돋보였다.

그렇지만 틈새시장 공략의 정점은 뭐니 뭐니 해도 1997년에 있었던 유나이티드 디펜스United Defense 인수 건이었다. 칼라일은 브래들리Bradley 전차의 제조사로 유명한 이 회사를 8억 5,000만 달러에 인수했다. 인수 금액 중 무려 7억 달러를 부채로 조달했고, 나머지 1억 5,000만 달러만 다른 투자자들로부터 유치하거나 칼라일이 출자한 자체 자금이었다. 인수 후 콘웨이는 유나이티드 디펜스의 회장으로 취임해 사업 구조를 개선시켰고, 그 결과 경이로운 투자 성과를 올렸다.

2001년 기업공개IPO를 통해 유나이티드 디펜스 주식을 매도하며 2억 2,500만 달러를 회수했으며, 기업공개 이전에도 배당금 지급 등을 통해 3억 8,000만 달러를 벌어들였다. 그 후 2004년까지 마지막 남은 지분을 모두 정리해 결과적으로 총 10억 달러 이상의 이익을 투자자들에게 안겨주었다. 사실 유나이티드 디펜스 투자는 시기도 절묘했다. 기업공개가 이뤄질 무렵 '9·11 테러'가 발생했고 뒤이어 '테러와의 전쟁'이 선포되었던 것이다. 이런 정치·사회적 분위기가 유나이티드 디펜스의 주가를 끌어올렸음은 부인할 수 없는 사실이다.

경이로운 성과 뒤에 불어온 역풍

루벤스타인의 사업 모델, 즉 미국의 정치 중심지 워싱턴 DC에서 미국 연방 정부의 영향권에 있는 방위산업체 인수에 집중하는 전략은 그야말로 '신의 한 수'였다. 냉전 종식과 함께 찾아온 국방부 정책 변화의 혜택을 톡톡히 보았기 때문이다. 냉전 시기, 국방부는 주로 보잉Boeing, 록히드마틴Lockheed Martin, 제너럴 다이내믹스 같은 초대형 방위산업체와 무기 및 서비스 계약을 맺었다. 그런데 이 같은 계약 구조가 1990년대 들어 큰 변화를 맞은 것이다. 미국 정부의 중소 민간기업 지원 정책과 맞물려 국방부도 그동안 초대형 업체와 맺던 계약을 중소 업체에도 점차 개방했다. 이런 움직임은 그동안 폐쇄적인 계약 구조 때문에 소외됐던 많은 기업이 방위산업에 뛰어드는 계기로 작용했고, 그 가운데 기술력은 갖췄지만 관리가 제대로 안 돼 저평가된 기업들이 칼라일의 레이더에 포착된 것이다. 그리고 이 같은 무주공산 기업에 대한 인수 시장에서 필요한 경쟁력은 인맥과 정보력이었다.

BDM 투자로 강한 인상을 남긴 칼루치는 앞서 언급했듯 1993년 칼라일 회장직에 올랐다. 비록 '이해상충'의 논란은 있었지만 루벤스타인의 두뇌에서 나온 초기 사업 모델의 주연 역할을 훌륭히 수행해준 덕이었다. 그러나 칼루치는 대외적으로 칼라일을 대표할 뿐, 실질적인 회사 운영은 루벤스타인이 주축이 된 3인의 동업자가 맡았다.

칼루치를 통해 '전관예우'가 제대로 작동한다는 점을 확인한 루벤스타인은 전직 고위 관료의 영입에 보다 적극적으로 나섰다. 루벤스타인은 정·관계 거물들을 칼라일의 고문 자리에 앉혔다. 대표적 인물이 조지 부시아버지 전 미국 대통령, 제임스 베이커 전 미국 국무장관, 존 메이어와 토니 블레어 전 영국 수상 등이다. 이들의 영입은 상당한 파급 효과를 가져왔다. 전직 대통령과 장관들이 즐비한 칼라일의 투자 컨퍼런스에 참가한 전 세계 투자자들은 앞다퉈 지갑을 열었다.

아버지 부시 대통령 시절 '사막의 폭풍'이라 불린 걸프전부터 아들 부시 대통령 재임 시 '테러와의 전쟁'까지 미국 군수 산업이 냉전 종식 이후 최고의 호황을 누린 덕도 컸다. 이처럼 칼루치 회장과 부시, 메이어 등 대규모 고문단을 전면에 내세운 루벤스타인의 방위산업 공략은 대성공이었다.

그 결과 1998년부터 2003년까지 칼라일이 인수한 기업들이 미국 국방부와의 계약을 통해 벌어들인 돈은 93억 달러에 달했다. 제조업체도 아닌 금융회사 칼라일이 록히드마틴, 보잉 등 굴지의 방위산업체들과 어깨를 나란히 하며 국방부 계약 순위 9위에 오른 것이다. 그러나 차별화된 사업 모델과 시대적 행운이 뒷받침된 성공 뒤에는 거대한 역풍이 불어닥칠 조짐도 있었다.

루벤스타인의 손끝에서 탄생한 칼라일의 사업 모델은 경제적 성공에도 불구하고 끊임없이 이해상충 논란에 시달렸다. 《라이어스 포커*Liar's Poker*》, 《빅쇼트*The Big Short*》의 작가로 유명한 마이클 루이스Michael Lewis는 루벤스타인과 그의 고용인들을 '액세스 캐피털리스트access capitalist'* 라고 부르며 비난했다. 이 같은 비난의 수위는 아버지 부시가 아들 부시 대통령 취임 이후에도 칼라일의 고문 자리를 계속 지키고 있던 때 극에 달했다. 1998년 칼라일에 영입된 그가 아들 부시 대통령이 테러와의 전쟁을 선포하고 이라크전을 벌이며 국방비를 쏟아붓던 시기에도

---

* 단순 로비스트를 넘어서 자신의 정·관계 경력과 인맥을 사업에 이용하는 인물을 가리키는 표현이다.

칼라일을 위해 계속 일한 사실이 논란을 불러일으킨 것이다.

엎친 데 덮친 격으로 9·11 테러의 주범 빈 라덴 일가의 투자금이 칼라일에 유입된 것으로 알려지면서 비난의 강도는 더욱 거세졌다. 루벤스타인이 1995년에 유치한 사우디아라비아 자금 200만 달러가 문제를 일으킨 것이다. 당시 미국의 최대 안보 위협 세력과 관련된 자금이 칼라일을 통해 미국의 방위산업체에 투자되고 있다니 공분을 사기에 충분했다.

결정적으로 칼라일의 '평판 위기'가 임계점에 도달한 것은 2004년 마이클 무어Michael Moore 감독의 다큐멘터리 영화 〈화씨 9/11Fahrenheit 9/11〉이 상영되면서다. 영화의 주제인 9·11 테러를 둘러싼 음모론의 중심에 칼라일이 등장했기 때문이다. 루벤스타인과 동업자들은 더는 기존 사업 모델을 유지하기가 힘들어진 현실을 직시해야만 했다.

위기 돌파를 위해 전면에 나선 루벤스타인

이해상충 논란으로 얼룩진 칼라일의 명성을 회복시키기 위해 루벤스타인이 직접 나섰다. 그는 결자해지의 심정으로 당면한 문제를 하나하나 풀어나갔다. 먼저 사우디아라비아 출처의 자금을 철저하게 조사해 빈 라덴 일가의 자금은 즉각 상환했다. 본격적인 여론전에도 나섰다. 증권거래위원회SEC 대변인이던 크리스토퍼 울먼Christopher Ullman을 PR 책임자로 영입해 그에게 '여론의 반전'이라는 미션을 부여했다. 울먼은 칼라일의 브랜드 변화 노력을 러시아의 개방 정책 '글라스노스트

Glasnost'에 비유하며 폐쇄적인 기업 이미지를 탈피시키는 데 주력했다.

루벤스타인이 지금까지도 후회스러운 선택이었다고 말하는 고위 공직자 출신 경영진과 고문단도 수술대에 올랐다. 칼루치는 회장 자리에서 물러났고, 부시 전 대통령을 포함한 정·관계 인사들은 퇴임 수순을 밟았다. 대신 이들의 공백은 민간 부문 인사로 채워졌다. 가장 상징적인 인사 결정은 루이스 거스트너Louis Gerstner 전 IBM 회장의 영입이었다. 그는 IBM 재건이라는 성공 신화를 쓴 바 있어 사모 펀드가 추구하는 '기업 턴어라운드' 전문가라는 이미지가 강했다. 게다가 LBO 투자의 대명사 격인 사모 펀드 운용사 KKRKohlberg Kravis Roberts의 1989년 RJR 나비스코RJR Nabisco 인수에 전문 경영인으로 참여한 경험도 있어, 칼라일의 이미지 변신을 이끌 최적의 인물이라 평가되었다. 거스트너는 2003년 칼루치의 후임으로 칼라일 회장직에 올랐다.

이 모든 노력은 인수 대상 기업의 다변화라는 결과를 맺었다. 방위 산업에 치중됐던 투자 포트폴리오가 소비재 산업까지 확장됐다. 2005년 렌터카 기업 허츠Hertz, 2006년엔 던킨 도너츠로 대표되는 식품 기업 던킨 브랜드DunKin' Brands를 인수해 경영을 개선시킨 후 성공리에 매각했다. 그 외에도 미디어 기업 닐슨Nielsen과 게티 이미지Gatty Images, 컨설팅사 부즈 앨런 해밀턴Booz Allen Hamilton 등에 투자했다. 2008년에는 프랑스 명품 패션 브랜드 몽클레르Moncler에 투자해 아시아 시장을 공략함으로써 브랜드 가치를 한 단계 끌어올리는 데 성공했다. 최근 2017년에는 명품 신발 브랜드로 유명한 골든구스Golden Goose Deluxe Brand를 인수하기도 했다. 이처럼 투자 대상을 다변화한 결과, 이제 칼라일의 전체 포트폴리오에서 방위산업체가 차지하는 비중은 8%에 지나지 않는다2019년 9월 기준.

칼라일의 초기 사업 모델은 우여곡절 끝에 많은 변화를 겪었지만, 루벤스타인이 지닌 투자 철학의 핵심은 여전히 확고하다. 바로 '국가 중심 가치관'이다. 말 그대로 주요 의사결정의 중심에 국가를 두는 이 가치관은 일찍이 루벤스타인을 공직의 길로 이끌었고, 그가 사업에 뛰어든 뒤에도 투자 방향 설정의 나침반 역할을 해왔다. 루벤스타인은 초창기와 달리 투자의 범위를 크게 확장한 지금도 칼라일의 경쟁 우위는 '규제 산업 투자'라는 점을 강조한다. 국가 행정·정치와 경제·산업 간 역학 관계에 대한 깊은 이해를 바탕으로 통신, 헬스케어, 은행 등 정부의 규제가 강한 산업에 대해 활발한 투자를 이어나가겠다는 뜻이다. 또한 그 이외의 산업에 대한 투자 활동에서도 루벤스타인이 가장 중요하게 여기는 리스크 요인은 두말할 나위 없이 '정치 환경'이다.

2008년 거스트너가 회장직에서 물러나면서 루벤스타인의 대외적 위상이 강화되었다. 그는 이제 칼라일의 변혁을 주도하면서 자신의 역할도 재정립해야 했다. 칼라일의 내부 운영은 물론이고, 외부적으로도 사회·정치·경제 이슈에 대해 목소리를 높였다. 칼루치와 거스트너를 이어 칼라일의 공식 리더로 나선 루벤스타인은 어느새 높아진 자신의 지명도를 한껏 활용했다. 전직 관료들을 전면에 내세우고 그 뒤에서 그저 두뇌 역할만 자처하던 이전의 루벤스타인이 아니었다.

루벤스타인이 본격적으로 공식 석상에 모습을 나타낸 것은 2008년 워싱턴 DC 소재 기업인들의 포럼 '워싱턴 DC 경제 클럽'의 회장을 맡으면서다. 클럽의 회장으로서 포럼을 진행하며 그는 숨어 있던 '끼'를 드러냈다. 특유의 무표정한 얼굴로 유머를 섞어 빠른 말투로 유명 인사들을 인터뷰하며 던지는 날카로운 질문이 그들을 난처하게 만들 때도 있었지만, 색다른 포럼 진행에 사람들은 환호했다. 그때부터 루벤스타인은 영향력 있는 인물을 상대로 한 인터뷰나 포럼에 진행자 또는 연사로 자주 얼굴을 비쳤다.

그러더니 아예 TV 인터뷰 진행자로 나서 직업이 하나 더 늘었다. 2016년부터 그는 자신의 이름을 내건 〈데이비드 루벤스타인 쇼〉를 블룸버그 TV에서 진행하고 있다. 오랫동안 베일에 싸여 있던 사모 펀드 운용사의 최고경영자가 이제는 대중과 친근한 인물로 변신한 것이다.

사업 다변화 속에서도 변하지 않는 투자 철학, '국가 중심 가치관'

루벤스타인의 핵심 투자 철학인 '국가 중심 가치관'은 그의 인재상에서도 잘 드러난다. 루벤스타인은 젊은 인재들의 공직 진출을 적극 권장한다. "아무리 돈을 많이 벌 수 있는 기회라도 4년간의 백악관 경험과는 바꾸지 않을 것"이라고 말할 정도로 그는 공직 경험을 최대 자산으로 여긴다. 그런데 공직에 대한 그의 신념은 단순히 관료로서 계속 근무하는 것을 높이 평가한다는 의미가 아니다. 젊은 시절에 정부, NGO 등 공공 서비스 부문에서 일하며 높은 수준의 사회적 책임감을 쌓고 나서 민간 부문으로 옮겨가 그 경험을 바탕으로 기업 활동을 해야 한다는 의미다. 혹은 그 반대의 경우도 가능하다. 기업에서 일한 후 공공

부문으로 건너가 조직의 효율성을 높이고 기업인과 관료 간 인식의 간극을 줄이는 데 기여할 수 있다는 것이다. 이처럼 루벤스타인은 공공과 민간 부문의 활발한 인적 교류가 미국이 가진 주요 경쟁력의 하나라고 확신하고 있다.

실제로 루벤스타인은 칼라일의 직원을 채용할 때, 특히 경력직 관리자를 뽑을 때 공직 경력을 매우 중요하게 여긴다. 또한 원하는 인재를 양성하는 데 필요하다고 판단되면 대외적 지원도 아끼지 않는다. 이를테면 하버드 경영대학원과 하버드 공공정책대학원에서 각 학위 과정을 동시에 공부하는 학생들에게 장학금을 지급한다.

한편 루벤스타인은 자선 활동에도 적극적이다. 경제적으로 큰 부를 일군 월스트리트의 자산가들은 대체로 사회 환원 활동에 열심인데, 루벤스타인도 예외가 아니다. 루벤스타인은 2010년 워런 버핏과 빌 게이츠Bill Gates 부부가 설립한 비영리 단체 더 기빙 플레지The Giving Pledge*에 최초로 참여한 억만장자 40인 중 한 사람이다.

그런데 루벤스타인의 자선 활동에도 '국가 중심 가치관'이 깊이 배어 있다. 보통 자선 활동이라 하면 소외 계층이라든지 환경 보호 등이 그 대상이나 목적이 되는데, 루벤스타인의 기부금이 향하는 곳은 매우 특이하다. 루벤스타인의 기부금은 '국가'로 들어간다. 루벤스타인은 자신이 처음으로 개척한 자선 방식인 '애국 자선 활동'을 통해 국가를 위한 일에 개인 자산을 기부하고 있다. 국가의 책무라고 여겨지는 사항들에

* 전 세계 대부호들이 살아생전 혹은 사후에 재산의 상당 부분을 사회에 환원하기로 서약하는 운동.

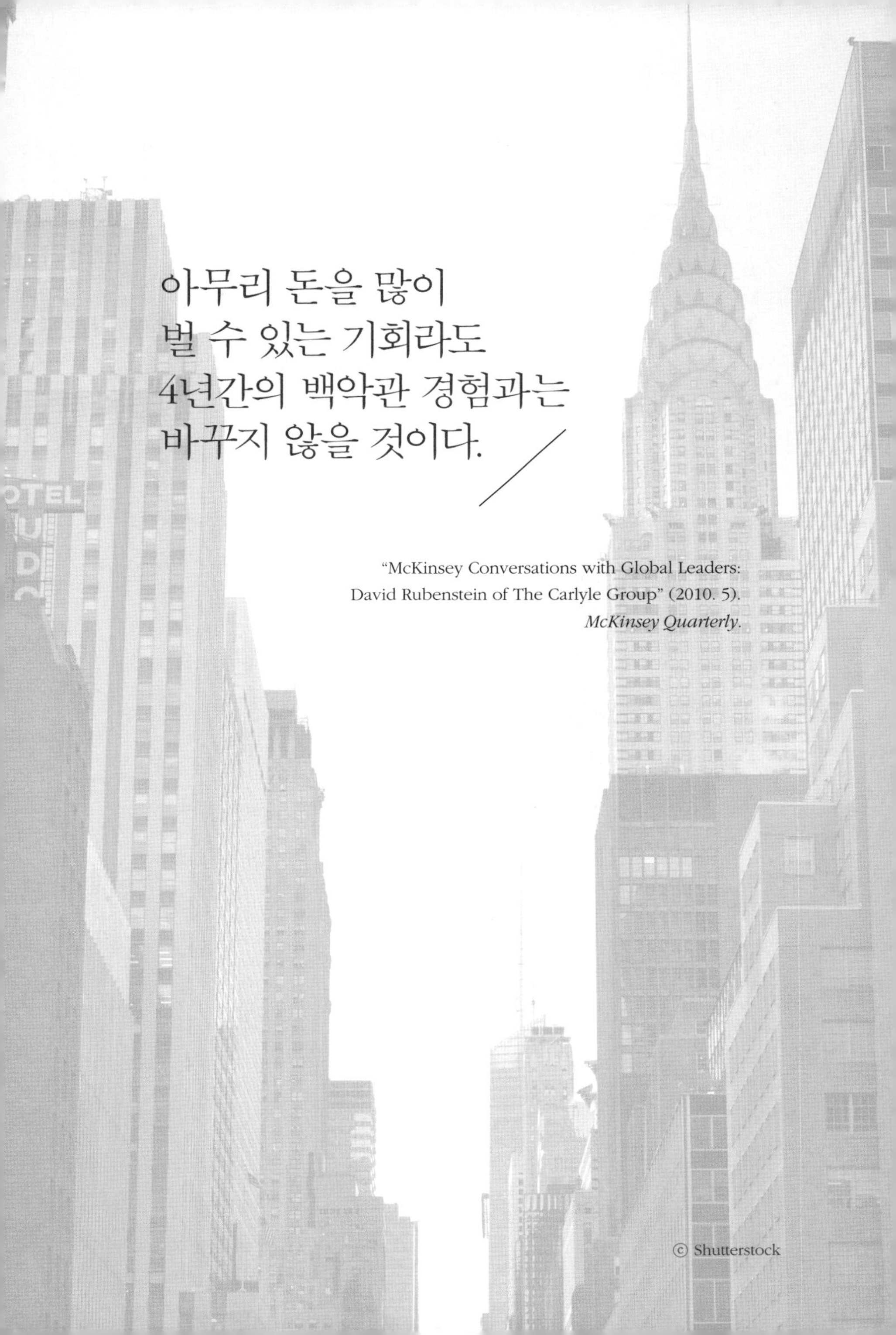

아무리 돈을 많이
벌 수 있는 기회라도
4년간의 백악관 경험과는
바꾸지 않을 것이다.

"McKinsey Conversations with Global Leaders:
David Rubenstein of The Carlyle Group" (2010. 5).
McKinsey Quarterly.

© Shutterstock

대해 루벤스타인은 기꺼이 지갑을 연다. 그렇다고 그의 지갑이 아무 때나 열리는 것은 아니다. 그는 명확한 기준에 따라 기부를 하고 있으며, 그 기준은 바로 '역사'다. 루벤스타인은 미국 국민의 역사의식을 고취시키는 데 앞장선다. 그의 국가 중심 가치관과 맥이 닿아 있는 '애국심'은 높은 역사의식에서 출발하기 때문이다.

그의 이 특별한 자선 활동은 2007년에 시작되었다. 뉴욕 출장길에 루벤스타인은 우연히 한 역사적 유물의 경매 소식을 접했다. 우리에겐 〈대헌장〉이라는 명칭으로 알려진 〈마그나 카르타Magna Carta〉가 소더비 경매에 나온 것이다. 1215년 제정된 영국 역사 최초의 헌법 〈마그나 카르타〉의 1297년 사본이었다. 그런데 경매에 나온 〈마그나 카르타〉에 관한 스토리가 그의 가슴을 두드렸다. 전 세계에 현존하는 17개의 〈마그나 카르타〉 중 유일하게 민간에서 소유하던 것이고, 이번에 미국을 떠나면 언제 돌아올지 기약할 수 없다는 얘기였다. 미국의 헌법과 독립의 근원인 역사적 유물을 이대로 놓쳐선 안 된다고 생각한 루벤스타인은 경매에 참여했고 2,100만 달러를 들여 그것을 사들였다. 매입한 〈마그나 카르타〉는 루벤스타인의 개인 소장품으로 머물지 않았다. 루벤스타인은 많은 시민들이 관람할 수 있도록 이를 국립문서보관소에 영구 임대해주고 전시하도록 했다.

미국인의 역사의식 고취를 위한 루벤스타인의 기부 활동은 그 후로도 계속되고 있다. 2011년엔 지진으로 파손된 워싱턴 기념탑Washington Monument의 복구 비용으로 750만 달러를 기부했다. 평소 미국의 초대 대통령 조지 워싱턴의 '팬'임을 자처하던 루벤스타인이 예산 부족으로 워싱턴 대통령의 기념탑이 폐쇄되는 것을 보고만 있을 수 없었던 것이다. 그 밖에도 링컨 기념관, 제퍼슨 기념관 등 워싱턴 DC 일대의 수많은 역사 유적에도 그가 건넨 도움의 손길이 미치고 있다. 루벤스타인의 일생을 관통하는 '국가 중심 가치관'은 그의 직업, 사업, 자선 활동 등 전 영역에 깊숙이 배어 있다. 이처럼 하나의 키워드가 일관되게 한 사람의 발자취에 담기기란 결코 쉬운 일이 아니다.

David Swensen, 1954~

1980년에 예일대학교에서 경제학 박사학위를 받았다. 살로몬 브라더스에서 어소시에이트로 일했고 리먼 브라더스 수석부장을 거쳐 현재는 예일대학교 기금 최고투자책임자로 재임 중이다. 1985년 예일대학교 기금 운용을 맡은 뒤 '스웬슨 모델' 또는 '예일 모델'이라 불리는 투자 기법을 개발하여, 기금 액수를 2019년 6월 기준 303억 달러로 키우는 놀라운 성과를 거두었다. 지난 20년간 예일대학교 기금의 연평균 투자수익률은 11.4%에 이른다.

4장

데이비드 스웬슨 예일대학교 기금 최고투자책임자

장기 분산 투자라는 오래된 원칙이 부린 마법

"달걀을 한 바구니에 담지 마라." 이제는 너무나도 잘 알려진, '올인'을 경계하는 투자 문구다. 하나의 바구니에 너무 많은 달걀을 담으면 깨지기 십상이란 뜻이다. 이는 학계와 투자 업계에서 이미 반세기 전에 가치를 인정받은 '포트폴리오 이론Theory of Portfolio Selection'을 토대로 한다.

포트폴리오 이론의 핵심은 투자의 대상이 되는 자산별로 과거 자료에 기초해 리스크변동성와 수익률을 구한 후 이를 기초로 투자자가 예상하는 리스크와 수익을 가져다줄 자산 집단, 즉 자산 포트폴리오를 구축하는 것이다. 이 이론은 감내할 수 있는 리스크 수준에서 얻을 수 있는 최대 수익, 즉 최적의 리스크/수익 조합을 구축하기 위해 '분산 투자' 방식을 추구한다. 아무리 간단한 형태의 투자일지라도 이 이론의 테두리를 벗어나지 않는다. 공격적인 성향의 투자자는 주식처럼 리스크가 큰 상품에 대한 투자 비중을 늘려 높은 수익을 목표로 삼고, 반면 보수적인 성향의 투자자는 채권 등 상대적으로 리스크가 적은 상품에 많은 투자를 해서 리스크를 줄이는 대신 높은 수익에 대한 기대는 접는 것처럼 말이다.

앞서 말한 '달걀 바구니' 비유를 세상에 처음 알린 사람은 제임스 토빈James Tobin이다. 1981년 포트폴리오 이론으로 노벨 경제학상을 받은 후 복잡한 이론을 알기 쉽게 설명해달라는 기자들의 요구에 그가 내놓은 명쾌한 대답이었다. 토빈은 예일대학교 경제학과 교수로 평생을 재직하며 포트폴리오 이론과 함께 사회문제 해결을 위한 경제학 연구에서 많은 업적을 남겼다. 그는 케인스학파답게 통화·재정 정책의 이론적 토대를 제공했으며, 2008년 금융위기에서 특급 소방수 역할을 한 미국 연준의 벤 버냉키Ben Bernanke 의장과 그의 후임 재닛 옐런Janet Yellen 의장의 멘토인 것으로도 알려졌다. 토빈은 교수로서 수많은 학자와 관료를 배출해 학계와 정계에 자신의 유산을 남겼다.

그를 계승한 제자들이 포진해 있는 분야가 비단 학계와 정계에 그치지는 않는다. 토빈의 학문적 DNA를 계승해 포트폴리오 이론을 투자 실무에서 구현하며 이전에는 존재하지 않았던 새로운 투자 모델로 발전시킨 제자도 있다. 예일대학교 기금Yale University endowment 최고투자책임자CIO 데이비드 스웬슨이 그 주인공이다.

스웬슨은 토빈이 노벨상을 받을 무렵인 1980년 예일대학교에서 토빈의 지도하에 경제학 박사학위를 받았고, 그 후 월스트리트를 거쳐 다시 모교로 돌아와 1985년부터 기금 운용을 책임지고 있다.

기금 투자의 딜레마를 해결한 인물, 스웬슨

'기금 투자'란 학교, 병원, 종교 단체 같은 비영리기관이 기부금 등을 초기 투자금으로 삼아 운용하는 펀드라고 보면 된다. 투자 원금은 손대지 않고 운용 결과로 벌어들인 수익으로 기관 운영에 필요한 비용을 조달하는 것이 원칙이다. 특히 미국 대학이 운용하는 기금은 그 규모 면에서 웬만한 기관 투자자를 압도한다. 2019년 6월 기준미국 대학 기금의 회계연도 결산은 매년 6월이다 기금 규모 상위 10개 대학이 총 1,970억 달러약 220조원, 2020년 12월 환율 기준를 운용하고 있고, 그 외에도 10억 달러 이상 기금을 보유한 대학이 80개가 더 있어 글로벌 금융시장의 큰손이라 불리기에 손색이 없다.

10억 달러 이상의 대형 기금을 운용하는 대학들은 대학 운영 예산의 3분의 1 이상을 기금 운용으로 조달한다. 전체 예산에서 가장 큰 비중을 책임지고 있기 때문에 기금이 매년 수익을 올리지 못하면 그만큼을 기금의 원금에서 가져다가 학교 운영에 보태야 하는 구조다. 이런 의미에서 기금 의존도가 큰 미국 대학은 퇴직자와 닮은꼴이다. 운영 또는 생활을 위해 보유 자산을 잘 굴려 이자든 자본 이득이든 돈을 벌어야 하고, 그 과정에서 원금 손실을 피하는 게 중요하기 때문이다. 기금은 특히 원금 손실에 민감하다. 퇴직자는 수명이 유한해 생애 주기에 맞춰 원금을 소진하며 살 수 있지만 대학의 수명은 기본적으로는 영속적인 것이기 때문이다.

이렇게 원금 보전에 집착하다 보니 미국 대학들은 1970년대까지만 해도 기금의 대부분을 고정 이자가 보장되는 채권이나 예금으로 운용했다. 그러다가 1980년대 들어서야 자본 이득으로 눈을 돌리면서 주식 투자 비중을 늘려나가 주식 50%, 채권과 예금 40%, 그 외 10%라는 교과서적 포트폴리오를 구성하게 된다. 하지만 투자의 대상 자체가 미국 국내 종목, 그것도 쉽게 사고팔 수 있는 유동성 좋은 종목에서 벗어나지 못하는 한계를 보였다. 소위 '60-40주식 60%, 채권 40%'이라는 가장 흔한 투자 포트폴리오에 갇혀 오랜 시간을 보낸 것이다.

그러던 중 대학 기금들이 오랜 투자 관행을 깨게 되는 계기가 있었으니, '예일 모델' 또는 '스웬슨 모델'이라 불리는 기금 운용 모델이 탄생하면서다. 이 모델을 탄생시킨 인물이 바로 데이비드 스웬슨이며, 스웬슨의 이 모델은 기금이 당면한 리스크와 수익의 딜레마를 '장기 분산 투자'로 풀어낸 걸작이다. 기금 운용 혁신의 아이콘 스웬슨의 손끝에서 고안된 '예일 모델'의 역사를 되돌아보자.

모교로부터 걸려온 전화

스웬슨은 인자한 대학 교수 같은 인상이다. 부드러운 목소리로 강의하듯 천천히 얘기하는 스웬슨에게서 303억 달러2019년 6월 기준라는 거대 자산 포트폴리오를 운용하는 투자 전문가의 모습을 연상하기는 쉽지 않다. 투자의 세계에 발을 들여놓기 전까지 대학 교수는 그가 희망한 직업이기도 했다. 아버지와 할아버지가 모두 교수였다는 집안 내력도 그 꿈에 영향을 미쳤다. 스웬슨의 고향 위스콘신 리버 폴스River Falls에 위치한 위스콘신대학에서 두 사람 모두 화학과 교수로 재직했고 스웬슨도 같은 대학을 졸업했다. 이후 1980년 예일대학교에서 토빈 교수의 지도로 박사학위를 받은 스웬슨은 비록 전업 교수의 꿈은 접었지만 여전히 '가르치는 일'을 좋아해서 예일대학교에서 매 학기 투자 과목을 강의하고 있다. 예일대학교에서 연구한 투자 이론을 기금 CIO로서 현업에서 실천하며 발전시키고, 이를 다시 모교의 후배들에게 전수하고 있는 것이다.

스웬슨은 아주 우연한 기회에 월스트리트로 진출했다. 박사학위 논문의 주제인 '채권 가치평가'의 현장 연구를 위해 잠시 머물렀던 투자은행 살로몬 브라더스에서 정식 입사 제의를 받으면서다. 원래 교수직을 희망했지만 학문적 관심이 많았던 채권 분야에서 실무 경험을 쌓을 기회를 잡아보고 싶기도 했다. 무엇보다 채권시장의 선두 주자 살로몬 브라더스에서 일하는 것이라 더 큰 매력으로 여겨졌다. 살로몬 브라더스에 입사한 스웬슨은 오랫동안 기르던 턱수염을 잘랐다. 아이비리그의 공부벌레에서 말쑥한 월스트리트 트레이더로 변신한 것이다. 하지만 그때까지도 교수직에 대한 미련을 떨치지 못한 스웬슨은 회사 일을 하면서도 매 학기 예일대학교에서 강의를 맡는 열성을 보였다.

스웬슨은 살로몬 브라더스에서 일하며 금융사에 길이 남을 역사적 사건의 중심에 서기도 했다. 1981년 역사상 최초로 스와프swap* 거래를 체결시킨 것이다. 글로벌 기업 IBM과 세계은행World Bank 간에 스위스와 독일의 통화인 프랑과 마르크의 환율 및 금리 리스크를 헤지hedge**하기 위한 거래였다. 스웬슨은 당시로서는 매우 파격적인 파생상품의 산파 역할을 하며 월스트리트에 이름을 알렸다. 살로몬 브라더스가 성사시킨 최초의 스와프 거래를 계기로 다른 경쟁 은행들도 스와프에 큰 관심을 보였다. 금융시장은 어떤 상품을 다루든 초기에 진입해야만 높은 시장점유율과 함께 높은 마진을 챙길 수 있어서다. 스와프에 대한 경쟁사들의 폭발적 관심은 자연스럽게 스와프의 선구자 격인 스웬슨에 대한 구애로 이어졌다. 그리하여 스웬슨은 1984년 스와프 부서를 강화하던 또 다른 투자은행 리먼 브라더스Lehman Brothers로 이직하게 된다.

리먼 브라더스에서 스와프 거래로 바쁜 나날을 보내던 스웬슨에게 모교로부터 한 통의 전화가 걸려온 건 1985년 3월 어느 날이었다. 당시 예일대학교 교무처장을 맡고 있던 윌리엄 브레이너드William Brainard 경제학과 교수의 전화였다. 스웬슨은 브레이너드 교수와 인연이 깊었다. 그도 스웬슨처럼 토빈 교수의 지도로 박사학위를 받았고, 이후 경제학과 교수로서 토빈 교수와 함께 스웬슨의 박사학위 논문을 공동 지도했다. 브레이너드 교수의 요청을 받고 예일대학교를 급히 방문한 스웬슨은 뜻밖의 제의를 받았다. 예일대학교의 기금 운용을 맡아달라는 것이었

---

* 양 당사자 간에 정해진 기간 동안 동일한 통화로 표시된 원금에 대하여 고정금리 이자와 변동금리 이자를 교환하기로 약정하는 계약인 '이자율스와프(Interest Rate Swap; IRS)', 그리고 양 당사자 간에 정해진 기간 동안 상이한 통화로 표시된 원금에 대해 이자를 서로 교환하고 만기에는 두 통화에 대한 원금을 교환하기로 약정하는 계약인 '통화스와프(Currency Swap; CRS)'가 있다. 스웬슨이 거래를 체결한 것은 통화스와프이다.

** 환율, 금리, 주가 등의 시장가격 변화로 인한 보유 자산·부채의 가치 변동성을 제거하는 것.

다. 토빈 교수도 가세했다. 평소 모교에 대한 스웬슨의 애정을 잘 알고 있던 토빈 교수도 스웬슨을 기금 운용 책임자로 강력히 추천한 것이다.

당시 예일대학교 기금은 오랫동안 10억 달러의 문턱조차 넘지 못하는 상황이었다. 이에 기금의 구조조정을 애교심 깊은 졸업생이자 월스트리트 경험까지 갖춘 스웬슨에게 맡기고자 한 것이다. 처음에 스웬슨은 두 스승의 제안을 고사했다. 월스트리트에서 일을 하곤 있지만, 자신의 업무는 자산 운용과는 거리가 멀다는 생각에서였다. 사실 스와프 거래와 자산 운용은 같은 투자은행 안에서 행해지는 일이기는 해도 그 성격이 아주 다른 업무다. 각각 별개의 사업부에 속해 있고 투자 호흡이라는 측면에서 봐도 차이가 크다. 금리와 환율 리스크를 다루는 스와프에 비해 자산 운용은 훨씬 더 다양한 자산군에 대해, 더 긴 호흡으로 투자를 집행하기 때문이다. 일천한 자산 운용 경험에 더해 직무에 대한 경제적 보상이라는 현실적 장애물도 있었다. 비영리기관인 대학의 특성상 스웬슨에게 월스트리트 수준의 보수 조건을 맞추어주기는 어려웠다. 리먼 브라더스에 비해 무려 80%나 줄어드는 박봉을 감수해야 하는 조건이었던 것이다.

이런 현실에도 불구하고 스웬슨은 기금 운용에 마음이 끌렸다. 우선 기금 운용은 그에게 새로운 도전이었다. 학교의 전폭적 지원에 힘입어 그때까지 별 특색 없이 기계적으로 운용되던 기금에 새로운 투자 방법을 시도해볼 절호의 기회였다. 또한 모교인 예일대학교를 위해 일한다는 사명감과 명예에도 스웬슨은 강하게 끌렸다. 모교 발전에 기여할 방법이야 물론 많겠지만 학교의 자산 증식이라는 가장 현실적이고 직접

적인 기여는 아무나 해볼 수 없는 특별한 경험이었기 때문이다. 더욱이 두 스승의 거듭된 권유를 거절하기도 쉽지 않았다.

오랜 고민 끝에 스웬슨은 새로운 도전을 선택했다. 1985년 4월 1일 예일대학교 기금 최고투자책임자로 임명되며 기금 운용의 첫발을 내디뎠다.

예일 모델의 탄생: 달걀을 나눠 담을 새로운 바구니를 찾다

출근 첫날 스웬슨은 예일대학교 기금의 자산 포트폴리오를 살폈다. 다른 대학들과 별로 다를 바가 없었다. 유동성과 안전성을 선호하다 보니 미국 블루칩 주식과 국채 그리고 예금이 전체 자산의 90%를 차지했고, 나머지 10%가 부동산 등 증권 이외의 자산에 투자된 정도였다. 변동성이 크지만 높은 수익을 기대할 수 있는 주식과, 안정된 반면 기대수익은 낮은 채권에 분산 투자해 경기에 영향을 받지 않고 안정된 수익을 추구하려는 목적에 따라 기금 운용이 이뤄진 것이었다.

스웬슨이 보기에 예일대학교 기금의 가장 고질적인 문제는 이러한 자산 구조에 있었다. 안정된 수익을 추구하는 자산 구조에 1970년대부터 문제가 발생했다. 오일쇼크가 초래한 고물가와 저성장, 즉 '스태그플레이션'이 주식과 채권에 무차별적 악영향을 끼친 것이다. 주식과 채권이 더는 서로에게 헤지의 대상이 되지 못했고, 기금이 가장 우려하는 원금 손실이 현실로 다가왔다. 스웬슨이 CIO로서 가장 처음 주목한 것은 바로 이 문제였다. 이런 문제가 나타났을 경우 주식과 채권은 방향성이 같기 때문에 두 자산군의 조합만으로는 기금이 추구하는 안정적이면서 충분한 재원 마련이 불가능했다.

그때부터 스웬슨은 달걀을 나눠 담을 새로운 바구니를 찾아 나섰다. 스승 토빈 교수의 포트폴리오 이론에 따라 최적의 자산 포트폴리오를 구성하기 위한 자산군 탐색 작업이었다. 때마침 스웬슨의 뒤를 이어 1986년 기금운용팀에 합류한 예일대학교 동문 딘 다카하시Dean Takahashi가 든든한 2인자 역할을 하며 스웬슨의 자산군 발굴에 동참해 주었다.

점차 스웬슨의 레이더에 다양한 분산 투자의 목표물이 잡혔다. 국내 주식 일변도에서 벗어나 해외 주식으로 시야를 넓히고 부동산, 헤지 펀드, 사모 펀드, 벤처캐피털, 천연자원 등 이른바 대체투자alternative investment* 바구니로 기금을 나눠 담았다. 이런 자산군은 하나씩 개별적으로 보면 기존 포트폴리오의 국내 주식·채권에 비해 훨씬 위험해 대학 기금이 손대기에는 적합하지 않다고 여길 만한 것들이다. 그도 그럴 것이 신흥국 주식 같은 경우 시장 정보조차 얻기 어렵고, 대체투자는 시장 참가자가 극히 제한적인 탓에 자금이 필요할 때 바로 청산하지 못한다는 점에서 유동성 리스크가 상당했기 때문이다.

하지만 포트폴리오 이론을 깊이 연구한 스웬슨의 생각은 달랐다. 개별 자산이 아닌 전체 포트폴리오 관점에서 접근함으로써 전혀 다른 결론에 도달할 수 있었다. 실제로 스웬슨은 국내 주식과 채권에 새로운

---

* 주식·채권 등 일반적인 증권투자를 제외한 모든 투자.

자산군을 추가한 신규 포트폴리오의 변동성과 수익률을 분석해보았고, 그 결과는 놀라웠다. 새로운 자산군으로 투자의 범위를 확장하더라도 기존 포트폴리오의 리스크 대비 수익률을 압도할 수 있다는 점이 입증됐기 때문이다. 스웬슨의 표현을 따라 말하자면 그야말로 '공짜 점심'이라 부를 만한 투자 모델을 발견할 수 있었던 것이다.

기금 운용의 혁신이라 할 '예일 모델'은 이렇게 세상에 첫선을 보였고, 그 후로 지금까지 35년이라는 긴 시간 동안 예일대학교는 물론 이 모델을 도입한 수많은 기금에서 수익을 창출하는 엔진 역할을 톡톡히 하고 있다.

예일 모델의 성공 요인: 대학 기금의 영속성을 이점으로 살려낸 역발상

예일 모델의 성공 요인을 한마디로 표현하면 '장기 분산 투자'라고 할 수 있다. 그리고 이는 스웬슨의 역발상이 낳은 결과다. 대학 기금의 영원한 숙제인 영속성 부담을 오히려 기회로 삼았기 때문이다. 많은 대학이 '원금 보전'이라는 부담감에 매몰되어 있을 때 그 영속성을 오히려 장기 투자라는 이점으로 전환시킨 것이 주효했다. 주식이나 채권 등 일반 증권과 달리 투자 기간이 긴 '대체투자'야말로 단기 실적에서 비교적 자유로운 대학 기금에 절대적으로 유리한 자산군이라는 점을 간파한 것이다. 당장 돈이 필요할 때 팔기 어렵다는 이유로 유동성 리스크를 무조건 피하기보다는 적정 수준에서 감내한다면 그 대가로 더 큰 추가

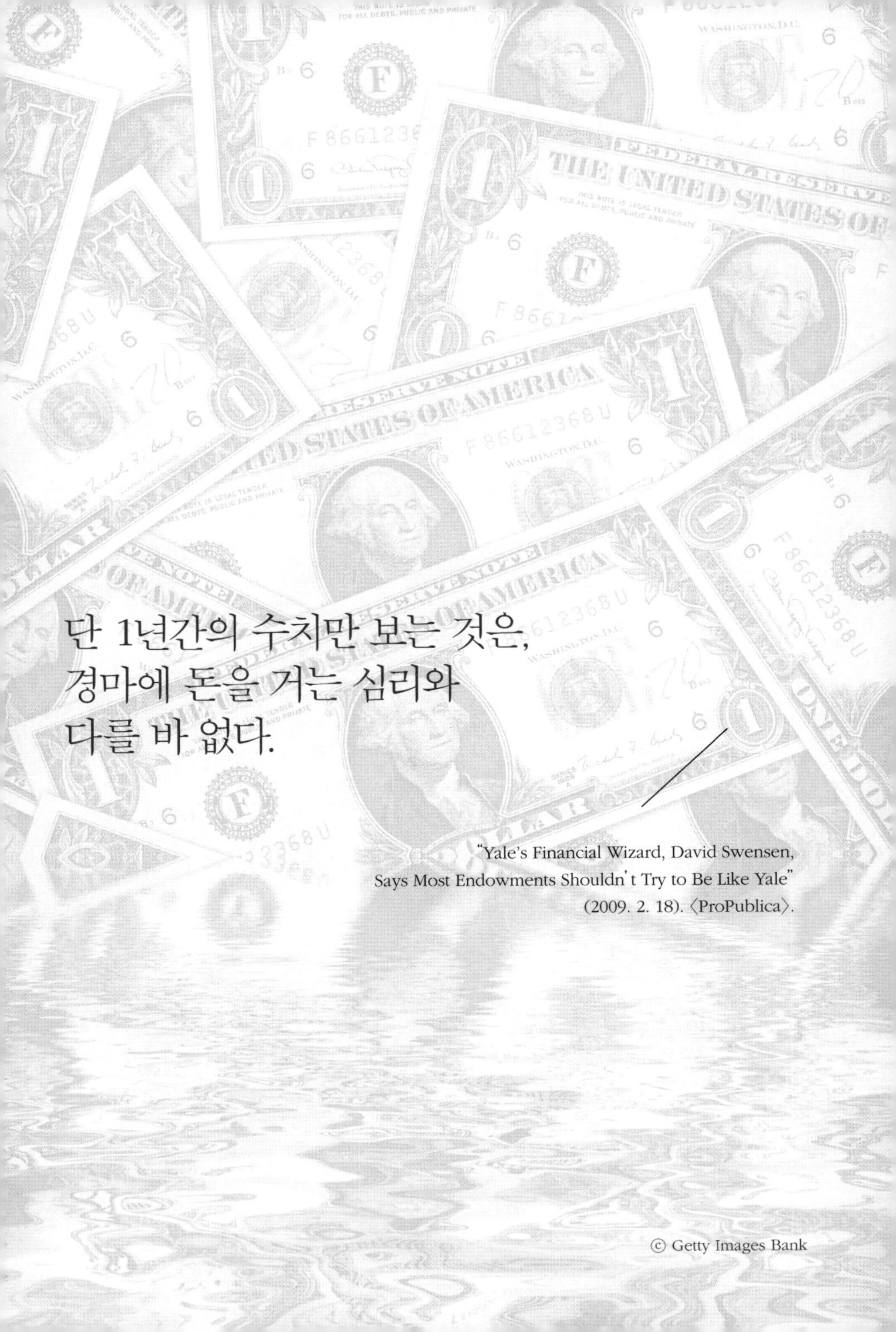

단 1년간의 수치만 보는 것은,
경마에 돈을 거는 심리와
다를 바 없다.

"Yale's Financial Wizard, David Swensen,
Says Most Endowments Shouldn't Try to Be Like Yale"
(2009. 2. 18). 〈ProPublica〉.

수익이라는 달콤한 보상을 얻을 수 있음을 스웬슨은 깨달았다.

대체투자는 시장 참가자가 적다는 점 역시 역발상 투자의 기회 요인으로 작용했다. 주식·채권에 비해 정보가 많이 부족한 투자 대상이라 투자자들이 꺼리게 되고, 이 때문에 제대로 평가받지 못해 그 가치가 저평가되어 있을 가능성이 높다. 따라서 적절한 시점에 시장으로 진입해 자산 가치가 적정 수준에 이를 때까지 기다릴 수만 있다면 승산이 매우 높은 투자였다. 단기 실적 부담에서 자유로울 수 없는 일반 금융회사와 달리 초장기超長期 투자가 가능한 대학 기금이라면 충분히 시도해볼 만했다. "대형 기금의 투자 기간은 100년 단위"라고 스웬슨이 말한 기금 투자의 특성을 100% 활용한 것이 바로 예일 모델이 채택한 대체투자이다.

그동안 외면받던 '대체투자'라는 보물을 찾아낸 스웬슨은 기금을 대거 그쪽 바구니로 옮겼다. 국내 주식과 채권의 비중을 현격히 줄이는 대신 해외 주식과 대체투자의 비중을 크게 늘린 것이다. 가장 최근의 자료인 예일대학교 기금의 '2020년 자산 분배 목표'에 따르면, 전체 포트폴리오에서 국내 주식과 채권 비중은 10%도 안 되는 반면 해외 주식은 14%, 대체투자는 77%에 이른다.

'스타트업' 투자는 예일대학교 기금 대체투자의 좋은 사례다. 예일대학교 기금은 아마존, 구글, 페이스북, 링크드인 등에 초기 투자자로 이름을 올려 스타트업 성공 신화의 과실을 함께 나눴다. 그 밖에도 초장기 투자의 본보기인 삼림forest 투자를 꼽을 수 있다. 지난 20년 동안 뉴햄프셔주 삼림 1만 에이커를 사들여 목재 사업 등으로 매년 수익을 내고 있다.

투자의 시야를 넓혀 투자 대상 자산군을 늘리고 투자의 호흡을 연장해 장기 투자에 나선 스웬슨은, 그다음 단계로는 각 자산군 내에서 어떤 개별 종목에 투자할지를 결정하기 위한 종목 선정 방법에 대해서도 새로운 관점에서 고민했다. 당시 예일대학교 기금의 종목 선정에는 크게 두 가지 방식을 쓸 수 있었다. 첫째는 자산군 간 분산 투자의 비율을 결정할 때처럼 종목 선정도 예일대 기금운용팀에서 자체적으로 하는 것이었다. 둘째는 종목 선정을 외부 전문가에게 위탁하는 아웃소싱 방식이었다. 스웬슨의 선택은 후자였다. 고도의 전문성이 요구되는 대체 투자 영역에 투자하기로 마음먹은 이상 자체 역량의 한계를 인정하지 않을 수 없었다. 인력과 시간 등 기금운용팀의 제한된 자원을 종목 선정에 투입하기보다는 뛰어난 외부 투자 전문가를 발굴하는 편이 효율적이라는 결정을 내린 것이다. 이렇게 아웃소싱 전략을 채택한 스웬슨은 신흥국 주식, 부동산, 벤처캐피털, 사모 펀드, 헤지 펀드 등 다양한 자산군의 투자 전문가들을 찾아 나섰다.

이때 스웬슨은 예일대학교 동문 네트워크를 최대한 활용했다. 자신처럼 모교에 남다른 애정을 지닌 월스트리트 동문들에게 투자를 위탁하는 것은 소위 '대리인 비용'*으로 대표되는 거래 비용을 줄일 수 있는 획기적인 방법이었다. 모교의 자금을 운용하는 것이기에 아무래도 그들

---

* 주인(principal)을 위해 일하는 대리인(agent)이 주인의 이익을 최우선하지 않고 자신의 사익을 우선할 때 주인이 부담하게 되는 비용.

이 사익을 우선할 가능성은 낮아지고, 예일대학교 입장에서도 이를 감시하는 데 드는 비용을 절감할 수 있기 때문이다.

아웃소싱을 통한 종목 선정으로 대체투자에 집중하는 예일 모델은 전형적인 '액티브 투자'라고 볼 수 있다. 이는 장기적으로 시장 평균을 상회하는 투자 성과를 거둘 뛰어난 투자 전문가를 발굴할 수 있다는 스웬슨의 자신감에 따른 판단이었다.

하지만 그런 스웬슨도 채권에선 '패시브 투자'를 시행하고 있다. 미국 국채에 집중된 채권 투자는 예일 모델의 전체 포트폴리오에서 4% 비중을 차지할 뿐이다. 기본적으로 주식 투자를 지향하는 예일 모델에서 채권 투자는 혹시 모를 위기나 디플레이션에 대비한 보험 정도일 뿐 수익을 내기 위한 수단으로 보지는 않기 때문에 액티브 투자를 시도하지 않는 것이다. 또한 가장 많은 투자자가 눈에 불을 켜고 거래하는 국채 시장에서 시장 평균을 상회하는 수익을 거두기란 결코 쉽지 않다는 점을 겸허히 받아들인 것으로도 볼 수 있다. 이런 이유로 채권은 전체 자산군 중 유일하게 기금운용팀이 자체적으로 운용하는 투자 대상이다.

이 모든 것이 종합적으로 작동한 결과, 예일 모델은 뛰어난 투자 성과를 거두고 있다. 스웬슨이 기금 운용을 시작한 1985년부터 2019년까지 손실을 기록한 해는 단 두 번이었다. 더욱이 이 모델은 투자 기간이 길어질수록 탁월한 성과를 보이는데, 이는 장기 투자자로서 기금의 이점을 극대화하고 있다는 방증일 것이다. 예일대학교 기금은 지난 20년 동안 연평균 11.4%의 수익률을 기록해 같은 기간 미국 주식시장S&P 500의 6.4%, 그리고 대학 기금 평균 수익률인 6.5%를 크게 상회했다2019년

6월 말 기준. 뛰어난 투자 성과에 비례해 기금의 규모도 급증해 이제 예일 대학교 기금은 303억 달러 자산을 굴리는 거대 기관 투자자 반열에 올라 있다2019년 6월 말 기준.

깐깐하게 선정하는 아웃소싱 투자 전문가 네트워크

1985년 모교의 기금 CIO로서 투자의 세계에 첫발을 디딘 스웬슨은 예일 모델을 통해 자신의 투자 철학을 구현하며, 30여 명으로 구성된 기금운용팀을 특유의 리더십으로 이끌고 있다. 많은 투자 업계 리더들이 그렇듯 스웬슨의 투자 철학과 리더십은 서로 맥이 닿아 있는 부분이 상당히 많다.

무엇보다 스웬슨은 '애교심에 기반한 사명감'이 투자 철학에 깊이 내재하고 있다. 기금 운용으로 벌어들이는 수익으로 학교 1년 예산의 40% 이상을 감당해야 하기 때문에 더더욱 그러하다. 캠퍼스 건물을 짓고, 교수진의 연구를 지원하고, 학생들에게 장학금을 지급하는 등 당장 학교 운영에 들어가는 자금을 마련해야 하는 막중한 위치에 있는 것이다. 만약 재정적 문제로 예일대학교가 교육과 연구 환경을 제대로 조성하지 못하면 그 부정적 영향이 사회 전반으로 확대될 수 있기에 스웬슨이 느끼는 책임감은 더욱 무겁다.

또한 예일대학교 기금의 운용은 단순히 예일대학교 내부의 문제만이 아니라, 그 투자 활동이 '지속가능성' 등 윤리적 측면에서 사회에 미칠 영향을 고려하지 않을 수 없다. 당장 예일대학교의 평판과도 직결되는 문제다. 그렇다 보니 기금운용팀의 유일한 고객인 예일대학교의 이익을 최우선으로 삼으면서도 투자 의사결정 과정에서 매사 신중을 기하지 않을 수 없다.

앞서도 언급했듯 스웬슨은 기금 운용 전반에 '장기적 관점'이라는 투자 전략의 틀을 엄격히 적용한다. 이는 단순히 오랜 기간에 걸쳐 투자한다는 원칙을 지키는 데 그치지 않는다. 스웬슨의 '장기적 관점'이라는 가치관은 예일대학교 기금의 '외부 투자 전문가 네트워크'에서도 잘 드러난다. 즉 아웃소싱 전략에 따라 예일대학교 기금의 투자를 위탁받은 최고의 투자 전문가들과 형성하는 관계 또한 밀접하고 장기적이라는 의미다. 현재 이 네트워크는 100여 군데 외부 투자 전문가와 관계를 맺고, 그 평균 기간이 13년에 이를 정도로 상당히 오랜 시간 동안 함께하고 있다.

물론 스웬슨을 포함한 기금운용팀과 다수의 네트워크 참여자들 사이에는 예사롭지 않은 공통분모가 있다. 바로 '예일대학교'라는 연결고리다. 스웬슨과 기금운용팀 직원의 절대 다수가 '예일리Yalie'라고 불리는 예일대학교 동문이고, 외부 투자 전문가 그룹에도 동문들이 상당수 포진해 있다. 동문 간의 유대감과 결속력이 강하기로 유명한 예일대학교 출신 엘리트 네트워크가 예일 모델의 든든한 지원군이 되어주고 있는 것이다.

아웃소싱에 의존하며 금융시장에 직접 참여하지 않는 예일대학교 기금으로선 이 네트워크의 투자 역량이 기금 운용의 성과로 직결된다고 해도 과언이 아니다. 이 때문에 뛰어난 외부 투자 전문가를 선별해내는 것이야말로 기금운용팀의 가장 중요한 역할이라고 할 수 있다. 그래서 아웃소싱을 위한 투자 전문가 선정 과정에 많은 자원을 투입하고 있으며, 심사도 까다롭다. 대학이라는 특수성이 작용해 윤리적 측면도 매우 강조되며 대리인 비용을 방지하기 위한 방어벽도 튼튼히 세워놓고 있다.

외부 투자 전문가 선정 시 스웬슨은 거대 펀드를 운용하는 투자 전문가는 극도로 꺼린다. 운용 규모가 클수록 투자 전문가의 개인적 보상이 운용 성과보다는 운용 규모에 의해 결정되는 경향이 커서다. 보상 시스템이 운용 규모에 좌우되면 투자금을 최대한 끌어 모아 성과급을 챙기고 나 몰라라 하는 소위 '먹튀'의 유혹을 느낄 소지가 크다고 보는 것이다.

투자 전문가 선정 시 스웬슨이 가장 역점을 두는 기준은 '성품character'이다. 대학 기금과 같은 비영리 영역에서 투자의 성패를 결정짓는 것은 한두 해 성적표가 아닌 책임감 있는 투자라는 믿음 때문이다. 이에 투자 전문가의 신상 조사에도 공을 들인다. 심층 면접은 물론이고 심사 대상자의 고교 시절 은사와 친구까지 수소문해 의견을 구한다.

외부 투자 전문가를 관리하는 스웬슨의 노하우도 특별하다. 그는 매년 한 차례 주말 동안 외부 투자 전문가 전원을 캠퍼스로 초청한다. 여기서 참석자들은 총장, 교무처장, 스웬슨을 비롯해 예일대학교 스포츠 대표팀의 코치 및 선수들과 어울려 골프와 테니스 시합을 펼치며 친선을 도모한다. 저녁엔 총장이 주최하는 만찬에서 술잔을 기울인다. 그리고 일정을 마치면 학교를 상징하는 기념품이 가득한 가방을 선물로 받는다. 이틀간 꼬박 캠퍼스에 머물며 예일대학교에 흠뻑 빠져드는 이 연례행사의 목적은 단 하나다. 예일대학교 동문이든 아니든, 모든 외부 투자 전문가들의 예일대학교에 대한 연대감과 책임감을 북돋우려는 것이다. 궁극적으론 '예일대학교를 위한 수익 창출'이라는 미션을 그들의 가슴속에 새기는 데 있다.

철저한 도제 시스템으로 운영되는 스웬슨의 기금운용팀

모교이자 직장인 예일대학교를 향한 스웬슨의 각별한 애정은 기금운용팀을 이끄는 그의 리더십에서도 잘 드러난다. 예일대학교 기금운용팀은 스웬슨이 자신의 투자 철학과 투자 모델을 직원들에게 도제식으로 가르치는 마치 '학교 같은 분위기'로 운영된다. 과거 토빈 교수로부터 투자 이론을 배운 것처럼 이제는 스웬슨 자신이 예일 모델을 직원들에게 전수한다. 이런 분위기 덕분에 모교의 기금운용팀은 투자 업계 진출을 희망하는 많은 예일대학교 학생들이 가장 선망하는 직장이 된 지 오래다. 현재 가장 존경받는 투자가의 한 사람인 스웬슨으로부터 예일 모델을 직접 배울 기회는 아무나 가질 수 있는 게 아니라서다.

실제로 기금운용팀에는 예일대학교를 갓 졸업한 학생들이 신입 직원으로 채용되는 경우가 많다. 대부분은 기금운용팀 인턴 출신인데, 잠재력 풍부한 인턴을 스웬슨이 직접 발굴하기도 한다. 매 학기 투자 과목을 강의하는 스웬슨이 자신의 수강생 중 뛰어난 학생을 인턴으로 영입하는 것이다.

예일대학교 기금운용팀에서 스웬슨의 투자 철학을 배우고 투자 모델을 체득한 직원들이 다른 기금이나 금융회사로 이직하거나 직접 운용사를 창업하기도 한다. 흥미롭게도 대학 기금을 포함해 주요 대형 기금을 운용하는 CIO 중 상당수가 예일대학교 기금운용팀 출신이다. MIT, 스탠퍼드대학, 펜실베이니아대학, 록펠러 재단 등 예일대 기금운용팀 출신이 운용하는 기금을 모두 합하면 무려 1,000억 달러에 달한다. 예일 모델이 얼마나 성공한 모델인지, 그리고 스웬슨의 영향력이 얼마나 큰지가 이 수치로도 확인된다.

이들은 예일대학교를 떠나서도 스웬슨과 긴밀한 관계를 유지하고 있다. 투자 대상을 발굴하고, 투자 수수료를 협상하고, 실제 투자를 집행하는 데 있어 스웬슨의 리더십하에서 일사불란하게 함께 움직이는 경우가 상당히 많다. 각자 소속된 조직은 다르지만 '스승' 스웬슨의 투자 철학과 예일 모델을 공유하는 것인데, 이는 서로에 대한 신뢰가 그만큼 두텁기에 가능한 일이다.

예일대학교 기금운용팀 출신이 독립해 운용사를 차릴 경우 스웬슨이 그곳에 투자를 위탁한 사례도 많다. 한 팀에서 일하며 자신의 투자 철학과 노하우를 전수받은 이들에 대한 스웬슨의 믿음이 작용한 결과일 것이다. 예를 들어 사모 펀드 '힐하우스 캐피털Hillhouse Capital'의 레이 장Lei Zhang에 대한 투자가 좋은 예다. 스웬슨은 예일대학교를 졸업하고 기금운용팀에서 함께 일한 장이 2005년 독립해서 세운 힐하우스 캐피털에 2,000만 달러를 투자하며 초기 투자자로 이름을 올렸다. 그런데 이 투자는 상당한 굴곡을 겪었다. 글로벌 금융위기를 겪으며 2008년

한 해 동안 무려 44% 손실을 기록한 것이다. 2008년의 위기는 예일대학교 기금에도 치명타를 입힌 상황이어서 이 투자의 상처는 더 크게 느껴졌다.

그럼에도 예일 모델의 핵심인 '장기 투자' 원칙은 흔들리지 않았다. 장기적 관점에서 보면 힐하우스 캐피털의 투자 포트폴리오에 담긴 스타트업들은 투자할 만한 가치가 충분했고 장의 투자 철학에 대한 신뢰도 변하지 않았기 때문이다. 오히려 스웬슨은 투자 회수가 아닌 추가 투자로 응수하며 저가 매수의 기회로 삼았다. 그 당시 힐하우스 캐피털이 투자했던 스타트업이 다름 아닌 '텐센트Tencent', '징둥닷컴JD.Com' 등이었으니 그 후 어떤 일이 일어났는지는 모두가 아는 대로다. 스웬슨의 힐하우스 캐피털 투자는 2005년 이후 지금까지 예일대학교 기금에 20억 달러의 수익을 안겨준 것으로 알려졌다.

예일 모델은 두 차례 금융위기를 어떻게 넘어섰는가

1985년 스웬슨이 기금 운용을 맡은 후 예일 모델은 꾸준히 높은 수익을 거두고 있다. 특히 10년 이상 장기 투자 기준으로 평가할 때 어느 누구도 이 사실을 부인하긴 어렵다. 하지만 대학 기금도 기관 투자자의 한 부류인 탓에 매해 공시되는 연간 투자 성적표에서 완전히 자유로울 순 없다.

일반적으로 뛰어난 투자가라면 시장이 활황일 때 상위권 성적을 내고 불황일 땐 최고 성적을 낸다고 한다. 진정으로 탁월한 투자가는 시장 상황이 좋을 때보다 나쁠 때 능력이 발휘된다는 뜻이다. 과연 스웬슨은 불황 장세에서 어떻게 대응했을까?

미국 주식시장을 기준으로 한 해 동안 주가지수 하락률이 두 자릿수로 급락한 시기를 불황으로 본다면 지금까지 스웬슨은 두 차례 어려운 시기를 겪었다. 2001년 인터넷 버블이 터진 직후와 2008년 부동산 버블이 터진 직후다. 우선 전자는 스웬슨의 위상이 급부상하는 계기가 됐다. 주식시장 급락에도 불구하고 9.2%라는 높은 수익률을 기록했기 때문이다. 더 놀라운 건 활황의 정점이던 2000년에는 무려 41%라는 역대 최고 투자 성과를 올렸다는 사실이다. 활황 장은 말할 것도 없고 곧이어 찾아온 불황 장에서도 끄떡없는 예일 모델의 우월성을 입증한 것이다. 당시 이러한 결과가 나왔던 것은 스웬슨의 포트폴리오에서 미국 주식의 비중이 작았던 점이 크게 기여했다. 대학들이 평균적으로 전체 기금의 43.3%를 미국 주식에 투자하고 있었던 반면 예일대학교 기금은 그 비중이 15.5%에 불과해 분산 투자의 덕을 톡톡히 본 것이다.

예일 모델의 진짜 도전은 2008년 글로벌 금융위기 때였다. 2001년 위기가 주식, 그것도 기술 섹터에 제한된 위기였다면 2008년 위기는 그야말로 무차별적인 위기, 즉 시스템 위기였다. 위기의 급이 달랐다. 이 사실은 예일대학교 기금의 2009년 성과에서도 여실히 드러났다. 채권을 제외한 모든 자산군에서 대대적 손실을 기록하며 전체적으로 24.6% 손실이라는 처참한 성적표를 받아 들어야 했다. 스웬슨의 기금 운용 경력을 통틀어 그가 단 두 차례 기록한 마이너스 성적의 하나이자 역대 최저 기록이었다. 손실의 주원인은 분산 투자를 통한 리스크 축소가 제대로 작동하지 않은 데 있었다. 주식은 말할 것도 없고 기금의 투자 포트폴리오에서 가장 큰 비중을 차지하는 부동산과 천연자원이 34% 하락한 탓이었다. 같은 기간 반토막 난 유가 탓에 에너지 투자도 47% 손실을 기록했다.

상황이 악화되자 몇몇 언론사를 중심으로 예일 모델에 대한 비판이 쏟아졌다. 분산 투자의 허상이 드러났다며 무용론을 제기하기도 했다. 예일 모델에 대한 공격은 스웬슨의 책임론으로 이어졌다. 그리고 이것은 예일대학교만이 아니라 예일 모델을 추종하던 많은 연기금과 국부펀드Sovereign Wealth Fund; SWF*들의 참담한 성적에 대한 책임론이었다. 한 해 성적이 30년 넘게 쌓아 올린 그의 명성을 무너뜨릴 기세였다.

위기에 처한 예일대학교 기금을 두고 스웬슨이 내린 처방은 '원칙 고수'였다. 1985년부터 다듬어온 예일 모델의 성공 방정식을 저버리지 않고 장기 분산 투자의 원칙을 견지했다. 단기 실적에 휘둘리지 않고 예일대학교 기금 운용에 가장 적합한 기간이라고 믿는 10년 이상 장기 투자 관점을 유지한 것이다. 과거의 성과 기록이 '원칙 고수'의 정당성을 뒷받침해주었다. 금융위기가 터지기 직전까지 10년 동안 예일대학교 기금이 거둔 연평균 수익률 16.3%는 미국 주식시장의 3%, 미국 채권시장의 5%에 비해 월등히 높은 기록이었다. 수익률의 격차는 기간을 길게 놓고 볼수록 더 커졌으며, 그것이 장기 투자의 우수성을 입증했

---

* 정부가 외환보유고나 원자재 수출 소득 등을 기초로 투자하는 펀드. 주로 외화로 표시된 다양한 자산에 투자한다.

다. 예일 모델은 단순히 1년 성적만 가지고 평가할 수 있는 대상이 아니었다.

스웬슨은 또한 위기 이후에도 분산 투자를 위한 자산군 간 투자 비율을 흔들림 없이 유지했다. 자산시장이 패닉에 빠져 폭락할 때 이에 동조해 매도하는 것이 아니라 오히려 저가 매수의 기회라는 관점으로 접근했다. 앞서 말한 힐하우스 캐피털 투자가 좋은 예다.

결과적으로 원칙을 고수한 스웬슨의 시장 대응은 적절한 해법이었다. 2014년엔 기금 규모가 239억 달러에 달해 금융위기 이전의 고점인 229억 달러를 다시 넘어섰고, 2019년엔 303억 달러로 불어났다. 기금에서 매년 10억 달러 이상이 예일대학교 운영 예산으로 빠져나간다는 점을 고려하면 예일 모델로 벌어들인 수익의 기여도는 더 클 것이다.

예일 모델의 장기 투자 성과도 좋은 수익률을 유지하고 있다. 2019년 기준 과거 10년간의 연평균 수익률은 11.1%다. 기금운용팀의 고객인 예일대학교의 이익에 가장 충실한 투자는 한두 해 성적에 연연하는 것이 아니라는 점을 금융위기를 통해 거듭 증명한 셈이다.

그러나 스웬슨의 '원칙 고수'는 과거의 예일 모델을 그대로 고집하는 걸 의미하지는 않는다. 우선 스웬슨은 기존 예일 모델의 리스크 관리 기능을 강화했다. 예일 모델이 지향하는 주식시장과의 연계성을 축소했으며, 주식시장 움직임과 무관한 세 가지 자산군현금, 채권, 절대 수익을 추구하는 헤지 펀드의 비중은 30% 이상 유지하는 리스크 관리 기준을 추가했다. 다음으론 유동성 리스크를 축소했다. 시장 유동성이 낮아 위기 상황에선 쉽게 팔기 어려운 자산군벤처캐피털, 부동산, 사모 펀드, 천연자원 등의 투자 한도를 50%로 설정했다. 비록 장기 분산 투자를 추구하지만 단기적 위기 상황에선 현금 확보를 용이하게 하려는 의도다.

'예일리 엘리트 네트워크'의 힘

대학 기금 운용에 있어 예일대학교의 전통적 맞수는 하버드대학교다. 하버드대학교는 기금 규모가 410억 달러로 전 세계 기금 중 최대 규모를 자랑한다2019년 6월 기준. 사실 하버드대학교는 프린스턴대학교, 컬럼비아대학교 등 다른 아이비리그 대학들과 함께 일찍이 예일 모델을 벤치마킹했고, 운용 실적에서 예일대학교와 선두 다툼을 벌였다. 하지만 금융위기를 거치면서 두 대학의 명암이 갈렸다. 대체투자 위주의 포트폴리오 운용이라는 큰 틀은 같았지만 기금 운용 방식의 차이가 작용한 결과였다.

가장 큰 차이는 조직 구조였다. 예일대학교가 아웃소싱 전략을 쓴 것과 다르게 하버드대학교는 자회사 하버드 매니지먼트 컴퍼니Harvard Management Company; HMC를 세우고 직접 기금 운용에 나섰다. 보다 정확히 말하자면 기금 운용 주체인 HMC는 외부 전문가와 내부 조직을 함께 활용한 '하이브리드 모델'이었다. 조직의 운영 방식도 매우 공격적이었다. 1990년부터 2005년까지 하버드대학교 기금의 황금기를 이끌던 잭 메이어Jack Meyer 전 HMC 최고경영자CEO는 HMC를 투자은행이나 헤지 펀드처럼 운영했다. 복잡한 파생상품 거래도 마다하지 않았고, 회사 내에 차익 거래 등 단기 트레이딩 수익을 추구하는 헤지 펀드를 별도로 만들었다. 잘나가는 트레이더를 비싼 값에 스카우트하는 것은 물론이고 성과급 잔치도 벌였다. 이처럼 월스트리트 금융회사 같은 조직을 표방했던 HMC는 금융위기 이후 겪은 후유증도 월스트리트 투자은행급이었다. 2005년 이후 임시직을 포함해 6명의 CEO가 교체된 HMC는 자체 운용을 줄이고 직원을 해고하는 등 혹독한 구조조정을 단행했는데, 그 작업은 아직도 진행 중이다.

마지막으로 예일대 기금의 성공 요인을 정리해보자면 크게 두 가지로 축약된다. 첫째, 대체투자에 초점을 맞춘 장기 분산 투자다. 이 장점은 겉으로 잘 드러나기 때문에 전 세계 연기금이 앞다투어 벤치마킹을 하고 있다. 그런데 이보다 훨씬 더 중요한 것이 둘째 요인으로, 예일 모델에 깊숙이 내재해 있어 결코 객관화하거나 따라하기가 쉽지 않은 요인이다. 이 때문에 예일 모델을 모방해볼 순 있어도 완벽하게 구현해내기란 불가능한데, 그것은 바로 '예일리 엘리트 네트워크'다. 그리고 그 중심에 뼛속까지 예일리인 스웬슨의 리더십이 자리 잡고 있다. 결국 조직의 성과는 조직의 미션을 수행하려는 구성원들의 강한 의지에 달려 있고, 이를 불러일으킬 리더의 역할이 중요하다는 사실을 다시금 확인하게 된다.

2부

변화 속에 기회 있다

파도에 휩쓸리지 말고 올라타라

Intro

조직을 둘러싼 환경은 끊임없이 변화한다. 그 변화에 제대로 적응해 앞으로 나가지 못하는 조직은 도태되고 만다. 존 F. 케네디 전 미국 대통령이 "변화는 삶의 법칙"이라며 "과거와 현재에 매몰되면 미래를 놓치는 우를 범할 수밖에 없다"라고 말한 것과 일맥상통한다. 특히 요즘처럼 기술 발전이 빛의 속도로 이뤄지는 시대엔 사회·경제·정치 변화의 호흡도 덩달아 빨라져 적응과 진화는 항시적이어야 한다.

조직 내에 이러한 적응과 진화를 일상화하는 것이 리더의 주요 역할 중 하나다. 훌륭한 리더라면 날카로운 촉으로 환경의 변화를 읽어내고 이에 맞춰 조직을 바꾸는 일련의 과정을 책임감 있게 수행해야 한다. 새로운 변화를 기회로 삼으려면 조직은 언제나 그에 대응할 준비가 되어 있어야 한다. 이는 결국 리더의 변화 관리 역량에 달려 있다.

특히 금융 분야의 변화 관리에선 더 정교한 리더십이 요구된다. 금융은 고도의 불확실성, 즉 리스크를 다루는 업인 데다 경제 전반과의 초연결성으로 인해 실패의 대가가 너무나 크기 때문이다. 그럼에도 획기적 변화를 시도하기란 여간한 자신감과 결단력 없이는 불가능하다.

이 책의 2부에 등장하는 세 사람은 '거대한 변화의 물결'을 타고 넘은 대표 리더들이다. 로이드 블랭크페인 전 골드만삭스 회장은 '적응력'이 탁월한 리더다. 스스로도 이 점을 자신의 성공 비결이라고 인정할 정도로 변화에 대한 대응력이 뛰어나다. 트레이더 출신이라 상황 변화를 읽어내는 감각도 남다르다. 마이클 노보그라츠 갤럭시 디지털 CEO도 블랭크페인과 유사한 배경을 지닌 인물로, 골드만삭스와 포트리스의 매크로 트레이더를 거쳐 '비트코인'으로 대표되는 암호화폐와 그 기반 기술인 '블록체인' 투자에 선두 주자로 뛰어들었다. 제임스 고먼 모건스탠리 회장은 컨설턴트 출신답게 존폐 위기에 빠졌던 모건스탠리를 성공적으로 턴어라운드시키며 월스트리트 최고 투자은행의 자리에 올려놓았다.

Lloyd Blankfein, 1954~

전 골드만삭스 회장 겸 CEO. 1978년 하버드 로스쿨을 졸업하고 '도노반, 리저, 뉴턴 & 어바인' 변호사, '제이 애런'의 세일즈 담당을 거쳐 골드만삭스에서 트레이더로 일하며 명성을 쌓았다. 2015년 7월 기준 개인 자산은 11억 달러이다. 1869년 마르쿠스 골드만과 새뮤얼 삭스가 설립한 골드만삭스는 자산 규모가 9,920억 달러에 이른다. 2019년 현재 전 세계에 3만 8,300여 명이 골드만삭스 직원으로 일하고 있다.

5장

로이드 블랭크페인 골드만삭스 전 회장

빠르게 적응하고 영리하게 돌파하라

2006년 12월 어느 날, 뉴욕 브로드스트리트 85번 가에 위치한 골드만삭스 본사 30층 회의실에 데이비드 비니어David Viniar 최고재무책임자CFO를 비롯해 긴장된 표정의 고위 임원들과 핵심 트레이더들이 속속 도착했다. 이른바 월스트리트 최고의 투자은행 골드만삭스를 이끄는 주축 인물들이 한자리에 모인 것이다. 그런데 참석자 중 한 사람이 유독 눈에 띄었다. 그는 크레이그 브로데릭Craig Broderick 최고위험책임자CRO였다. 과도한 리스크 감수를 견제해야 하는 CRO가 리스크 감수가 업인 트레이더들과 함께하는 건 결코 흔치 않은 장면이었다.

회의의 목적은 연초부터 시작된 부동산 시장발 경고음에 대한 전사적 대응 방안을 논의하는 것이었다. 긴 시간 동안 난상공론이 펼쳐졌다. 지난 10여 년간 회사 수익에 절대적으로 기여한 부동산 관련 리스크 감수의 지속가능성에 대한 격론이었다.

긴 시간 동안 이어진 회의가 끝난 뒤 그 내용은 곧바로 CEO 로이드 블랭크페인에게 보고됐다. 당시 블랭크페인은 전임자 헨리 폴슨Henry Paulson이 재무장관으로 입각하면서 그 빈자리를 메운 지 6개월이 채 안 된 '신참' CEO였다. 그럼에도 블랭크페인의 최종 결정은 명쾌했다. 주저함 없이 "즉시 관련 리스크를 헤지하라"라고 하며 부동산 리스크 감수 극대화 전략은 이제 그 수명이 다했음을 공식 선언한 것이다. 갓 CEO에 임명돼 실적 부담이 컸음에도 월스트리트에 여전히 팽배했던 '혼자 소외되지 않을까 하는 이른바 고립 공포감Fear Of Missing Out; FOMO'을 이겨낸 결정이었다.

블랭크페인은 골드만삭스에 입사해 트레이더로 승승장구한 인물로, 유독 위기에 강한 면모를 보였다. 미국 국내와 해외발 위기는 물론이고 회사의 사업이 큰 전환점을 맞았을 때도 특유의 '촉'과 '돌파력'을 발휘해 성공적으로 극복해냈다. 2008년에 가시화된 부동산발 금융위기 때도 그랬다. 골드만삭스의 완벽함을 추구하는 리스크 관리 문화를 뼛속 깊이 체득한 블랭크페인은 승부수를 던졌고, 골드만삭스는 위기 직전에 '유턴'을 할 수 있었다.

"최고의 트레이더가 되려면 높은 예측 적중도가 아니라 빠른 적응력이 필요하다." 블랭크페인이 말하는 트레이딩 성공 방정식이다. 그가 생각하는 가장 중요한 트레이딩 역량은 정답률을 높이는 게 아니라, 틀렸을 때 재빨리 바로잡는 능력이다. 또한 그는 자신이 골드만삭스에서 성공할 수 있었던 비결 역시 상황과 사람에 대한 빠른 적응력에 있다면서, 자신의 트레이딩 성공 방정식이 골드만삭스 성공 방정식과 일치함을 강조한다. 결국 그가 체득한 트레이더의 자질, 즉 시장 상황이 바뀌었을 때 빠른 속도로 방향을 재설정하는 능력이 후일 CEO로서 거함 골드만삭스호를 움직이는 원동력으로 작용했다는 애기다.

: 리스크 관리(Risk Management)와 리스크 감수(Risk Taking) :

이 책에서 '리스크 관리'는 특정 자산·부채의 리스크(시장가격 변화에 따른 자산·부채 가치의 변동성)를 시장 상황에 맞춰 적정한 수준으로 늘리거나 줄이는 것을 의미한다. '리스크 감수'는 리스크 관리의 일부로서 시장가격 변화를 예상하고 수익을 올리기 위해 리스크를 늘리는 행위를 말한다. 예를 들어 달러·원 환율의 상승(원화 대비 달러의 강세)을 예상한다면 외환 시장에서 달러를 사고 동시에 원화를 파는 거래(트레이딩)를 통해 리스크 감수를 할 수 있다. 이때 감수하게 되는 리스크의 규모는 매수하는 달러의 규모 혹은 매도하는 원화의 규모에 비례한다.

대표적인 리스크 감수 방법이 트레이딩이다. 물론 투자 활동 자체도 리스크를 감수하는 것이다. 다만, 이 책에서 트레이딩과 투자의 차이는 리스크 감수의 기간에 있다. '트레이딩'은 주로 단기적 수익을 목적으로 하는 데 반해 '투자'는 중·장기적 수익을 목적으로 하는 것으로 구분한다.

가난한 청년, 하버드에 가다

블랭크페인은 1954년 뉴욕 브롱스Bronx에서 우체국 직원이던 아버지와 도난경보회사에서 일하던 어머니 사이에서 태어났다. 그가 태어난 후 가족은 더 나은 삶을 찾아 브루클린으로 이사했지만 살림살이는 여전히 팍팍했다. 그의 아버지는 10%의 임금을 더 받기 위해 주간이 아닌 야간 업무를 자원했다. 주거 환경도 열악했다. 좁은 공공임대 아파트에서 블랭크페인은 할머니와 한방을 썼고, 이혼한 누나와 조카도 함께 살았다. 아르바이트는 필수였다. 고교 시절 수영장 안전요원으로 일했으며, 뉴욕 양키스 스타디움에서 핫도그와 음료수를 팔기도 했다.

가난한 청년 블랭크페인이 새로운 세상에 눈을 뜨게 된 건 대학에 진학하면서다. 어릴 때부터 역사 서적, 특히 전기를 즐겨 읽던 그는 장학생으로 하버드대학 역사학과에 입학했다. 하버드대학 진학은 여러 면에서 블랭크페인에게 탈출구가 되어주었다. 그는 가족 중 유일하게 대학에 진학한 경우였는데, 보스턴 소재 대학에 들어가면서 처음으로 뉴욕을 벗어날 수 있었기 때문이다. 더욱이 하버드대학 출신으로서 엘리트 그룹에 발을 들여놓는 계기가 됐다.

하버드대학 캠퍼스는 그동안 알고 지내던 세상과는 확연히 달랐다. 유복한 환경에 공부도 잘하는 학생들은 딴 세상 사람들로 보였다. 그들은 유서 깊은 학생 클럽에서 활동하며 미래의 파워 엘리트 인맥을 쌓고 있었다. 반면 블랭크페인과 같은 가난한 수재들은 학업과 일을 병행하며 인생 역전을 꿈꿀 수밖에 없었다.

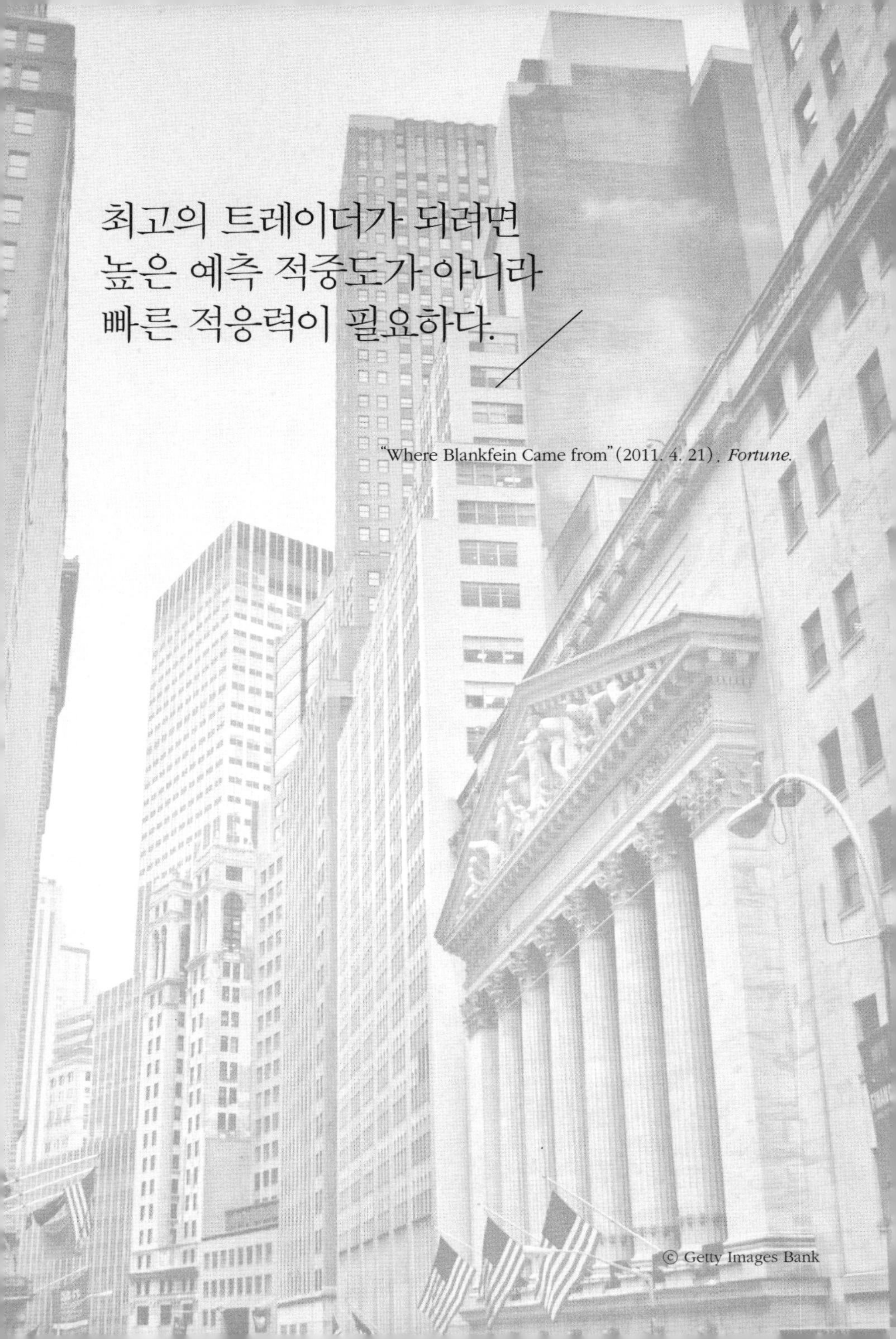

최고의 트레이더가 되려면
높은 예측 적중도가 아니라
빠른 적응력이 필요하다.

"Where Blankfein Came from"(2011. 4. 21). *Fortune.*

ⓒ Getty Images Bank

하루하루 힘겹게 버텨나가야 하는 열악한 조건 탓인지 블랭크페인은 공부에서나 대학 생활에서 크게 두각을 나타내지 못했다. 그래서 그의 대학 친구들은 위트 있는 유머 감각과 비상한 기억력을 가진 사람 정도로 그를 기억한다. 그랬던 그가 하버드 로스쿨에 진학해 뒤늦게나마 학업에 대한 열정을 불태우고 변호사가 된 것은 자칫 평범하게 흘러갔을 그의 인생행로를 되돌린 셈이 됐다.

블랭크페인은 1978년 로스쿨을 졸업하고 뉴욕의 로펌 '도노반, 리저, 뉴턴 & 어바인Donovan, Leisure, Newton & Irvine'에서 변호사 생활을 시작했다. 24세 신참 변호사 블랭크페인이 맡은 분야는 세무였다. 고객의 세무 관련 애로 사항을 해결해주는 전문 변호사의 길로 들어선 그가 이때 주로 상대한 고객은 할리우드 영화사들이었다. 뉴욕과 로스앤젤레스를 바쁘게 오가며 고객들의 절세 전략을 지원했다.

흥미로운 건 바로 이 시기에 블랭크페인이 도박에도 빠져 있었다는 점이다. 그는 로스앤젤레스 장기 출장 동안 주말이면 라스베이거스로 달려가 카드 게임에 몰두했다. 성적도 꽤 좋았다. 후일에 블랭크페인이 트레이더로 승승장구한 면모를 여기서 엿볼 수 있다. 물론 트레이딩과 도박은 완전히 다른 것이다. 도박이라고 하면 '무모함'과 '중독'이 먼저 떠오르고, 도박하듯 트레이딩을 했다가는 얼마 못 가 퇴출되기 십상이다. 하지만 카드 게임처럼 철저하게 계산된 도박이라면 이야기가 좀 다를 수 있다. 확률적 접근을 통해 판세를 읽고 상황에 따라 적절한 금액을 베팅하는 카드 게임은 트레이딩과 흡사한 면이 있다. '계산된 리스크 감수'를 처음 경험하도록 해준 수단이 블랭크페인에게는 다름 아닌 카드 게임이었다.

변호사 블랭크페인, 월스트리트에 입성하다

블랭크페인의 변호사 생활은 오래가지 못했다. 세금을 놓고 고객과 국세청 사이를 중재하는 일에 슬슬 싫증이 나던 차에 전혀 다른 업종이 그의 시선을 사로잡았기 때문이다. 바로 월스트리트의 투자은행이었다. 당시는 투자은행들이 사업 확장을 모색하던 시기인지라 그만큼 기회도 많았다. 수수료 수입에만 의존하는 전통 IBInvestment Banking*에서 벗어나 해외 시장을 개척하고 트레이딩 등을 통해 보다 적극적으로 리스크 감수를 하는 방향으로 눈을 돌리고 있었기 때문이다.

1981년, 드디어 블랭크페인은 월스트리트 진출을 결심하고 골드만삭스와 모건스탠리를 비롯한 이름 있는 투자은행의 문을 두드렸다. 하지만 결과는 충격적이었다. 모든 투자은행이 퇴짜를 놓은 것이다. 명문 하버드대학 출신 변호사였지만 금융 문외한을 받아주지는 않았다.

그러나 블랭크페인은 포기하지 않고 다른 회사를 찾아봤고 다행스럽게도 얼마 안 가 기회를 잡을 수 있었다. 비록 차선책이기는 했으나 농산물, 귀금속과 같은 상품commodities을 거래하는 금융회사 제이 애런J. Aron에서 입사 제의를 받은 것이다. 제이 애런은 블랭크페인이 그 전까지는 이름조차 들어보지 못한 가족회사로, 중서부 뉴올리언스에서 커

---

* 기업 인수·합병(M&A), 주식·채권 발행 업무 등을 하는 투자은행의 사업 부문.

피 거래로 사업을 시작해 귀금속으로 취급 품목을 넓혀가는 중이었다. 블랭크페인이 애초 목표로 했던 대형 투자은행에 비할 바가 못 되는 작은 규모였다. 블랭크페인은 일단 금융 업계에 발을 들일 심산으로 입사를 결정했다. 그런데 이 결정은 얼마 지나지 않아 천운과도 같은 결과를 낳게 된다.

원래 제이 애런은 골드만삭스의 오랜 고객사였다. 골드만삭스는 제이 애런에 IB와 선물 거래 중개 서비스를 제공하고 있었다. 그러던 차에 비상장 가족회사라 성장하는 데 한계에 부딪힌 오너 일가가 골드만삭스에 기업 매각 작업을 의뢰했다. 골드만삭스는 제이 애런 매각을 위해 잠재적 매수자 물색에 나섰다. 뜻밖에도 최적의 매수자는 아주 가까이 있었다. 바로 골드만삭스였다.

골드만삭스는 IB 업무에 전문성을 갖는 순수 투자은행으로 출발해 당시까지 주식을 제외하곤 중개 부문에서 그다지 두각을 나타내지 못하고 있었다. 게다가 해외 시장이 성장함에 따라 해외 진출 필요성을 절감하던 시기였다. 제이 애런 인수는 이 둘을 단번에 달성할 기회였다. 제이 애런은 상품 거래를 위한 해외 네트워크를 갖추고 있어 만약 인수한다면 '해외'와 '상품'을 동시에 품을 수 있었다. 더불어 해외 거래에 수반되는 '외환' 거래는 보너스였다.

막 제이 애런에 입사해 금 세일즈를 하던 블랭크페인으로서는 그야말로 행운이 찾아든 것이었다. 1981년 11월, 골드만삭스가 제이 애런을 인수하면서 블랭크페인은 골드만삭스의 울타리 안으로 들어가게 되었다. 골드만삭스 입사에는 실패했지만 우회 경로를 거쳐 결국 목표를 이룬 셈이다. 하지만 행운에 기뻐하는 것도 잠시였다. 서자庶子 격인 제이 애런의 직원으로서 극복해야 할 높은 차별의 벽이 그를 가로막고 있었다.

트레이더로 두각을 나타내다

골드만삭스와 제이 애런은 한 회사가 된 뒤에도 '한 지붕 두 가족'이었다. 소위 '케미'가 너무 달랐다. 맞춤 양복을 말쑥하게 차려입고 고객들 앞에서 프레젠테이션을 하는 IB 은행가와 셔츠 소매를 걷어 붙이고 피를 말리는 머니게임을 펼치는 트레이더는 서로를 이해하기가 쉽지 않았다. 점령군 격인 골드만삭스 직원들은 제이 애런의 정글 같은 딜링룸을 동물원 보듯 했다. 당연히 차별도 있었다. 제이 애런 직원들은 같은 골드만삭스 본사 건물에 근무하면서도 별도의 엘리베이터를 이용하라고 강요받을 정도였으니 차별과 반감이 어느 정도였을지 짐작이 가능하다.

블랭크페인도 입사 초기에는 제이 애런의 에너지 넘치는 문화에 잘 적응하지 못했다. 보수적이고 정돈된 분위기의 로펌에서 비서가 가져다주는 커피를 마시며 업무를 보던 그에게 딜링룸 생활은 그가 꿈꾼 IB 은행가의 그것과 판이하게 달랐기 때문이다. 하지만 긴박하게 움직이는 시장가격을 좇는 묘미에 점점 빠져들면서 새로운 환경에 빠르게 적응해갔다. 변호사 시절 출장길에 즐기던 카드 게임의 흥분을 일을 하며 다시 맛보게 된 것이다.

제이 애런에 대한 차별은 경영진의 관심과 기대, 그리고 그에 부응하는 실적이 나오면서 서서히 무너져갔다. 좀 더 정확히는, 골드만삭스가 트레이딩 사업에 본격적으로 뛰어들면서 제이 애런에 힘이 실린 것이었다. 당시 골드만삭스의 트레이딩 사업을 주도하던 채권 사업부장 로버트 루빈Robert Rubin의 지원 아래 골드만삭스 채권 트레이더 출신 마크 윈켈만Mark Winkelman이 제이 애런 운영을 맡은 게 결정적 계기가 됐다. 골드만삭스의 실세가 받쳐주고 투자도 늘어나자 제이 애런의 수익 엔진이 제대로 작동하기 시작한 것이다. 그리고 그 중심에 블랭크페인이 있었다.

제이 애런에 합류한 윈켈만은 블랭크페인을 외환 세일즈 팀장 자리에 앉혔다. 이전까지 금 등 상품 세일즈를 하며 두각을 나타낸 블랭크페인에게 신사업 영역인 외환 세일즈를 맡긴 것이다. 블랭크페인은 윈켈만의 기대에 크게 부응했다. 높은 수익을 낸 것은 물론이고, 고객을 상대하는 방식 또한 골드만삭스 문화와 잘 맞아떨어졌다. 회사보다 고객의 편에 서서 사업을 하고 고객과 장기적 관계를 맺는 것을 우선함으로써 궁극적으로 더 큰 수익으로 연결시키는 전략, 이른바 '장기적 탐욕Long-Term Greed'*을 실천한 것이다. 물론 이 때문에 고객에게 제시할 가격을 놓고 동료 트레이더들과 다툼을 벌이는 경우도 많았지만, 경영진의 시각에선 이것이 블랭크페인의 장점으로 여겨졌다. 블랭크페인의 골드만삭스 문화에 대한 '빠른 적응력'이 돋보이는 대목이다.

입사 후 계속 세일즈 부서에서 일하던 블랭크페인에게 트레이더의 길

---

* 1970년대 골드만삭스 최고경영자 거스 레비(Gus Levy)가 회사의 문화를 한마디로 표현한 것으로 '고객을 올바르게 대한다'라는 의미를 담고 있다. 즉, 고객을 수익 추구의 대상이 아닌 장기적인 관계 속에서 함께 수익을 추구하는 파트너로 보는 문화를 나타낸다.

을 처음 열어준 이도 윈켈만이었다. 블랭크페인을 외환 트레이딩 책임자로 임명한 것이다. 이 인사 발령을 놓고 반대도 만만치 않았다. 루빈까지 "골드만삭스에서 세일즈 출신을 트레이딩 책임자로 임명해 좋은 결과를 거둔 적이 없다"라면서 경고할 정도였다. 하지만 윈켈만은 상사 루빈의 우려에도 불구하고 블랭크페인에게 베팅했다. 윈켈만의 블랭크페인에 대한 리스크 감수는 결과적으로 블랭크페인의 숨겨진 트레이딩 DNA를 끌어냈고, 트레이더 블랭크페인은 골드만삭스를 리스크 감수의 명가로 재탄생시켰다.

과감함과 신중함을 겸비한 타고난 트레이더

2015년 7월, 골드만삭스 인턴과 나눈 대화에서 블랭크페인은 "하버드대학과 하버드 로스쿨 입학 그리고 골드만삭스 입성까지, 모두 큰 행운이 작용했다"라고 말하며 개인적 성공의 많은 부분을 운으로 돌렸다. 물론 꽤 맞는 얘기다. 하지만 뒤이어 그가 덧붙인 비유적 표현이 의미심장하다. "현재 가장 빠른 육상 선수도 올해 올림픽이 개최되지 않으면 금메달을 따지 못한다." 무슨 의미일까. 이어지는 말은 이렇다. "2년 후나 3년 후에 올림픽이 개최된다면 그때는 그가 가장 빠른 선수가 아닐 수 있기 때문이다." 최고의 성적은 그것이 가장 요구되는 시점에 나와야 한다는 뜻으로, '타이밍'의 중요성을 강조한 것이다. 중차대한 변곡점에서 탁월한 성과를 올리는 능력, 즉 찬스에 강한 사람이 조직에 깊은 인상을 남기고 성공 가도를 달릴 수 있다는 얘기다.

트레이딩에서도 타이밍은 아주 중요하다. 아무리 기발한 트레이딩 아이디어도 적절한 시점에 시장에 진입하지 못한다면 소용이 없다. 그냥 닭 쫓던 개 지붕 쳐다보는 신세가 되기 십상이다. 그런 점에서, 타이밍이야말로 앞서 말한 적응력과 함께 블랭크페인의 성공 방정식을 구성하는 주요 요인이다.

제이 애런 인수는 골드만삭스 150년 역사에서 중요한 변곡점이었다. 골드만삭스의 채권·외환·상품을 아우르는 트레이딩은 제이 애런을 인수하고서야 본격적으로 시작됐기 때문이다. 골드만삭스의 트레이딩 부문은 제이 애런을 품기 전엔 존재감이 미미했다. 주식을 제외한 전 분야에서 살로몬 브라더스, 드렉설Drexel, 퍼스트 보스턴First Boston 등 트레이딩 경쟁사들에 크게 뒤지고 있었다. 이런 상황을 뒤집은 것이 제이 애런 인수였다. 제이 애런의 리스크 관리 역량과 리스크 감수 문화가 현재 골드만삭스 트레이딩의 원천인 셈이다.

제이 애런이 기여한 것은 리스크 관련 인프라만이 아니었다. 골드만삭스를 이끌어갈 미래의 리더들도 대거 배출했다. 블랭크페인과 호흡을 맞춰 골드만삭스의 2인자사장 겸 최고운영책임자로 일한 개리 콘Gary Cohn 전 미국 국가경제위원장, 그리고 콘의 뒤를 이어 2018년까지 최고운영책임자로 함께한 하비 슈워츠Harvey Schwartz가 제이 애런 트레이더 출신이다.

외환 트레이더로서 자질과 리더십을 인정받은 블랭크페인은 윈켈만의 뒤를 이어 1994년부터 제이 애런을 총괄했다. 고위직으로 올라가는 성공 사다리를 오르면서도 트레이딩에 대한 블랭크페인의 열정은 식을 줄 몰랐다. 스마트폰은커녕 핸드폰도 없던 시절, 블랭크페인의 트레이딩 열정을 보여주는 일화가 있다. 당시 블랭크페인은 지하철로 출퇴근했는데 매번 지하철을 탈 때마다 달리기를 했다고 했다. 플랫폼이 아닌 출구의 계단 끝에 서서 지하철을 기다리다가 안내 방송이 나오고 나서야 달려가 지하철을 탔기 때문이다. 그 이유는 '무선호출기일명 삐삐'로 받아보던 환율에 있었다. 지하로 내려가면 통신이 두절돼 볼 수 없는 실시간 환율 변동 상황을 조금이라도 더 보려고 계단 끝에 있다가 매일같이 뛰었던 것이다.

관리직에 올라서도 끊임없이 시장 상황을 모니터링하고 직접 트레이딩을 했다. 그런데 블랭크페인처럼 사업부의 총책임자로 바쁜 와중에 트레이딩을 계속하는 데는 또 다른 리스크가 따른다. 돈을 벌면 다행이지만 혹시라도 잃게 되면 그동안 애써 쌓아온 리더의 권위에 금이 갈 수 있기 때문이다. 그럼에도 블랭크페인은 아랑곳하지 않았다. 소위 '타고난 트레이더'로서 자신의 이름을 건 트레이딩을 계속했고, 이런 열정과 솔선수범은 부하 직원들의 신뢰와 존경으로 보상받을 수 있었다. 트레이딩은 전쟁터와 흡사하다. 총지휘관이 선두에 서서 두려움 없이 이끌면 수하 장수와 병사들도 사기가 높아지고 충성을 다하게 된다. 블랭크페인의 적응력과 타이밍은 그를 과감하면서도 동시에 신중한 트레이더, 바로 '계산된 리스크 감수'를 하는 트레이더로 만들어주었다.

골드만삭스의 2인자로 올라서다

이렇게 트레이딩 내공과 리더십을 갈고 닦은 블랭크페인은 1997년 드디어 진정한 리더의 자리에 올랐다. 제이 애런과 골드만삭스의 채권 사업부가 통합해 신설된 'FICCFixed Income, Currencies and Commodities' 사업부*의 첫 대표로 임명되면서다. 지금은 투자은행 업계에서 일반화된 'FICC'라는 명칭이 바로 이때 골드만삭스에서 처음 생겨났다. 블랭크페인이 주도한 FICC 출범으로 그동안 채권·외환·상품 사업부가 각각 분리되어 있어 누리지 못하던 시너지 효과가 극대화됐다. 이제 연기금, 헤지 펀드 등 기관 투자자 고객의 투자 니즈를 한곳에서 충족시킬 수 있게 된 것이다. 골드만삭스의 리스크 감수 문화와 다양한 상품 구성 역량이 접목된 FICC 사업부는 이후 국제 금융시장의 '트레이딩 허브hub'로 자리매김하게 된다.

블랭크페인이 이끄는 FICC 수익 엔진의 위력은 가공할 만했다. 타이밍도 극적이었다. 1999년 기업공개에 앞서 꼭 필요한 일, 즉 트레이딩 역량을 입증하는 데 한몫한 것이다. FICC는 회사 전체 수익 가운데 1998년에 17%, 1999년에는 21%를 책임지며 골드만삭스 기업공개 시 상장 가격을 한껏 끌어올리는 데 크게 기여했다.

신생 FICC를 이끌며 크게 인정받은 블랭크페인은 주식 사업부까지 접수하며 골드만삭스 전체 트레이딩의 총책임자로 올라섰다. 이후에도 FICC의 수익 엔진은 식을 줄을 몰랐고, 주식까지 가세하자 2003년에는 회사 전체 수익의 62%를 블랭크페인 사단이 만들어낼 정도가 되었다. 수익 성적표가 곧 자신의 가치인 월스트리트에서 블랭크페인의 위

* 채권·외환·상품 거래를 하는 투자은행의 사업 부문.

상이 급부상한 것은 당연한 결과였다.

이 무렵 블랭크페인에게 또다시 행운이 찾아온다. 20여 년 전 골드만삭스가 제이 애런을 인수한 것에 비견할 만한 놀라운 일이 일어났다. 당시는 헨리 폴슨 회장 겸 CEO가 건재한 가운데 공동 사장 겸 최고운영책임자COO 존 손튼John Thornton과 존 테인John Thain이 차기를 노리며 경쟁하던 시기였다. 그 같은 경쟁은 골드만삭스의 오랜 승계 관행으로 볼 때 매우 자연스러운 것이었다. IB 출신과 트레이딩 출신이 공동 사장을 하며 견제와 균형을 유지하다가 마지막 순간 한 명이 낙점되고 다른 한 명은 회사를 떠나는 식이었다.

그런데 이 오랜 관행이 깨지는 일이 발생했다. 퇴임 의사가 없던 폴슨과 참을성 없는 후임 경쟁자들 사이에 불협화음이 생겨나면서 후계 구도가 망가져버린 것이다. 이런저런 복잡한 상황을 거쳐 공동 사장 두 사람이 연이어 회사를 떠났다. 그러자 폴슨과 이사회는 새로운 2인자 물색에 나섰고, 이들의 전폭적 지지를 받으며 블랭크페인이 그 기회를 거머쥘 수 있었다.

일생일대의 리스크 감수, 금융위기의 파고는 넘었지만……

"만약 골드만삭스가 내 전 재산을 투자한 회사라 하더라도 그에게 회사 운영을 맡기겠다." 폴슨이 블랭크페인을 후계자로 지명하며 한 말이다. 자신의 모든 재산을 걸 만큼 블랭크페인을 믿는다는 무한신뢰의 표명이었다. 폴슨의 이러한 신뢰와 지지는 혼란 속에 2인자 자리에 오른 블랭크페인에게 더할 나위 없는 힘이 되었다. 골드만삭스의 역사적 전환점이라 할 기업공개를 성공적으로 마무리하며 역대 CEO 중 가장 존경받는 인물로 꼽히는 폴슨의 극찬을 받았으니 말이다. 이후 IB 은행가 폴슨과 트레이더 블랭크페인의 투톱 리더십은 골드만삭스의 위상을 한 단계 끌어올리는 데 크게 기여했다.

경영 수업을 받던 블랭크페인은 얼마 안 있어 또 다른 행운을 맞이했다. 아니 돌이켜보면 행운인 동시에 일생일대의 '리스크 감수'였다고 하는 편이 더 적절할지 모르겠다. 2006년 폴슨이 재무장관으로 임명되면서 예상보다 빨리 그의 자리를 넘겨받게 된 것이다. 그러나 빠른 승계에는 대가가 따랐다. 골드만삭스의 운명을 가를 결정자의 위치에 서야만 했기 때문이다. 이 장의 서두에서 언급한 바로 그 순간, 2006년 12월의 결정적 순간과 맞닥뜨려야 하는 주인공이 된 것이다.

블랭크페인의 결정과 함께 골드만삭스는 전사적으로 부동산 모기지 리스크를 줄여나갔다. 우선, 보유하고 있던 리스크는 골드만삭스의 리스크 관리 플랫폼 'SecDB'*를 통해 정교하게 분석됐다. 이를 기반으로 트레이더들은 리스크를 축소하며 시장의 급변에 대비했다. 다른 한편, 대고객 거래를 통해서도 리스크를 줄일 수 있었다. 여기에선 고객을 위한 맞춤 상품을 제공하는 '구조화 상품 상관관계 트레이딩Structured Product Correlation Trading; SPCT' 부서가 중심 역할을 맡았다. 여전히 부동산

* Securities Database. 골드만삭스의 리스크 관리 역량을 상징하는 회사의 고유 시스템. 개리 콘 전 사장은 "만약 SecDB를 판다면 가격이 50억 달러라면 모를까 10억 달러로는 어림도 없다"라고 언급하기도 했다.

모기지 파생상품을 매수하기 원하는 고객들에게 관련 상품을 제공하면서 회사의 리스크를 줄인 것이다.

흥미롭게도 골드만삭스의 구조화 상품 거래는 영화 〈빅쇼트〉에 등장한다. 헤지 펀드 매니저 마이클 버리 박사가 골드만삭스를 찾아가 부동산 모기지 시장이 약세로 돌아설 경우 이익을 얻는 상품을 요구하고 거래하는 장면이다. 영화에는 자세한 설명이 나오지 않지만 버리 박사를 상대하는 골드만삭스 직원은 FICC 사업부의 세일즈 담당이고, SPCT 부서는 막후에서 상품을 설계하는 역할을 맡는다.

한편 영화 속 버리 박사와 매우 유사한 거래를 한 인물이 실제로도 있었다. 헤지 펀드 매니저 존 폴슨John Paulson이다. 폴슨은 골드만삭스가 부동산 모기지 관련 리스크 축소를 결정할 즈음인 2007년 1월에 서브프라임 모기지 매도 포지션을 취하기 위해 골드만삭스와 거래아바쿠스 거래했다. 골드만삭스와 마찬가지로 부동산 모기지 시장의 붕괴를 정확히 예측했던 폴슨은 이 거래로만 10억 달러 이상의 수익을 올린 것으로 알려졌다.

골드만삭스는 발 빠른 방향 전환 덕분에 금융위기의 전초전이 벌어진 시기인 2007년을 역대 최고 실적으로 마무리했고, 2008년의 금융위기도 무리 없이 극복할 수 있었다. 그 과정에서 워런 버핏의 우선주 매입과 미국 정부의 100억 달러 자본 투입의 덕도 톡톡히 봤다. '버핏이 선택한 은행'이라는 상징성에 미국 정부의 대마불사 보증까지 더해진 결과였다.

뒤이은 2009년도 골드만삭스의 탁월한 리스크 감수 역량이 다시 한 번 입증된 해였다. 부동산발 역풍의 한복판에 섰던 FICC 사업이 역대

: 아바쿠스 거래 :

아바쿠스(Abacus)는 골드만삭스가 만든 부채담보부증권(Collateralized Debt Obligation; CDO)의 이름이다. CDO란 금융기관이 보유한 대출채권이나 회사채 등을 한데 묶어 유동화시킨 신용파생상품을 말한다. 아바쿠스는 주택담보대출증권(Mortgage Backed Security; MBS)을 기초자산으로 해서 만들어졌다. 아바쿠스는 MBS의 가치 변화에 따라 수익이 결정되는데, 골드만삭스는 CDO의 가격 상승에 베팅하는 고객들에게 아바쿠스를 판매했다.

골드만삭스가 법적 소송에 휘말린 건 2007년에 있었던 거래 때문이었다(ABACUS 2007-AC1). 상품의 설계와 판매를 담당한 골드만삭스가 상품 관련 중요 정보[CDO 가격 하락에 베팅한 헤지 펀드 폴슨앤컴퍼니(Paulson & Co.)의 관여 사실]를 고객들에게 고의로 누락하거나 오해하도록 만들었기 때문이다. 2010년 4월 미국 증권거래위원회(SEC)는 골드만삭스를 기소했고, 같은 해 10월 SEC와 골드만삭스는 사상 최대 규모의 벌금 5억 5,000만 달러에 합의하고 소송을 종결했다.

최고 수익을 올렸고, 회사 전체로도 금융위기 이전인 2007년에 버금가는 실적을 거두었다. FICC가 조명받을수록 그 산파역을 한 블랭크페인에 대한 찬사도 쏟아졌다.

그러나 금융위기의 급한 불이 꺼진 후, 그 원인 제공자들에 대한 사회적 비난이 거세지자 의심의 눈초리가 골드만삭스를 향했다. 바로 '이해상충' 논란이었다.

금융위기 이후 찾아온 진짜 위기: 평판 리스크

"고객의 이익이 항상 최우선이다." 골드만삭스의 14개 비즈니스 원칙 Business Principles 중 첫 번째 원칙이다. 너무도 당연하게 들리는 이 문구가 14개 원칙 중 첫자리를 차지한 것은, 역설적으로 보자면 고객의 이익이 아닌 다른 개인이나 조직의 이익을 우선시하려는 유혹이 늘 존재한다는 의미이다.

'이해상충'은 말 그대로 서로 다른 이익 간의 충돌이다. 개인이나 조직이 여러 이해관계로 얽혀 있는 형국을 가리키는 말이다. 일반적으로 개인, 기업 또는 정부 기관이 개인이나 조직의 이익을 위해 자신의 전문적·공적 능력을 이용할 수 있는 상황을 뜻한다. 높은 전문성이 요구되고 '정보의 비대칭성'이 큰 영역에서 이해상충의 가능성이 특히 높은데, 금융이 대표적이다.

이해상충은 금융회사가 여러 고객과 거래하면서 한 고객의 이익을 위해 다른 고객의 이익을 희생시키거나, 고객의 이익보다 금융회사 스스로의 이익을 우선순위에 둔 거래를 유발한다. 그리하여 이해상충의 악용은 '평판 리스크'로 직결된다. 평판 리스크는 기업 브랜드가 손상을 입는 것이며, 이는 다시 재무적 성과와 주가에 악영향을 끼친다. 2016년 글로벌 컨설팅사 올리버와이먼Oliver Wyman의 분석에 따르면, 은행의 경우 평판 리스크가 주가에 미치는 영향력은 벌금 부과의 6배에 달하는 것으로 나타났다. "평판을 쌓는 데는 20년이 걸리지만, 무너지는 데는 5분이면 족하다"라는 워런 버핏의 경고가 결코 과장이 아님을 알 수 있다.

골드만삭스는 2006년 12월의 결정 이후 선제적으로 일사불란하게 움직였고 덕분에 큰 어려움 없이 금융위기를 극복했다. 하지만 그 과정에서 고객에게 부동산 모기지 파생상품 투자를 권유한 것이 결국 리스크를 떠넘기려 한 게 아니냐는 의심을 샀다. 블랭크페인은 회사에 쏟아지는 비난을 처음에는 대수롭지 않게 여겼다. 심지어 2009년 회사가 거대 흡혈 오징어 얼굴을 하고 《롤링스톤Rolling Stone》 지의 표지를 장식했을 때도 이를 세간의 질시와 오해 탓으로 돌렸다. 하지만 2010년 부동산 모기지 파생상품 영업과 관련해 금융당국의 조사를 받게 되자 급변한 상황을 간파하고 신속하게 위기관리 모드에 돌입했다.

먼저 2010년 5월, 기존의 비즈니스 원칙을 재검토하기 위한 '비즈니스 표준 위원회Business Standard Committee'를 구성했다. 그리고 보스턴컨설팅Boston Consulting 등 2개 컨설팅사에 의뢰해 주요 고객 200개사를 직접 인터뷰하고 6개 영역을 선정해 39개 개선 목표를 세워 3년에 걸쳐 실행에 옮겼다. 위원회를 이끌었던 마이클 에반스Michael Evans 당시 부회장 2020년 10월 현재 중국 알리바바 사장은 직접 주요 국가들을 방문해 금융당국과 주요 고객사에 고객과 시장의 신뢰 회복을 위한 골드만삭스의 개선 노력을 자세히 설명하기도 했다.

이렇게 대외적으로 평판 회복에 매진하는 한편 대내적으로는 '고객 중심 문화' 강화에 힘썼다. 직원의 평가와 보상 기준을 고객 이익을 최우선해 은행의 평판을 지키고 향상시킨 정도에 연계시키고, 지속적인 사내 교육을 통해 고객 중심 문화를 정착시켰다. 구체적으로 비즈니스 표준 위원회의 개선 권고에 따라 직원 평가에서 '고객 중심' 항목을 강화했다. 평가 대상자가 단기적 이익을 넘어 고객의 장기적 이익을 최우선했는지, 건실한 고객 관계와 신뢰를 튼튼히 하는 문화를 세우고 증진시켰는지 등의 사항에 대해 평가한다.

블랭크페인은 직원들에게 "눈과 귀를 크게 열고 회사를 감시하는 경찰 역할을 하라"라면서 평판 회복을 위한 강한 의지를 전달했다. 또한 직접 사내 교육에 나서 '체어맨 포럼Chairman Forum'을 수차례 개최했다. 포럼의 전반부는 기업 문화 교육과 블랭크페인의 연설로 이뤄지고, 후반부는 회사와 고객의 이익 간 딜레마 상황 제시 및 그에 대한 해결책을 고민하는 사례 연구에 할애됐다. 고객과 오랜 관계 유지를 통해 윈윈한다는 암묵적 신조인 '장기적 탐욕'을 재조명하는 시간을 가진 것이다.

신뢰 회복을 위한 블랭크페인의 적극적 대응은 결실을 맺었다. 기업의 평판 척도로 쓰이는 '직장 선호도'를 조사하는 '유거브YouGov'의 보고서에 따르면, 2010년 말 -30까지 떨어졌던 골드만삭스 선호도는 2015년 플러스 영역으로 올라섰다. 그 후 미국 대통령 선거를 앞두고 트럼프 당시 공화당 후보의 공격 대상이 되면서 다시 하락했지만, 2018년 말부터는 확연한 회복세로 접어들었다.

변화된 사업 환경과 블랭크페인의 선택

금융위기는 물론 뒤이은 평판 위기까지 빠른 적응력으로 극복한 블랭크페인은 그 뒤로도 기존 사업 모델을 그대로 유지했다. 특히 금융

업계 전체에서 가장 큰 타격을 입은 FICC 사업에서 물러서지 않았다. 경쟁사들과 달리 골드만삭스는 과거에 그러했듯이 FICC 번영을 이어갈 수 있다는 자신감의 발로였다. 그러나 블랭크페인의 기대와 달리 변화된 사업 환경은 녹록하지 않았다.

우선, 금융위기 이후 강화된 규제로 인해 골드만삭스의 주특기인 리스크 감수 여건이 악화됐다. 리스크 감수 규모에 비례해 쌓아야 할 자본금의 규모가 급증해서다. 강화된 규제 가운데 가장 치명적인 규제는 은행의 자발적 리스크 감수, 즉 '프랍proprietary 트레이딩'*을 금지하는 '볼커 룰Volker Rule'이었다. 금융위기를 불러온 무모한 리스크 감수를 사전에 방지하고자 만든 이 규제는 특히 골드만삭스 FICC의 리스크 감수 규모 및 기간 등에 상당한 부담으로 작용했다.

둘째, 2009년 3월 바닥을 찍은 주식시장이 이후 지속적으로 상승하자 금융시장의 변동성이 급락해 트레이딩에 좋지 않은 영향을 끼쳤다. 트레이딩의 성과는 변동성과 직결되고 또한 앞서 말한 규제와도 맞물린다. 다시 말해, 시장에서 변동성이 적어지면 그만큼 트레이딩으로 낼 수 있는 수익의 폭이 줄어들기 때문에 은행 입장에서는 이를 만회하기 위해 리스크 감수의 규모를 키워야 하는데 규제로 인해 투자의 덩치를 키울 수도 없게 된 상황이었다.

마지막으로, 기술 발전에 따른 거래의 '전자화electronification' 추세가 가

---

* 은행이 대고객 거래의 리스크 헤지 목적이 아니라 수익을 내려는 목적에서 회사의 자기자본을 이용하여 주식, 채권, 외환, 상품 등을 자발적으로 거래하는 것.

속화되었다. 전자화는 거래의 투명성과 효율성을 촉진하지만 그와 동시에 자동화와 맞물리며 대고객 거래의 마진을 축소시키는 결과를 가져왔다.

사업 환경의 이러한 변화는 골드만삭스의 실적에도 즉각 반영되었다. 2009년 이후부터 FICC의 수익이 급감해 이제는 금융위기 이전 수준

: 볼커 룰 :

볼커 룰은 글로벌 금융위기 이후 미국 금융기관 안정성을 확보하기 위해 만들어진 금융개혁 법안 '도드-프랭크법(Dodd-Frank Wall Street Reform and Consumer Protection Act)'의 부속 조항이다. 미국 오바마 정부의 백악관 경제회복자문위원회 위원장이었던 전 연준 의장 폴 볼커(Paul Volker)의 제안으로 만든 법안이라 '볼커 룰'이라 부른다. 볼커 룰은 2015년 7월 22일부터 본격 시행됐다.

금융위기 직전까지 월스트리트 은행들은 고위험·고수익 프랍 트레이딩으로 막대한 수익을 올렸으나 그 같은 거래가 이후 금융 시스템 부실로까지 이어진 것이 볼커 룰 입안의 단초를 제공했다. 볼커 룰의 핵심은 은행의 프랍 트레이딩을 금지하는 데 있으며, 또한 헤지 펀드와 사모 펀드에 대한 투자도 제한하는 것이다.

볼커 룰이 시행되면서 은행들은 수익성에 상당한 타격을 입었다. 특히 파생상품 거래와 헤지 펀드 관련 사업 등 트레이딩 비중이 큰 투자은행들은 관련 매출이 감소하고 규제 준수에 드는 비용도 증가한 탓에 트레이딩 사업 축소가 불가피했다.

의 절반에도 못 미치는 실정이다. 상황이 급변하자 블랭크페인의 리스크 관리 리더십에 대한 찬사는 변화에 제대로 대응하지 못한 책임 논란으로 바뀌었다. 월스트리트의 맞수 모건스탠리의 사업 모델 전환이 괄목할 만한 성과 개선으로 이어지면서 그것과 비교된 탓이 컸다. 모건스탠리의 CEO 제임스 고먼James Gorman은 블랭크페인과 정반대로 FICC를 대폭 축소하고 안정적인 '웰스 매니지먼트Wealth Management'*에 집중하는 전략을 선택했기 때문이다.

그렇다면 과연 블랭크페인은 기존 사업 구조만 고집하며 아무런 변화도 추구하지 않았을까? FICC의 위상이 워낙 커서 거기에 관심이 집중돼 그렇지 물밑에서는 거대한 변화를 시도하고 있었다. 이 변화는 한마디로 말하면 '디지털 금융화'로 축약된다. 디지털 금융은 골드만삭스의 기존 투자은행 사업 영역은 물론이고 새롭게 개척하는 신사업 영역에서도 핵심 역할을 하고 있다. 먼저 투자은행 사업 영역에서 어떤 일이 일어나고 있는지 살펴보자.

골드만삭스, 이제 금융계의 구글을 꿈꾼다

블랭크페인의 디지털 금융에 대한 의지는 2014년 6월 "골드만삭스는 테크놀로지 기업"이라고 한 공개 선언에서 잘 드러난다. 그런데 블랭크

---

* 주로 개인 고객을 위해 맞춤형 재무 서비스(투자 자문, 은퇴 계획 수립, 법률 및 세금 서비스 등)를 제공하는 사업.

페인의 '디지털 금융화'는 단순히 전산을 통한 자동화만을 의미하는 것이 아니었다. 자동화의 대표적 예인 e-트레이딩의 경우 골드만삭스를 포함한 전통 투자은행들은 신흥 트레이딩 전문 기업들과 비교할 때 경쟁력을 잃은 지 오래였기 때문이다.

이 같은 현실을 직시한 블랭크페인이 내린 결론은 이른바 '금융계의 구글'이 되는 것이었다. 구글이 광고 수입을 올리기 위해 신기술을 개발하고 자신들이 구축한 생태계의 영역을 확장해가는 것처럼 골드만삭스는 수수료와 트레이딩 수익을 목적으로 신기술을 활용해 금융 생태계의 구심점 역할을 하겠다는 포부였다. 이를 위한 출발점으로 금융 자본과 리스크의 중개 기능을 원활히 구현하기 위한 플랫폼을 구축했다. 사람들이 일상의 정보를 구할 때 구글을 찾는 것처럼, 고객들이 특정 리스크를 감수하거나 헤지하고 싶을 때 골드만삭스 플랫폼을 클릭하도록 만들겠다는 생각이었다. 대표적 예가 FICC 디지털 플랫폼 '마르퀴Marquee'다. 마르퀴에 접속한 기관 투자자들은 골드만삭스의 세일즈를 통하지 않고도 직접 시장 정보와 리서치 보고서에 접근하고, 거래를 체결하고, 리스크를 분석할 수 있다.

디지털 금융을 활용한 새로운 사업 영역은 '소매 금융'이었다. 이는 금융위기 이후 골드만삭스가 추구해온 '고객 다변화' 전략의 일환으로, 골드만삭스는 2008년 10월 연준의 자금 지원을 받기 위해 은행지주사로 전환했다. 이로써 은행을 설립하거나 기존 은행을 인수할 수 있게 되었다. 예금·대출 규모와 지점망에서 비교가 되지는 않지만 뱅크 오브 아메리카Bank of America, 제이피모건 체이스JPMorgan Chase 같은 전통 은행과 동일한 사업을 펼칠 기회가 생긴 것이다. 블랭크페인은 이를 활용해 그동안 접근하기 어려웠던 개인 고객에게 눈을 돌렸고 이 과정에서 디지털 금융이 한몫 거들었다. 기술의 발달로 굳이 지점에 가지 않고도 은행 업무를 볼 수 있게 된 금융 환경 변화는 지점망에서 열세인 골드만삭스에 순풍과도 같았다.

디지털 소매 금융의 정점은 '마르쿠스Marcus'다. 골드만삭스 설립자 마르쿠스 골드만Marcus Goldman의 이름에서 유래한 마르쿠스는 온라인 개인 대출 플랫폼으로 출발해 이제는 골드만삭스의 온라인 은행으로 성장했다. 마르쿠스의 초점은 '실시간 맞춤형 대출'에 맞추어져 있으나, 마르쿠스의 역할은 단순히 개인을 상대로 대출을 일으켜 이자 수익을 얻는 사업 도구에 그치지는 않는다. 전통 은행에서 신규 고객을 유치하는 지점 창구와 같은 역할을 한다고 보는 게 더 알맞다.

우선 가장 기본적 서비스로서 예금·대출이 가능하고, 개인 고객과 관계를 형성한 뒤 이를 발전시켜 다른 금융 서비스로 이어지게 하는 연결고리 역할까지 한다. 게다가 마르쿠스는 골드만삭스의 '평판 리스크'를 줄이는 데도 크게 기여하고 있다. '부자와 거대 기업만 상대하는 투자은행'이라는 이미지에서 '일반인도 편리하게 접근할 수 있는 금융회사'라는 친숙한 이미지로 탈바꿈하는 데 일조하고 있는 것이다.

블랭크페인의 디지털 소매 금융 실현의 열정은 예금·대출의 영역을 넘어선다. 모건스탠리의 제임스 고먼이 대대적인 인적·물적 투자로 전통적 웰스 매니지먼트 사업에 집중하고 있다면, 블랭크페인은 디지털 기반의 웰스 매니지먼트 사업에 중점을 두고 마르쿠스처럼 디지털의 힘을 빌려 고객군을 넓히는 데 집중하고 있다. 이를테면 골드만삭스의 계열사 '아이코Ayco'는 디지털 기반 투자 자문사다. 미국 대기업의 CEO를 포함한 고위직 임원들을 상대로 한 투자 자문사로 출발한 아이코는 이제 투자 자문의 대상을 대기업에 소속된 일반 직원들로 확장하고 있다. 2019년에는 또 다른 디지털 기반 투자 자문사 '유나이티드 캐피털United Capital'을 인수하기도 했다. 이를 통해 평균 30만 달러의 금융자산을 위탁한 2만 2,000여 명의 미국 중산층을 고객으로 끌어안았다.

블랭크페인이 골드만삭스에 남긴 족적은 거대하다. 강력하지만 정제되지 않았던 제이 애런의 트레이딩 문화를 골드만삭스의 문화로 흡수, 발전시킨 것이 출발점이었고, 그 결정체 FICC는 골드만삭스를 월스트리트 최고 트레이딩 명가의 자리에 올려놓았다. 그리고 금융위기 이후에는 골드만삭스의 미래를 재설정했다. 기존 사업을 디지털 기반으로 전환하고, 디지털 소매 금융으로 사업을 확장시킨 것이다. 이 모든 일은 블랭크페인 특유의 빠른 상황 판단력과 적응력 그리고 타이밍 포착 능력이 기반이 된 리더십이 있었기에 가능한 일이었다.

2019년 1월, 블랭크페인은 파란만장했던 골드만삭스 인생에 종지부를 찍었다. 승계 계획에 따라 후임자 데이비드 솔로몬David Solomon에게 회장과 CEO 자리를 넘겼다. 퇴임 후 그는 "수많은 위기를 극복하고 골드만삭스의 특별함을 지켜낸 게 가장 자랑스럽다"라고 감회를 밝혔다.

Michael Novogratz, 1964~

갤럭시 디지털 창업자 겸 CEO. 1987년에 프린스턴대학 경제학과를 졸업했다. 이후 골드만삭스 파트너, 포트리스 사장 겸 최고투자책임자를 역임했다. 2018년 암호화폐 및 블록체인 기술 전문 투자은행인 갤럭시 디지털을 세웠다. 2019년 12월 기준 이 회사의 자산 규모는 4.2억 달러이다.

6장

마이클 노보그라츠 갤럭시 디지털 CEO

동물적 감각으로 시장을 길들이는 월스트리트 명스토리텔러

1994년 개봉한 영화 〈포레스트 검프Forrest Gump〉는 이듬해 아카데미상을 휩쓸었다. 이 작품은 너무나도 우연히 역사적 순간의 한복판에 서게 된 보잘것없는 인물의 성공 스토리를 감동적으로 그려냈다. 이 영화 속에서 잘하는 것이라곤 달리기뿐인, 그리고 평균보다 낮은 지능을 가진 주인공 검프가 인생 역전에 성공하는 이유는 단 하나다. 우연이라기에는 너무도 신기하게 최적의 시점과 장소에 그가 있었기 때문이다.

투자 업계에도 스스로를 포레스트 검프라고 부르며 성공을 자신하는 이가 있다. 기막히게 운 좋은 검프처럼 자신도 기존 금융 시스템의 혁명적 변화가 일어나는 절묘한 시점과 장소에 자리 잡고 있다고 확신한다. 게다가 찾아온 행운을 움켜잡을 수단으로 검프에게 '달리기'가 있었던 것처럼 자신에겐 '매크로 트레이더'의 직관과 리스크 감수 역량이 있다고 주장한다. 지난 30년 동안 산전수전 다 겪은 트레이딩 경험으로 자신감을 뿜어내며 그야말로 장대한 '스토리'를 써내려간다.

그런데 매번 더할 나위 없이 좋은 결과를 거둔 검프와 달리 이 스토리텔러의 행로가 늘 순탄치만은 않았다. 과거에 그는 두 차례 월스트리트를 떠났다가 돌아온 적이 있는데 그 과정이 그다지 매끄럽지 못했던 까닭이다.

월스트리트로 되돌아와 그가 승부수를 띄운 투자 대상은 이전과는 확연히 달랐다. 다를 뿐 아니라 그 대상의 정체가 무엇인지조차 알 수 없을 정도였다. 그것은 채권도 주식도 외환도 아니었다. 한편으론 달러, 엔 같은 '화폐'로 보이는데 다른 한편으로는 금, 은과 같은 '상품'에 더 가깝기도 하다. 물질적 실체도 없어서 볼 수도 만질 수도 없다. 각국 정부가 눈을 부릅뜨고 감시하는 일반적 투자 대상과 달리 이것에 대한 규제는 아직 모호하기 그지없다. 그가 선택한 투자 대상은 바로 암호화폐*였다.

이처럼 모든 것이 불확실한 가운데 아무도 가보지 않은 길을 가는 인물이 마이클 노보그라츠다. 노보그라츠는 '비트코인'으로 대표되는 암호화폐 및 관련 기술에 베팅하며 '암호화폐 투자 전도사' 역할을 톡톡히 하고 있다. 비트코인에 대한 그의 신념은 화려한 투자 성과와 맞물려

---

* 암호 기술을 이용하여 만든 디지털 화폐로서 대부분의 암호화폐는 탈중앙화된 블록체인 기술을 이용해 가치를 저장하고 전송한다. 최초의 암호화폐가 바로 비트코인이다.

세간의 관심을 끌어 모아, 그의 말과 일거수일투족이 주요 뉴스가 되고 시장가격에도 큰 영향을 미칠 정도가 되었다.

어느 '매크로 트레이더'의 귀환

노보그라츠는 전형적인 매크로 트레이더다. 매크로 트레이더는 정치·경제·사회 요인을 분석해 향후 채권·외환·상품·주식 등의 방향성을 예측하고 그에 따라 트레이딩을 한다. 이 과정에서 '리스크 감수'가 이루어진다. 매크로 트레이더의 리스크 감수 호흡은 길지 않다. 짧게는 하루도 안 되고 길어도 2~3개월을 넘기는 경우가 드물다. 이를테면 '단기적 예측가'로서 멀지 않은 미래의 세상 변화를 예언하는 노스트라다무스에 비유할 만하다. 시장의 방향성이 자신의 논리에 근거한 예측과 맞아떨어지면 성공한 트레이더가 될 수 있다. 반대로 예측이 잘못됐을 때 자신은 맞는데 시장이 틀렸다고 얘기하는 건 패배자의 궁색한 변명 그 이상도 이하도 아니다. 이런 이유로 매크로 트레이더는 바꿔 말하면 '스토리텔러'라고 할 수 있다. 동일한 데이터를 놓고도 어떤 각도에서 조합하느냐에 따라 서로 다른 결론을 내리기 때문이다.

따라서 트레이더는 자신의 스토리를 설득력 있게 소통하는 능력이 그 무엇보다 중요하다. 매 순간 쏟아지는 수많은 스토리 중 자신의 것을 추종하는 시장 참가자가 많아야 자신이 제시한 시장 방향에 힘이 실려 예측의 적중도가 높아지고 수익도 따르기 때문이다. 바로 이것이 노보그라츠의 강점이다. 그는 자신의 아이디어를 공개석상에서 스토리로 풀어내는 데 매우 능수능란하다.

2015년 자산 운용사 포트리스 인베스트먼트 그룹Fortress Investment Group, 이하 '포트리스'의 헤지 펀드 총책임자 자리에서 물러났던 노보그라츠가 돌아온 건 2017년의 일이다. 월스트리트를 떠난 지 2년의 시간이 지난 후였다. 이전부터 워낙 유명세를 타던 인물이라 은둔 생활을 접고 돌아온 그의 행보에 월스트리트의 관심이 쏠렸다. 이전 경력을 감안하면 투자금을 유치해 매크로 헤지 펀드*를 다시 출범시킬 것이라는 관측이 우세했다. 그런데 월스트리트 재입성과 함께 그가 던진 화두는 이런 관측을 무색하게 했다. 그의 선택은 비트코인 투자였다. 그는 "비트코인은 곧 1만 달러 갈 것"이라고 목소리를 높이며 시장 심리를 자극하고 나섰다.

당시는 2017년을 분기점으로 1,000달러 벽을 돌파한 비트코인에 대해 사람들의 관심이 증폭되던 시기였다. 그 후 비트코인은 그해 여름 4,000달러를 훌쩍 넘더니 12월 한 달 안에 1만 달러에 이어 2만 달러까지 도달하는 기염을 토했다. 노보그라츠가 그저 예측만 한 게 아니라 스스로 투자를 통해 천문학적 수익을 올린 사실이 알려지면서 사람들에게 강한 인상을 남겼고, 이를 계기로 노보그라츠는 자신의 이미지를 매크로 트레이더에서 '비트코인 제왕'으로 탈바꿈시키는 데 성공했다.

---

* 매크로 트레이딩에 전문화된 헤지 펀드.

매크로 트레이더, 암호화폐를 만나다

노보그라츠가 자신의 30년 트레이딩 경험을 비트코인 투자에 본격적으로 녹여낸 건 2017년부터다. 그렇지만 비트코인이 그의 레이더에 처음 포착된 것은 훨씬 전으로 거슬러 올라간다. 포트리스 시절인 2013년, 직장 동료의 소개로 비트코인을 알게 된 후 암호화폐의 세계에 빠져들었던 것이다. 무엇보다 그는 비트코인이 추구하는 자유화, 민주화 사상에 매혹됐다. 2008년 글로벌 금융위기와 2010년 유럽 재정위기를 겪으며 정부와 금융회사에 대한 불신이 극에 달하던 시기에 그들의 개입을 배제한 거래 매개 수단의 등장은 경이로움 그 자체였다. 게다가 비트코인은 매장량채굴 가능량이 2,100만 개로 제한되어 있어* 정부의 무분별한 '돈 찍어내기'로 인한 화폐 가치 하락 리스크도 없었다.

노보그라츠는 투자 대상으로서 비트코인의 가능성을 이렇듯 일찌감치 간파했고, 그 직관을 실천으로 보여줬다. 2013년 7월 비트코인이 100달러도 채 되지 않을 때부터 매수를 시작한 것이다. 당시 거래가 아주 뜸하던 시장에서 총 300만 달러에 달하는 비트코인에 개인적으로 투자했다.

그러던 그가 월스트리트에서 종적을 감춘 것은 2015년의 일이다. 갑작스레 포트리스를 떠나 자연인으로 돌아간 노보그라츠는 한동안 명

---

* 비트코인은 거래 내역 검증 등으로 블록체인에 참여하면 보상으로 주어지는데 그 양이 제한되어 있다. 시스템적으로 2,100만 개가 생성되면 더 이상 발행되지 않도록 설계되어 있기 때문이다. 이를 광물을 캐는 것에 빗대어 발행량은 '매장량', 발행은 '채굴(mining)'이라고 한다.

상에 빠져 지냈다. 치열하게 성공 사다리를 오르느라 지친 몸과 마음을 추스르려 시작한 일이었다. 명상 전문가로서 책도 출간한 그의 아내 수키Sukey가 남편을 명상의 세계로 이끌었다. 부부는 하루에 세 차례씩 함께 명상 의식을 치르고 인도와 호주 등 명상으로 유명한 나라로 여행을 다녔다. 이렇게 명상을 하며 가족과 함께하는 삶에 좀 더 집중하는 동안 노보그라츠는 오롯이 개인적 투자 활동만 했다. 매일매일 회사의 이익을 위해 거래하던, 흡사 전쟁과도 같던 트레이더 생활을 접고 자기 재산만 관리한 것이다.

2013년부터 꾸준히 투자하던 비트코인은 이제 노보그라츠의 개인 자산에서 적지 않은 부분을 차지했다. 워낙 낮은 가격에 매수한 덕도 있지만, 동물적 트레이딩 감각까지 더해져 큰 수익으로 이어졌기 때문이다. 환율, 금리, 주가 등 그 어떤 거래 대상과도 비교할 수 없는 비트코인의 폭발적 가격 움직임은 노보그라츠의 손끝에서 온순하게 길들여져 경제적 부로 바뀌었다. 하지만 그때까지도 노보그라츠에게 비트코인은 그저 개인 자산 증식을 위한 수많은 투자 대상 중 하나에 불과했다. 그러던 중 마침내 비트코인을 넘어 더 넓은 암호화폐의 세계로 눈을 돌리게 된다.

2015년이 저물 무렵, 노보그라츠는 프린스턴대학 시절 룸메이트였던 조 루빈Joe Rubin의 스타트업을 방문했다. 잘 알려진 대로 루빈은 '이더리움 블록체인'의 창업자들 중 한 명이다. 그날 루빈의 브루클린 사무실에서 접한 광경은 노보그라츠에게 신선한 충격을 안겨줬다. 기껏해야 한두 명이 한가롭게 일하고 있으리라 예상했는데 그것이 크게 빗나갔다. 30여 명의 젊은이가 컴퓨터와 씨름하고 토론하며 열정적으로 일하는 모습을 목격한 것이다. 그날 루빈이 들려준 블록체인*의 가능성은 그동안 노보그라츠 자신이 알고 있던 비트코인의 세계와는 비교가 안 될 만큼 거대했다.

그날부터 노보그라츠는 비트코인 등 암호화폐의 기반 기술인 블록체인이 가져올 파괴적 변화에 주목했다. 더 나아가 이 변화의 흐름에 올라타기 위해 우선 루빈의 암호화폐 이더리움을 투자 포트폴리오에 추가했다. 이더리움의 가격이 1달러도 채 되지 않던 그때 무려 50만 달러를 투자한 것이다. 이 투자는 2013년의 비트코인 투자 때보다 훨씬 더 구체화된 스토리가 뒷받침된 결정이었다. 암호화폐 투자 스토리의 배경에 블록체인 기술에 대한 깊은 이해가 추가되었기 때문이다.

이더리움을 매수하고 얼마 되지 않아 노보그라츠는 예정되어 있던 인도 명상 여행을 떠났다. 그곳에서 그가 세상과 단절한 채 내면의 성찰에 빠져들고 있을 때, 바깥세상에서는 놀라운 일이 벌어지고 있었다. 블록체인 기술력을 갖춘 루빈의 사업이 주목을 받으면서 이더리움이 폭등한 것이다. 몇 주 동안 명상 여행을 하고 돌아와보니 이더리움 투자금이 무려 다섯 배로 불어나 있었다. 노보그라츠는 심상치 않은 분위기를 직감했다. 그동안 사람들의 의구심에 눌려 있던 암호화폐 가격이 응축된 에너지를 분출하기 시작하고 있었다. 이렇게 끝날 가격 움직

* '공공 거래 장부'라고 불리는 분산형 데이터 저장 기술로서 네트워크의 모든 참여자가 거래 내역 등 모든 데이터를 분산해서 저장하는 기술이다. 블록체인을 사용하면 중앙관리자가 필요하지 않으며, 따라서 비트코인과 같은 암호화폐가 중앙은행이 발행하는 화폐 역할을 수행할 수 있다.

임이 아님을 확신한 노보그라츠는 이더리움을 추가로 사들였다. 노보그라츠의 투자는 매우 탄력을 받았으며 수익은 급속도로 늘어났다. 그 후 추가로 폭등한 이더리움 가격은 2018년 1월 1,000달러를 돌파했고 그가 실현한 수익은 무려 2억 5,000만 달러에 달했다.

노보그라츠는 이더리움 투자로 말 그대로 '돈벼락'을 맞았다. 30여 년 동안 트레이더 생활을 했지만 회사에서도 단일 자산에 대한 투자로 이만큼 수익을 거둬본 적이 없었다. 이렇게 번 돈으로 노보그라츠는 오랜만에 사치도 부렸다. 걸프스트림 자가용 제트기에다 독일 미술가 게오르크 바젤리츠Georg Baselitz의 조각품을 구입하고 평소 후원하던 단체에 통 큰 기부도 했다.

노보그라츠가 암호화폐 투자로 얻은 건 물질적 충족에 그치지 않았다. 월스트리트를 떠난 후 서서히 잃어가던 매크로 트레이더의 본능이 되살아나는 강렬한 전율을 느꼈다. 생각보다 훨씬 짧은 시간에 해피엔딩을 가져온 비트코인과 이더리움 투자 스토리는 더 장대한 본 스토리의 예고편에 불과하다는 확신이 들었다.

사실 궁극적으로 그가 원한 건 절친한 친구 루빈의 스타트업에 대한 직접투자였다. 즉 블록체인 기술의 미래에 대한 투자였다. 이더리움 투자는 이를 실천하기 전 시험 삼아 간접적으로 친구 회사에 투자한 격에 불과했다. 그러나 그가 명상 여행에서 돌아왔을 땐 이미 이더리움 가격과 함께 회사의 가치도 폭등해 있었다. 이젠 투자자들이 번호표를 들고 대기할 정도로 성황을 누리고 있어 그가 비집고 들어갈 틈이 없었다. 이렇게 되자 노보그라츠는 더는 지체할 시간이 없음을 깨닫고 곧바로

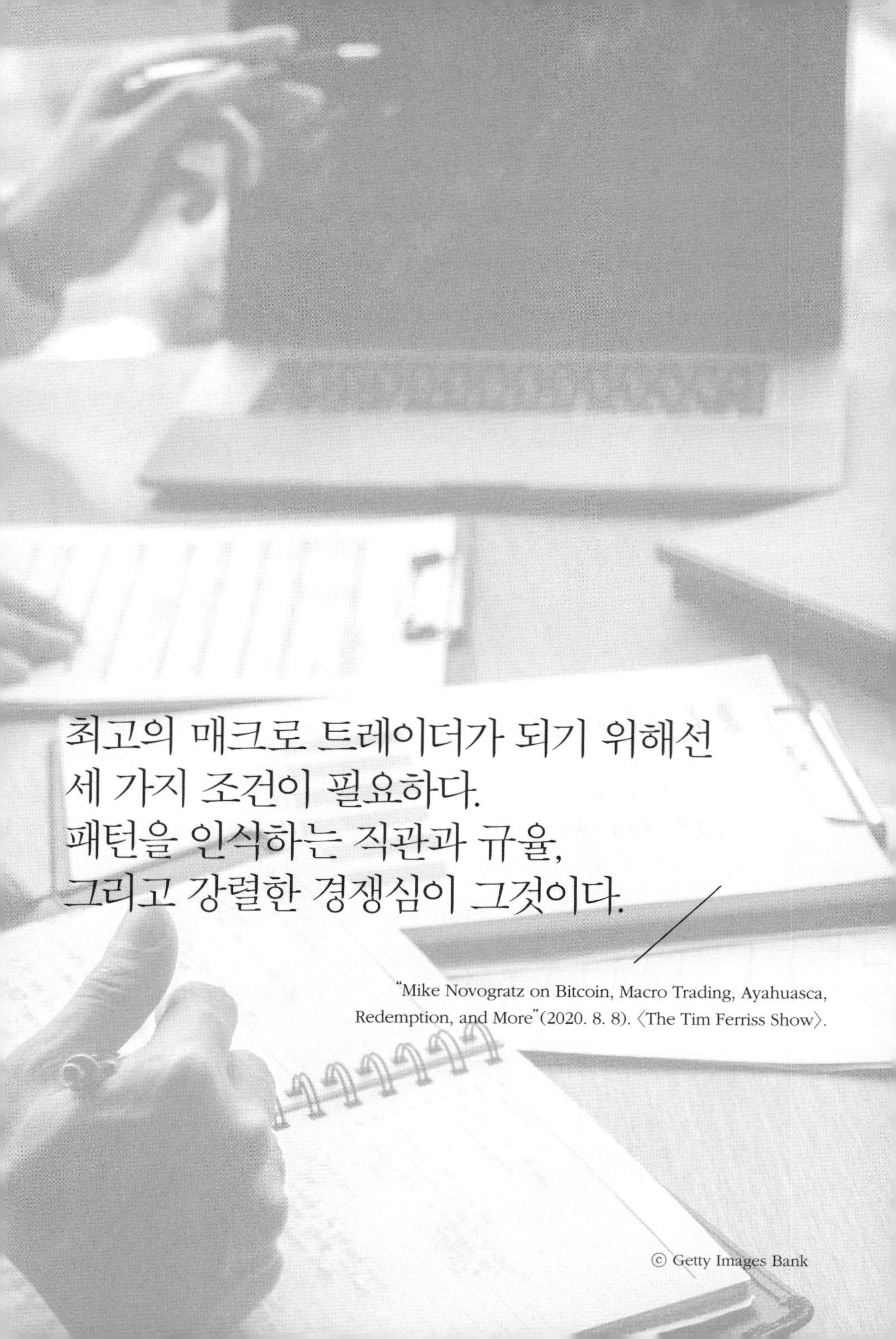

최고의 매크로 트레이더가 되기 위해선
세 가지 조건이 필요하다.
패턴을 인식하는 직관과 규율,
그리고 강렬한 경쟁심이 그것이다.

"Mike Novogratz on Bitcoin, Macro Trading, Ayahuasca, Redemption, and More"(2020. 8. 8). 〈The Tim Ferriss Show〉.

ⓒ Getty Images Bank

암호화폐 투자 스토리의 본편을 써내려가기 시작했다.

'아마추어 레슬러' 노보그라츠는 어떻게 '매크로 트레이더'가 되었나

노보그라츠의 트레이더 기질에는 운동과 군 경력이 크게 영향을 미쳤다. 사실 이 둘의 근원은 그의 아버지 로버트 노보그라츠에게 있다고 할 수 있다. 미 육군사관학교 미식축구단 출신으로 대학 리그 최고 수비수상을 받기도 한 아버지의 영향으로 운동을 좋아하게 됐고 거기에 군 경험도 있기 때문이다.

노보그라츠가 유년 시절부터 시작해 지금도 푹 빠져 있는 운동은 레슬링이다. 고교 시절부터 레슬링에 두각을 나타내기 시작해 버지니아주 고교 레슬링 대회에 나가 2위에 오르기도 했다. 프린스턴대학 경제학과에 입학해서는 대학 레슬링팀 주장으로 활동하며 전미대학체육협회National Collegiate Athletic Association; NCAA 대회 본선에 두 차례나 진출했다.

사회생활을 하면서도 레슬링을 즐기고 좋아했다. 현재도 그는 미국 레슬링협회 명예회장을 맡아 올림픽 대표팀을 후원하고 있고, 'BTSBeat the Streets'라는 비영리단체 회장으로도 활동하고 있다. 2005년 설립된 BTS는 아마추어 레슬링의 정신과 문화를 뉴욕의 유소년들에게 전파하는 것을 미션으로 삼고 있다. 이에 따라 BTS는 유소년들에게 자연스럽게 레슬링을 접할 기회를 주기 위해 뉴욕 소재 공립학교에 레슬링 프로그램을 확산시키는 운동을 벌이고 있다.

그런데 흥미롭게도 BTS가 내세운 레슬링 정신이 트레이더로서 갖추어야 할 필수 덕목과 매우 닮아 있다. 윤리, 근성, 끈기, 자립, 겸손 등을 강조한다는 점에서 그렇다. 현대 금융에서 이젠 빼놓을 수 없는 덕목이 된 윤리성은 물론이고, 홀로 시장 상황에 맞서며 거래 대상을 치밀하게 관찰해야 한다는 점, 그 과정에서 극도의 몰입이 필요하다는 점에서 트레이딩과 레슬링은 아주 흡사하다. 또한 레슬러나 트레이더 모두에게, 틀렸을 땐 재빨리 잘못을 인정하고 바로잡는 게 필수 자질이다. 다시 말해, 레슬링과 트레이딩은 둘 다 '손절stop-loss'이 중요하다. 잘못된 포지션, 즉 불리한 상황에 처했을 땐 손실과 실점을 최소화하고 얼른 거기서 빠져나와 다음 기회를 노리는 것이 상책이다. 노보그라츠는 50대 중반의 나이인 지금도 틈나는 대로 매트에 올라 레슬링을 한다. 그에게 레슬링은 취미인 동시에 트레이더에게 요구되는 강인한 체력과 정신력을 단련하는 일종의 의식이다.

대학을 졸업한 뒤 노보그라츠는 군에서 헬기 조종사로 복무했다. 아버지가 군인 출신이고 본인도 대학에 ROTC 장학생으로 들어갔으니 군과의 인연이 깊은 편이라 할 수 있다. 앞서 말한 것처럼 노보그라츠가 트레이더에게 요구되는 자질을 형성하는 데는 군 생활이 많은 도움이 되었다. 우선 군은 규율이 엄격하다. 전투기나 헬기를 조종하고 정비하는 일은, 자신은 물론 동료의 생명과 직결된 일이라 더더욱 그렇다. 사실 트레이딩도 마찬가지다. 회사의 리스크 관리 규정은 물론이고 자기 나름의 엄격한 원칙을 세우고 반드시 그 원칙을 지켜 거래해야 한다. 그렇지 않을 경우 회사, 더 나아가 경제 전체에 악영향을 끼칠 수 있음을 수많은 사례가 보여준다.

이렇게 레슬링과 군 경력으로 트레이딩의 기본 정신과 필요한 자질을 갖춘 노보그라츠는 1989년 투자은행 골드만삭스에 입사하며 월스트리트에 입성했다. 그가 처음 발령받은 부서는 트레이딩이 아닌 단기자금 시장 세일즈 파트였다. 그는 고객을 상대로 1년 미만 단기자금의 수요와 공급을 연결해주는 일을 맡아 했다. 투자은행 전체로 본다면 가장 중요하면서도 동시에 가장 단순한 업무 중 하나였다. 골드만삭스의 생명줄이라 할 유동성 확보에 핵심적 역할을 하지만, 취급하는 금융 상품의 폭이 좁고 구조가 단순했다.

트레이더와 세일즈는 대우와 보상 측면에서도 차이가 컸다. 노보그라츠가 골드만삭스에서 일했던 시기는 골드만삭스의 리스크 감수 역량이 전성기를 맞은 때로 이를 주도하는 트레이더와 고객을 상대로 영업하는 세일즈는 그 무게감이 달랐다. 회사를 위해 벌어들이는 수익 규모가 서로 비교가 되지 않을 정도였고, 같은 수익을 올려도 개인 성과급이 결정되는 공식이 달랐다. 트레이더는 상하방 리스크를 모두 감수하는 반면 세일즈는 하방 리스크가 없다는 게 주된 이유였다.

입사 초기부터 세일즈 업무에 무료함을 느끼던 노보그라츠에게 1992년에 첫 번째 기회가 왔다. 단기자금을 넘어 더 다양한 금융 상품을 전 세계 매크로 헤지 펀드 매니저들에게 영업하는 일을 맡게 된 것이다. 가장 전문적이고 까다로운 고객들에게 미국도 아닌 일본 도쿄 현지에서 일본 관련 상품을 영업하는 일이었다. 지금도 그렇지만 일본 금융 시장은 다소 폐쇄적이라 그곳에서 해외 고객들을 상대하려면 현지 사정에 능통한 세일즈의 역할이 매우 중요하다. 그래서 뉴욕, 런던, 홍콩 등지에서 거래하는 헤지 펀드 매니저들에게 노보그라츠처럼 영어로 소통 가능한 현지 세일즈는 단순 중개인이라기보다 한 팀처럼 여겨졌다.

도쿄에서 일하며 노보그라츠는 리언 쿠퍼먼Leon Cooperman, 폴 튜더 존스Paul Tudor Jones 같은 당대 최고의 헤지 펀드 매니저들과 하루에도 여러 번 직접 통화하며 그들에게 일본 현지 정보와 투자 아이디어를 제공했다. 만약 입사 3년 차인 노보그라츠가 뉴욕에서 계속 단기자금 시장 세일즈를 하고 있었다면 꿈도 꿀 수 없는 일이었다. 게다가 노보그라츠의 도쿄 현지 정보에 기반한 투자 아이디어가 제대로 작동한 덕분에 그의 고객들은 일본 관련 거래로 이전보다 월등한 수익을 얻었다. 자연스럽게 노보그라츠의 위상도 사내외를 통틀어 급상승했다.

그럼에도 여전히 세일즈 생활에 답답해하던 노보그라츠에게 이듬해인 1993년 두 번째 기회가 왔다. 1990년대 초 골드만삭스는 아시아에서 사업 확장의 가능성을 탐색하고 있었다. 일본에 제한돼 있던 투자은행 사업을 아시아의 다른 국가들로 확대한다는 계획이었다. 이를 위해 경영진은 홍콩 사무소에 일본을 제외한 아시아 사업의 교두보 역할을 맡기기로 했다. 그리고 그 첫 단계로 이전까지 IB 사업만 하던 홍콩 사무소에 트레이딩을 포함한 보다 다양한 사업을 추가하는 결정을 내렸다. 이 소식을 접한 노보그라츠는 발 빠르게 움직였다. 미국인으로서 일찍이 아시아로 건너와 뛰어난 성과를 올리며 경영진에 강한 인상을 남긴 자신의 강점을 지렛대 삼기로 결심했다.

노보그라츠는 골드만삭스의 리스크 감수를 총괄하던 채권 사업부

총책임자 존 코자인Jon Corzine을 찾아갔다. 트레이더 중 최고위직일 뿐 아니라 당시 가장 유력한 차기 CEO 후보였던 코자인에게 홍콩 발령을 요청하기 위해서였다. 만남의 결과는 긍정적이었다. 평소 그를 눈여겨 보던 빅 보스의 승인이 떨어지기까진 오랜 시간이 걸리지 않았다. 그동안 쌓은 탁월한 실적에다 회사의 아시아 사업 확대라는 시기적 행운이 맞물리며 그토록 희망하던 트레이딩의 세계에 진입하게 된 것이다.

'신흥시장 전문가'로 부상한 노보그라츠

홍콩으로 옮겨간 노보그라츠는 그때까지 자신이 알던 것과는 완전히 딴판인 금융시장을 목격했다. 미국, 유럽은 말할 것도 없고 얼마 전까지 일하던 일본과도 비교할 바가 못 됐다. 아시아의 금융시장은 일본을 제외하고는 그야말로 원시림 같았다. 내부에서 무슨 일이 일어나는지 도무지 알기 어렵고 접근도 불가능한 경우가 다반사였다. 홍콩과 싱가포르 정도 말고는 자본시장의 개방도나 외환시장의 자유화 측면에서 해외 투자은행이 활동하기에 진입 장벽이 너무 높았다. 특히 노보그라츠가 맡았던 FICC채권·외환·상품 트레이딩에는 최악의 환경이었다.

당시 아시아의 네 마리 용* 중 하나로 불리던 우리나라의 경우를 돌이켜봐도 이런 상황을 쉽게 이해할 수 있다. 국내 금융시장에 외국인이

* 제2차 세계대전이 끝난 뒤 일본을 이어 급속한 경제 성장을 이룬 아시아의 네 나라인 한국, 대만, 홍콩, 싱가포르를 가리키는 말이다.

접근하는 것 자체가 불가능했다. 제대로 된 채권·외환 시장이 없었고, 금리와 환율은 정부의 강력한 통제하에 있었다. 이렇다 보니 노보그라츠가 총괄하던 아시아 매크로 트레이딩 데스크의 역할은 아시아 시간대에 주요 선진국 G10미국, 유럽 주요국 및 일본 등 관련 트레이딩을 하는 수준에 머물 수밖에 없었다.

그러던 중 아시아가 글로벌 금융시장에서 주요 축의 하나로 부상하게 되는 사건이 발생했다. 이 사건은 노보그라츠가 매크로 트레이더로서의 존재감을 국제 금융계에 강하게 각인시키는 계기가 됐다. 바로 1990년대 후반 아시아 국가들을 강타한 외환위기였다. 공교롭게도 우리나라를 비롯한 아시아 국가들이 외환위기의 화마에 휩싸이게 된 그 불행이 노보그라츠에게는 천운과 같은 기회로 작용한 것이다. 영화 속 포레스트 검프가 그랬던 것처럼 그야말로 절묘한 시점과 장소에 노보그라츠도 자리를 잡고 있었다.

노보그라츠가 펼친 '아시아 매크로 스토리텔링'의 출발점은 외환위기가 촉발한 아시아 외환시장의 변동성 급등이었다. 한국, 태국, 인도네시아 등 아시아 주요 국가들의 부실한 기초 체력이 민낯을 드러내자 달러화에 대한 수요가 폭발하며 모든 아시아 통화의 가치가 동반 폭락했다. 그러자 투기적 거래가 급증하며 비거주자인 외국인들이 거래하는 역외시장offshore market*이 급속하게 커졌다. 굳이 접근하기 어려운 현지

* 자국의 규제를 피해 세금, 금리 등 특혜를 누리며 비거주자들 간에 거래하는 금융시장으로 현지 통화의 결제가 동반되지 않고 거래의 손익 정산이 달러화로 이루어진다.

금융시장 안으로 들어가지 않고 해외에서도 해당 국가의 환율이나 금리를 거래할 수 있는 일종의 파생상품 시장에 참가자들이 몰린 것이다. 매크로 트레이딩을 하려면 자산을 쉽게 사고팔 수 있는 유동성이 중요한데 역외시장이 이를 가능케 한 것이다.

변동성과 함께 역외시장이라는 경기장이 마련되자 다음으론 정보력이 중요하게 작용했다. 주요 외화 채권자로서 아시아의 명줄을 쥐게 된 선진국의 일거수일투족이 아시아 금융시장의 흐름에 절대적 영향력을 행사하던 당시 상황은 선진 채권 국가의 정보에 밝은 월스트리트 투자은행이 리스크 감수를 하기에 매우 유리한 조건이었다.

노보그라츠는 이런 배경에서 매크로 트레이딩의 기승전결 스토리를 써내려갔다. 기초 체력이 약해 지속하기 어려운 아시아 경제의 펀더멘털을 정확히 읽어내고 이어질 시장 움직임을 분석했다. 나비의 날갯짓이 큰 기상변화를 일으킨다는 나비효과처럼 강대국이 기침을 하면 약소국은 감기몸살에 걸리리라는 예측은 적중했다. 결과적으로 이는 골드만삭스에 큰 수익을 안겼으며, 아울러 다른 시장 참가자들의 폭발적 반응을 이끌어냈다.

당시 아시아 외환시장의 움직임과 최근 몇 년 사이 암호화폐 시장의 움직임은 매우 흡사하다. 오랫동안 사람들의 관심 밖에서 잔잔한 호수 같던 가격이 에너지를 분출하며 폭등하자 극도의 혼란이 일어나며 변동성이 치솟는 형국이다. 이런 시장에서는 시간과 노력을 들여 적정 가치를 평가해 대응하는 것은 의미가 없다. 심리가 주도하는 장세에서 가격은 극단으로 치달을 수 있기 때문이다. 1990년대의 외환시장과 최근의 암호화폐 시장 둘 다 동물적 본능과 직관, 즉 매크로 트레이딩의 기본기가 정교한 분석력에 비해 절대적 우위를 갖는 시장이다. 암호화폐를 본 순간 노보그라츠는 아시아 매크로 트레이딩의 강렬한 기억을 떠올렸고, 비트코인에 이어 이더리움 투자에까지 뛰어들며 과거의 성공을 재현할 수 있었다.

아시아에서 큰 성공을 거둔 노보그라츠는 1998년 회사 최고위 직책인 파트너로 승진했고 얼마 후 뉴욕 본사로 금의환향했다. 이후 노보그라츠에게는 늘 '신흥시장 전문가'라는 수식어가 따라붙었다. 막대한 성장 잠재력을 지녔지만 금융에선 미개척지인 신흥시장에서 사업 가능성을 입증한 덕분이었다. 그런데 뉴욕으로 돌아온 지 얼마 되지 않아 노보그라츠에게 새로운 특명이 떨어졌다. 1999년 골드만삭스 남미 지역 사장으로 발령이 난 것이다. 브라질 상파울로를 거점 삼아 아시아 성공 DNA를 또 다른 신흥시장인 남미에 전파하는 역할이 맡겨졌다.

그러나 그의 남미 생활은 오래가지 못했다. 다음 해인 2000년 그가 골드만삭스를 떠났기 때문이다.

'스토리텔러' 노보그라츠, 빗나간 스토리를 쓰다

노보그라츠가 골드만삭스를 떠난 이유를 두고 월스트리트에서는 온갖 억측과 의혹이 난무했다. 하지만 20여 년이 지난 지금까지도 정확한 이유는 알려지지 않고 있다. 보통 자의든 타의든 월스트리트의 유력 인사가 회사를 떠나게 되면 어느 정도 배경이 드러나기 마련인데 노보그라츠의 경우는 지금도 베일에 싸여 있다. 회사 일 때문이 아니라 사생활로 인해 불명예 퇴직을 했다는 정도가 알려진 내용이다. 최근 들어 비트코인으로 다시 유명세를 타면서 늘어난 언론 인터뷰에서 골드만삭스 퇴직 이유를 묻는 질문에 "음주가무를 지나치게 즐긴 탓"이라고 답해 이 소문의 신빙성을 높이기도 했다.

골드만삭스를 떠난 노보그라츠는 그로부터 2년 후인 2002년 대체투자 전문 자산 운용사 포트리스의 핵심 파트너 5인 중 1인으로 합류하면서 월스트리트에 다시 모습을 드러냈다. 포트리스가 설립된 건 인터넷 버블이 터진 후 그 직격탄을 맞은 주식을 대체할 새로운 투자 대상에 목말라하던 투자자들의 니즈를 충족하기 위함이었다. 노보그라츠가 맡은 일은 포트리스 사업 모델의 삼각편대인 사모 투자, 헤지 펀드, 부동산 투자 중 헤지 펀드를 진두지휘하며 전 세계 금융시장에서 매크로 트레이딩을 펼치는 것이었다. 골드만삭스에선 회사의 수익을 올리기 위해 리스크 감수를 했다면 이제는 자신을 믿고 직접 돈을 맡긴 투자자들을 위해 그 일을 할 차례였다.

투자자들은 포트리스의 사업 모델에 환호했다. 여기엔 노보그라츠가 마케팅 전략으로 '대체투자의 골드만삭스'를 내세운 것도 한몫했다. 아시아 외환위기의 기억이 여전하던 그때, 노보그라츠가 아시아에서 펼친 활약상이 투자자들의 뇌리에 선명하게 남아 있었기 때문이다.

대체투자라는 큰 흐름에 시의적절하게 올라탄 포트리스는 2007년 전체 운용 자산이 300억 달러에 달했고 대체투자 운용사로는 처음으로 주식시장에 상장됐다. 그야말로 주식시장이 정점을 치닫던 시점에 이뤄진 포트리스의 상장은 5명의 파트너를 모두 억만장자로 만들어주었다. 그해 노보그라츠는 개인 자산 23억 달러로 미 경제지 《포브스》의 세계 부자 순위 407위에 이름을 올렸다. 물론 주식 상장으로 대박을 터트리는 것은 노보그라츠에게 생소한 일이 아니었다. 골드만삭스에서도 같은 경험을 했기 때문이다. 1998년 파트너로 승진하면서 받은 0.2%의 지분 가치가 1년 뒤인 1999년 회사의 기업공개로 2,800만 달러로 크게 불어난 바 있다.

그런데 2007년의 기쁨은 그리 오래가지 못했다. 2007년을 정점으로 포트리스의 실적과 주가가 하향 곡선을 그린 것이다. 우선 2008년 글로벌 금융위기로 입은 타격이 컸다. 이후 금융시장이 빠르게 회복될 때도 그 흐름에 제대로 올라타지 못했다. 특히 노보그라츠가 담당한 헤지 펀드가 부진을 거듭했다. 한때 운용 자산이 100억 달러에 육박하며 회사 전체 수익의 25%를 책임지던 사업이었지만, 2015년엔 자산 규모 23억 달러에 전체 수익의 1.5%를 버는 데 그칠 정도로 위상이 쪼그라들었다. 매크로 헤지 펀드의 부진한 성적과 투자금 유출의 악순환에는 단 하나의 이유가 있을 뿐이었다. 펀드 매니저 노보그라츠가 쓴 스토리가 틀린 탓이었다.

노보그라츠의 리스크 감수 스토리가 엇박자를 낸 건 2014년부터였다. 빠른 경기 회복에 따른 연준의 통화정책 정상화로 국채 금리가 상승하는 데 베팅했으나 오히려 금리가 하락하면서 큰 손실로 이어졌다. 치명타는 2015년에 찾아왔다. 스위스 프랑의 가치와 브라질 국채 금리가 노보그라츠의 생각과 반대로 움직인 것이다. 전자는 스위스 중앙은행의 외환 정책 변화를 잘못 예측한 경우였다. 스위스 중앙은행이 자국 통화의 과도한 가치 상승을 막기 위해 무려 5년 가까이 방어하던 특정 환율에서 갑자기 물러선 게 원인이었다. 2015년 1월 15일 스위스 중앙은행이 방어선에서 퇴각하자 스위스 프랑의 가치가 하루 만에 30% 급등한 것이다. 그날 스위스 중앙은행의 '배신'으로 노보그라츠의 헤지 펀드는 1억 5,000만 달러 이상의 손실을 입은 것으로 알려졌다.

후자는 브라질의 국내 정치 상황에 근거한 스토리가 잘못된 사례였다. 지우마 호세프Dilma Rousseff 대통령이 정치 스캔들로 2014년 재선에 실패할 것으로 예상했으나 반대 결과가 나온 게 시발점이었다. 스토리의 도입부가 빗나간 셈이다. 그렇다 보니 새 정권이 물가 상승에 강경 대응하리라는 본론도, 그래서 결국 금리가 떨어질 거라는 결론도 모두 틀릴 수밖에 없었다.

월스트리트는 개인에 대한 평가와 보상이 철저하다. 특히 투자 호흡이 짧은 매크로 트레이더에게 장기 투자는 사치다. 매일매일의 성과가 숫자로 표시되고, 실적을 내지 못하면 책임을 져야 한다. 노보그라츠도 마찬가지였다. 그가 내놓은 스토리가 연거푸 틀리자 책임론이 불거졌고, 결국 2015년 10월 운용하던 헤지 펀드를 청산하고 포트리스를 떠나야만 했다.

'치열함'과 '강인함'으로 위기의 파고를 뛰어넘는 승부사

그렇게 매크로 트레이딩의 세계에서 물러났던 노보그라츠가 '암호화폐'를 들고 귀환해 다시금 명성을 떨치고 있는 것이다. 이제 그가 현재 풀어내고 있는 암호화폐 투자 스토리의 본편으로 돌아가보자.

매크로 트레이더의 탄탄한 기본기가 뒷받침된 2013년의 비트코인 투자 그리고 2016년의 이더리움 투자가 모두 개인적 투자, 즉 자신만을 대상으로 한 스토리텔링의 결과라면, 2017년부터는 대중으로 그 대상을 넓혔다. 2017년에는 먼저 개인 투자자들의 열광적 호응을 이끌어냈다. 노보그라츠 자신이 성공 투자의 산증인이다 보니 언론은 물론 일반인을 대상으로 한 강연에서도 그의 말 한마디는 큰 울림을 만들어냈다. 결국 같은 해 비트코인 가격을 2만 달러까지 끌어올린 것도 개인 투자자들의 힘이었다.

2018년부터 노보그라츠의 발걸음은 더욱 빨라졌다. 그는 암호화폐와 블록체인 기술 영역 전문 투자은행 갤럭시 디지털Galaxy Digital을 설립해 제도권으로 돌아왔다. 애초 계획했던 암호화폐 전문 헤지 펀드에서 한발 더 나아가 아예 투자은행을 세운 것이다. 갤럭시 디지털의 사업 영역은 트레이딩, 자기자본 투자, 자산 운용, 자문의 네 가지로 구성되어 웬만한 월스트리트 투자은행에 뒤지지 않는 외연을 갖추고 있다. 실상 암호화폐를 사고팔며 버는 돈은 전체 사업에서 극히 일부에 지나지 않는다. 갤럭시 디지털은 암호화폐뿐 아니라 블록체인 기술 회사, ICOInitial Coin Offering,* 암호화폐 거래소 등 관련 사업에 대한 투자를 늘

---

* 스타트업이 블록체인 기술을 기반으로 새로운 암호화폐를 만들기 위해 불특정 다수 또는 특정 투자자들로부터 초기 개발 자금을 모금하는 과정이다. IPO(기업공개)에 비유되기도 하지만 IPO와 달리 회사의 주주권을 부여하지 않고 암호화폐를 지급한다. 투자자는 주로 비트코인, 이더리움을 투자금으로 납부한다.

려가고 있다.

노보그라츠의 표현에 따르면 갤럭시 디지털은 '암호화폐의 골드만삭스'를 추구한다. 끝이 좋지 않았던 포트리스 시절을 떠올리게 하는 문구이지만 그가 다시 골드만삭스를 내세운 건 의미심장하다. 암호화폐를 대상으로 한 리스크 감수의 선두 주자가 되겠다는 강한 의지가 묻어나기 때문이다. 그가 갤럭시 디지털을 통해 이루려는 궁극적인 목표는 기관 투자자를 끌어들여 암호화폐 시장의 판을 키우는 것이다.

하지만 기관 투자자를 움직이기란 쉬운 일이 아니다. 개인 투자자와 달리 투자의 기준이 매우 까다롭기 때문이다. 기관 투자자가 암호화폐 투자를 매력적으로 느끼도록 하려면 골드만삭스가 그랬듯 그들이 원하는 투자 대상을 마음 편히 거래할 수 있는 환경을 조성하는 것이 출발점이다. 골드만삭스의 최대 장점인 고객이 원하는 리스크를 제공하고 원치 않는 리스크는 헤지할 수 있도록 지원하는 역량이 뒷받침돼야 가능한 일이라는 이야기다.

아직까지 암호화폐는 기관 투자자의 기대를 충족시키기엔 부족한 점이 많아 보인다. 정체가 불분명하고, 가격은 널뛰고, 정부의 규제도 불확실해 투자 대상으로 삼기에는 매력도보다 위험도가 훨씬 더 높은 것이 현실이다. 이런 장애물을 하나씩 제거해나가는 데 마중물 역할을 하겠다는 것이 노보그라츠의 포부다. 과거 아시아 외환위기 때 극심한 변동성과 규제로 기관 투자자들이 아시아 외환시장에 접근하기 어려울 때 역외시장에서 그들의 거래 상대가 되어주며 투자 활동을 지원했던 것처럼, 노보그라츠는 암호화폐를 기반으로 투자자들에게 새로운 탈

: 비트코인의 미래 :

암호화폐의 대표 주자 비트코인의 미래는 두 측면에서 예상해볼 수 있다.
첫째, 디지털 자산 거래의 매개 역할이다. 논란이 되는 법정화폐의 대체 가능 여부를 떠나, 앞으로 더 많은 유무형 자산의 소유권이 디지털 자산화되어 블록체인 기반으로 거래된다면 국경을 넘어 사용될 지불 수단이 될 가능성이 높다. 비트코인이 실물 자산시장의 달러와 같이 거대 디지털 자산시장의 기축통화가 되는 셈이다.
둘째, 투자 자산의 역할이다. 이는 비트코인이 지닌 '금'과 유사한 속성에서 기인한다. 즉, 비트코인도 금처럼 매장량이 한정되어 있고 중앙기관의 통제를 받지 않는다. 결국 비트코인은 여러 나라의 양적 완화, 국가 부채 급증 등이 초래할 수 있는 통화 가치 하락과 인플레이션 리스크에 대한 헤지 기능을 할 '디지털 금'이 될 수 있는 것이다. 2020년으로 접어들어 노보그라츠가 "비트코인은 루비콘강을 건넜다"라고 하며 빠른 가격 상승을 점치는 것도 이 같은 이유에서다.

출구를 열어줄 날을 꿈꾼다.

노보그라츠만큼 호불호가 갈리는 월스트리트 유명 인사도 드물다. 두 차례 월스트리트를 떠나게 된 이유가 부정적 인상을 남겼다면, 화려한 매크로 트레이더 이력과 지금의 암호화폐 후원자 역할은 그에 대한 팬덤을 만들어냈다. 무얼 하든 유명세를 치르고 본인 스스로도 언론의 조명을 받는 데 거부감이 없다 보니 생기는 일이기도 하다. 그야말로

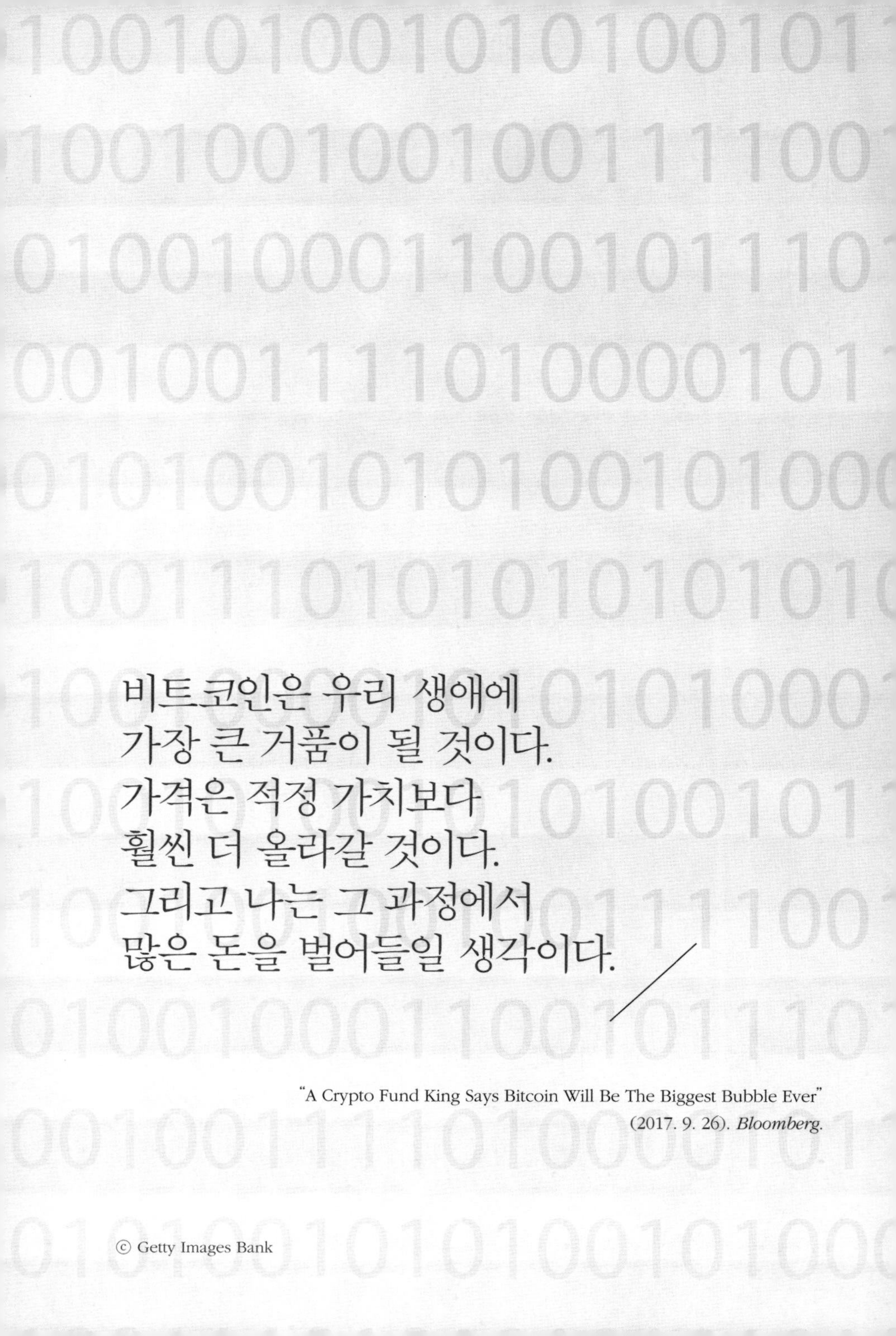

비트코인은 우리 생애에
가장 큰 거품이 될 것이다.
가격은 적정 가치보다
훨씬 더 올라갈 것이다.
그리고 나는 그 과정에서
많은 돈을 벌어들일 생각이다.

"A Crypto Fund King Says Bitcoin Will Be The Biggest Bubble Ever"
(2017. 9. 26). *Bloomberg*.

'월스트리트의 풍운아'라고 불릴 만한 인물이다.

그러나 노보그라츠의 화려해 보이는 삶의 이면에는 분명 '치열함'이 존재한다. 그의 인생 경로에서 잘 드러나듯 쉼 없이 도전하며 변화를 추구하는 그 치열함으로 노보그라츠는 놀랄 만한 스토리를 써왔고 지금도 그러한 직관과 확신으로 미래를 예측하며 승부수를 던지고 있다. 그의 삶을 지탱해주는 또 다른 원칙은 '강인함'이다. 강인함은 오랫동안 그에게 두려움을 이겨내는 힘으로 작용했다. 즉 실패의 고통, 실패에 대한 두려움을 극복하는 힘이다. 또한 공포와 탐욕을 조절하는 힘이 되기도 한다. 앞서도 말했듯 그는 레슬링을 하면서 바로 이런 강인함을 훈련했다. 짧은 시간 동안 지독한 육체적 고통을 견뎌내야 함은 물론이고, 패배하더라도 그 정신적 고통을 빨리 벗어던지고 다음 경기에 나서야 하는 것이 레슬링이다.

누가 뭐래도 노보그라츠는 이런 치열함과 강인함을 바탕으로 월스트리트에서 정상의 자리에 오를 수 있었고, 실패했을 때도 다시 일어서서 새로운 도전과 변화에 박차를 가할 수 있었다.

James Gorman, 1958~

모건스탠리 회장 겸 CEO. 1987년 컬럼비아 경영대학원에서 MBA를 마친 뒤 맥킨지 시니어 파트너, 메릴린치 개인고객사업부 대표를 거쳐 모건스탠리로 자리를 옮겼으며 2009년 CEO가 되었다. 모건스탠리는 1935년 헨리 모건 등에 의해 제이피모건에서 독립하면서 전문 투자은행으로 설립되었다. 2019년 12월 기준 자산 규모는 8,950억 달러, 직원 수는 6만 431명에 이른다.

7장

제임스 고먼 모건스탠리 회장

두 번의 큰 변화를 이끌어낸 컨설턴트 CEO

2007년 12월 18일, 로이드 블랭크페인 골드만삭스 CEO는 "회사 수익이 연간 기준 역대 최대치를 달성했다"라고 자랑스럽게 발표했다. 리스크 감수의 명가답게 트레이딩 부문이 전체 수익의 60%를 벌어들였고, 특히 FICC 트레이딩이 35%를 책임진 결과였다.

그런데 바로 다음 날인 12월 19일, 모건스탠리가 실적을 공개하는 자리는 분위기가 전혀 딴판이었다. 존 맥John Mack 당시 모건스탠리 CEO가 "72년 역사상 처음으로 분기 손실을 기록했다"라고 발표해 월스트리트를 충격에 빠트린 것이다. 뒤이어 "94억 달러에 달하는 손실이 한 트레이딩 부서에서 발생했다"라고 밝히자 충격은 극에 달했다.

맥이 지목한 부서는 하워드 허블러Howard Hubler가 책임자로 있던 '신용

프랍credit proprietary 트레이딩' 부서였다. 이름대로 모건스탠리의 자기자본으로 특정 채권·대출 등의 부도 리스크를 감수하는 이 부서에서 모기지 시장 급락과 맞물려 천문학적 손실을 낸 것이다. 이 일로 모건스탠리는 물론이고 허블러도 2015년 개봉한 영화 〈빅쇼트〉에 불명예스럽게 등장했다. 하루 차이로 있었던 두 회사의 실적 발표로 골드만삭스는 월스트리트 최고 투자은행의 진면목을 확인시킨 반면, 모건스탠리는 2위 자리마저 위태해지며 우려의 대상이 되고 말았다.

그로부터 10년이 지난 2017년, 위기의 늪에 빠져 있던 모건스탠리가 화려하게 부활했다. 2017년 1분기, 금융위기 이후 분기 실적으론 처음 골드만삭스를 이겼는데 그게 신호탄이었다. 그 후에도 기세를 몰아 지금까지 줄곧 골드만삭스에 대한 우세를 지키고 있다. 2007년 골드만삭스의 62%에 불과하던 연간 수익이 2018년에는 골드만삭스의 110%에 달했다. 그동안 모건스탠리에선 무슨 일이 일어났던 걸까?

모건스탠리의 암흑기

투자은행의 수익은 크게 세 분야에서 만들어진다. 증권주식, 채권 발행을 주선하거나 재무적 자문을 하는 '전통 IB', 고객 거래 또는 자발적 거래를 통해 리스크를 감수하고 수익을 창출하는 '세일즈 & 트레이딩', 그리고 개인 고객의 자산을 관리하는 웰스 매니지먼트와 펀드를 조성해 운용하는 자산관리Asset Management를 아우르는 '고객 자산관리' 분야다. 이 세 분야가 어떻게 시너지를 일으키며 돌아가느냐가 투자은행

: 할리우드가 그린 월스트리트 :

지금까지 월스트리트를 바라보는 할리우드의 시선은 부정적인 경우가 많았다. 특히 2008년 글로벌 금융위기 이후 이런 분위기는 더 강해졌다. 대공황에 버금가는 경기 침체의 원인 제공자였지만 대마불사 덕에 기사회생한 월스트리트 은행들에 대한 비판이 주를 이뤘다.

가장 대표적인 영화가 〈빅쇼트〉와 〈투 빅 투 페일(Too Big to Fail)〉이다. 〈빅쇼트〉는 《라이어스 포커》, 《머니 볼》 등을 쓴 베스트셀러 작가 마이클 루이스의 원작을 영화화한 것이다. 서브프라임발 모기지 시장 붕괴를 예견한 헤지 펀드 매니저들이 월스트리트를 상대로 벌인 리스크 감수로 큰 이익을 거둔다는 내용이다. 또 이 영화에선 무모한 모기지 대출과 복잡한 파생상품 거래로 위기를 초래한 거대 은행들과 이를 방조한 신용평가사 등의 무책임한 영업 행태를 신랄하게 비판한다.

〈투 빅 투 페일〉은 유명 언론인 앤드루 로스 소킨(Andrew Ross Sorkin)의 동명 소설을 TV 영화로 만든 것이다. 2008년 8월부터 10월까지 리먼 브라더스 파산 전후의 급박한 상황을 미국 정가와 월스트리트를 배경으로 그려낸다. 재무장관 헨리 폴슨, 연준 의장 벤 버냉키 그리고 월스트리트 은행의 수장들이 대거 실명으로 등장해 흥미를 더한다. 실제 인물들의 외모, 성격, 어투 등을 아주 실감나게 연기한 배우들의 열연이 돋보인 작품이기도 하다.

의 성과를 결정짓는다.

모건스탠리는 이와 같은 투자은행 성공 공식을 어느 경쟁사보다 일찍 깨닫고 행동에 옮겼다. 그런데 문제는 누가 먼저 시작했느냐, 즉 시기가 아니라 위와 같은 세 분야를 얼마나 잘 조합하느냐 하는 그 과정에 있었다. 목표고객의 범위를 기관에서 개인으로 넓혀가는 과정에서 발생한 불협화음이 오랫동안 모건스탠리의 발목을 잡았기 때문이다.

1997년, 모건스탠리는 개인 고객에게 주식 중개 및 카드 사업을 하던 '딘위터Dean Witter, Discover & Co.'와 합병하면서 선제적으로 사업 다각화에 나섰다. 합병 이후엔 모건스탠리의 순혈주의 전통에도 불구하고 통합 회사의 CEO를 딘위터 CEO 출신 필립 퍼셀Philip Purcell이 맡았을 정도로 개인 고객 사업에 힘이 실렸다.

그런데 합병으로 소매 사업을 얻는 대신 '리스크 감수'를 포기한 게 문제가 됐다. 합병과 함께 사업의 방향이 지나치게 리스크 회피로 기울어 경쟁사들이 만끽하던 부동산 시장 활황에 편승하지 못한 것이다. 이른바 'No Risk No Return' 형국에 홀로 빠져든 모양새였다. 이런 사태를 초래한 퍼셀은 결국 모건스탠리 출신들이 중심이 된 내부 쿠데타로 인해 회사를 떠나야만 했다.

그러나 무능한 수장을 몰아낸 것이 더 큰 화근을 불러일으키고 말았다. 퍼셀과의 파워게임에서 밀려나 스위스계 투자은행 CSFBCredit Suisse First Boston의 CEO로 옮겨갔던 존 맥이 2005년 친정 모건스탠리로 복귀하면서다. 강한 카리스마를 지닌 리더의 귀환으로 직원들의 사기와 자신감이 빠르게 회복됐으며, 돌아온 맥은 '리스크 감수' 카드를 꺼내들었다. 채권 트레이더 출신으로서 모건스탠리의 무뎌진 리스크 본능을 자극하고 나선 것이다. 하지만 문제는 타이밍이었다. 부동산 활황의 끝자락에 뒤늦게 뛰어든 모건스탠리는 '리스크 감수' 전략과 시장 상황이 엇박자가 나면서 결국 앞서 말한 것처럼 골드만삭스에 한참 못 미치는 결과를 내며 2007년의 참극을 빚었다.

사실 2000년대 초반부터 본격화된 모건스탠리의 실적 부진은 단지 리스크 감수 전략의 실패 때문은 아니었다. 일찌감치 개인 고객에 눈을 뜬 웰스 매니지먼트의 선두 주자였음에도 그 기회를 제대로 살리지 못한 탓도 컸다. 합병의 목적인 딘위터의 개인 고객 네트워크와 모건스탠리의 상품 제공 능력을 결합해 안정적 수익원을 창출해야 했건만 그것을 조합하는 과정에서 실패한 것이다. 그 원인은 퍼셀이 중심이 된 딘위터계 경영진과 모건스탠리계 경영진 간의 극심한 갈등에 있었다. 결국 퍼셀이 하차하고 맥이 복귀하면서 이들의 갈등은 봉합됐지만 웰스 매니지먼트 사업의 바닥 찾기는 그 후로도 오랫동안 지속됐다. 2004년 모건스탠리의 웰스 매니지먼트 사업 마진율은 8%에 그쳐 주요 경쟁사인 메릴린치의 19%, 씨티그룹의 22%와 비교가 안 될 정도로 부진했다.

이런 분위기에서 복귀한 맥의 최우선 구조조정 대상은 당연히 '세일즈 & 트레이딩'과 '웰스 매니지먼트'였다. 세일즈 & 트레이딩의 두 축인 주식과 채권 가운데 꾸준히 업계 1, 2위를 다투던 주식 부문은 손댈 게 없었다. 문제는 채권이었다. 퍼셀 전 CEO 시절에 이빨 빠진 호랑이가 되어버린 채권 부문을 되살리는 게 관건이었다. 다행히도 맥은 채권으로 잔뼈가 굵은 사람이었고, 모건스탠리에 다시 채권 리스크 감수의 활기를 불어넣는 일은 그에게 결코 어려운 과제가 아니었다.

최대 도전은 웰스 매니지먼트였다. 딘위터와의 합병 후 얽히고설켜 완전히 꼬여버린 매듭을 푸는 일을 모건스탠리 출신이 맡기에는 아무래도 무리였다. 관련 분야의 유능한 인재들은 이미 회사를 떠난 상황이었고, 웰스 매니지먼트는 모건스탠리가 경쟁력을 갖춘 부분이 아니었다. 맥은 적임자를 찾기 위해 인맥을 최대한으로 가동했고, 때마침 세계 최대 자산 운용사 블랙록BlackRock의 래리 핑크Larry Fink 회장이 투자은행 메릴린치 출신을 소개하며 적극 추천했다. 바로 제임스 고먼이었다.

월스트리트에 입성한 아웃사이더

고먼은 호주 멜버른 출신이다. 엔지니어 아버지와 응급실 간호사로 일하던 어머니 사이에서 10남매 중 여섯째로 태어났다. 형제간 우애가 깊었고 그 속에서 고먼은 남에 대한 배려와 인내를 배우며 자랐다. 고먼의 아버지는 아이들에게 어떤 스트레스 상황에서도 침착하게 대처하는 능력을 키워주려고 노력했다. 물론 한집에서 10명의 형제자매가 부딪치며 사는 삶 자체도 이런 능력을 기르는 데 도움이 되지 않았을까 싶다. 웬만해선 냉정을 잃지 않고, 무미건조하다는 인상을 줄 정도로 차분한 고먼의 성향은 이런 가정교육에 힘입은 바 크다. 게다가 청소년기 교육을 멜버른의 보수적인 천주교 기숙 사립학교에서 받은 것도 영향을 미쳤다.

영특했던 고먼은 남들은 겨우 대학을 졸업할 나이인 23세에 로스쿨까지 마치고 변호사 자격을 취득했다. 첫 직업으로 법조계를 택한 건 현재 호주 대법관인 누나와 변호사인 또 다른 누나의 영향이었다. 고먼은 고향 멜버른의 한 로펌에서 변호사로 일을 시작했다. 그런데 얼마 지나지 않아 자신의 미래를 놓고 고민에 빠져들었다. 변호사로서 자질이 있는지 점차 의문이 생긴 것이다. 참모 역할에 머물 수밖에 없는 변호사라는 직업의 한계에도 적잖이 실망했다. 결국 변호사의 길을 접기로 결심한 고먼은 새로운 가능성을 모색한다.

그때 그의 시야에 들어온 것이 미국 경영학 석사MBA였다. 기회의 땅 미국으로 건너가 당시 한창 주가가 오르던 MBA 학위를 취득해 새로운 미래를 개척하겠다는 목표를 세웠다. 이에 고먼은 4년의 변호사 생활을 접고, 금융의 중심지 뉴욕에 있는 컬럼비아 경영대학원에 진학했다. 유학으로 좁디좁은 멜버른의 법조계를 벗어나게 됐지만 동시에 고먼이 미국에서 맞닥뜨리게 된 것은 아웃사이더의 길이었다.

미국 유학 시절, 고먼은 당시 개봉한 호주 코미디 영화 〈크로커다일 던디'Crocodile' Dundee〉 덕에 유명세를 치르기도 했다. 호주 출신인 데다 축구를 하다 팔에 생긴 큰 상처 때문에 영화의 주인공인 악어 사냥꾼 크로커다일 던디로 통했던 것이다. 전 세계적으로 흥행에 성공한 이 영화 덕분에 호주에 대한 미국인의 친근감이 높아지면서 이런 일도 겪었지만, 영국 가수 스팅의 노래 〈잉글리시맨 인 뉴욕Englishman in New York〉의 가사처럼 악센트가 다른 영어를 구사하는 이방인이라는 태생적 한계를 벗어날 순 없었다.

MBA 학위를 받은 고먼은 호주로 돌아가지 않고 미국에 남기로 결정했다. 지금도 그는 이 결정에 대해 농담 반 진담 반으로 "공부하느라 받은 24% 고금리 학자금 대출 3만 5,000달러를 갚기 위해 남았다"라고 얘기하지만, 뉴욕에서 새로운 기회를 찾고 싶은 아메리칸 드림이 강하게 작용했을 것이다.

1987년 졸업과 함께 입사한 첫 직장은 글로벌 컨설팅사 맥킨지McKinsey & Co.였다. 대학원에서 습득한 경영 이론과 맥킨지의 축적된 지적 자산에 기반한 컨설팅 업무를 통해 기업 경영을 간접 경험할 기회를 갖게 된 것이다. 맥킨지에서 컨설턴트로 일하며 지식과 경험만 얻은 건 아니었다. 더 중요한 것은 전략적 사고와 팀플레이를 익혔다는 점이다. 바로 이 두 가지가 고먼을 월스트리트의 다른 리더들과 차별화시키는 요인이다. 맥킨지에서 그는 컨설턴트로서 고객사의 전반적 프로세스를 들여다보며 사업을 진단하고 개선 방향을 제시해 차이를 만들어낸다는 점에서 자신이 선망하던 중요 의사결정자의 위치에 한발 더 다가설 수 있었다. 맥킨지를 거쳐간 많은 선후배가 컨설팅이라는 '간접 경영'에 그치지 않고 각 분야 요직에서 '현장 경영'에 참여하고 있다는 점도 상당히 고무적이었다.

고먼은 특히 금융에 전문성을 갖고 월스트리트 금융회사들을 상대로 컨설팅을 수행했다. 맥킨지에서 고먼이 시니어 파트너직에 올랐을 때 드디어 기회가 찾아왔다. 1999년 최대 고객사인 메릴린치가 신설한 최고마케팅책임자 자리를 고먼에게 제안한 것이다. 평소 고먼을 눈여겨본 데이비드 코만스키David Komansky 당시 메릴린치 CEO가 직접 영입에 나섰다. 고먼은 맥킨지 시절의 대부분을 메릴린치 컨설팅 업무에 매달렸고 특히 인터넷 열풍이 휩쓸던 1990년대 후반 메릴린치의 온라인 전략 수립에 크게 기여한 점을 인정받았다.

메릴린치는 월스트리트의 여느 투자은행들과 달리 개인 고객을 상대로 증권을 중개하고 자문하는 소매 사업의 비중이 매우 큰 회사였다. 그런 만큼 마케팅의 역할이 다른 투자은행보다 중시되었는데, 그 첫 번째 책임자로 고먼이 낙점된 것이었다. 고먼은 코만스키의 제안을 받아들였다. 그렇게 그는 월스트리트에 발을 들여놓았다.

'메릴린치 턴어라운드'의 주인공으로 주목받다

코만스키는 고먼에 대해 "맥킨지 출신답지 않게 지적·인간적 능력의 균형을 갖췄다"라고 평가했다. 맥킨지 출신은 '똑똑하지만 사람을 다루는 기술은 떨어진다'라는 편견을 고먼이 깨주었다는 뜻이다. 고먼이 변호사 출신의 컨설턴트이니 논리적·분석적 능력이야 충분히 갖췄겠지만 아마도 공감 능력은 부족할 것이란 편견에 대한 답변이기도 했을 것이다. 코만스키가 인정한 고먼의 인간적 능력의 배경에는 앞서 말한 특별한 성장 환경도 큰 부분을 차지한다. 10남매 대가족의 일원으로 살아가려면 서로를 이해하고 배려하는 게 필수였을 테니까 말이다.

하지만 실제 고먼의 행동에서는 종종 반전도 발견되었다. 회사를 위한 일이라 생각되면 인정에 매몰되지 않고 매우 현실적인 의사결정을 내리는 냉혹한 모습도 드러낸 것이다. 메릴린치로 옮긴 지 2년이 채 되지 않아 2001년 웰스 매니지먼트의 총책임자 자리에 오른 고먼은 핵심 부서인 증권 중개 부문에 구조조정의 칼날을 들이댔다. 찰스 슈왑Charles Schwab, 이트레이드E-Trade 등 온라인 중개사들의 약진에 대응하기 위해 전체 중개인의 3분의 1을 줄이고 전체 지점의 4분의 1을 폐점하여 사업 마진을 높였다. 고객군도 자산 규모에 따라 차등화해 10만 달러 미만의 자산 고객은 콜센터에서 관리하도록 하는 등 비용 절감에 박차를 가했다.

그뿐만이 아니었다. 메릴린치의 오랜 기업 문화를 뜻하는 말이자 성역聖域이기도 한 '마더 메릴Mother Merrill'*에도 메스를 댔다. 기업 문화라는 명분으로 계속되던 증권 중개인들의 낭비적 비용 지출에 제동을 건 것이다. 이 같은 구조조정 과정에서 월스트리트 출신이 아닌 데다 메릴린치 증권 중개인 경험도 전무한 '아웃사이더' 고먼은 극심한 반발에 부딪힐 수밖에 없었다.

그러나 어쨌든 고먼의 진두지휘로 치러진 마진 회복 작전은 대성공을 거두었다. 한 자릿수로 급락하던 마진율을 돌려세워 2005년에는 20%로 끌어올렸다. 재무적 수치에서만 변화가 나타난 게 아니었다. 인터넷 버블이 터지면서 불거진 '이해상충'으로 인한 회사의 부정적 이미지를 회복하는 마케팅을 펼칠 때도 고먼이 중심에 있었다. 주식 리서치 부문과 IB 사업부 간의 주식 리포트를 둘러싼 공모 스캔들**로 메릴린치의 평판이 바닥에 떨어졌을때 고먼은 스캔들에 직접 연루된 사업 부문의 이미지 개선을 위한 '토털 메릴Total Merrill' 광고 캠페인을 펼쳐 성과를 냈다.

---

* 직원과 고객에 대한 모성애 혹은 온정주의로 표현될 수 있는 메릴린치의 기업 문화를 가리킨다. 경쟁과 이익보다 안정을 중시하는 문화이다 보니 보수적인 면이 강했다.

** 1990년대 후반 인터넷 열풍으로 관련 스타트업들의 IPO가 줄을 잇자 IB 사업부의 IPO 비즈니스를 지원할 목적으로 주식 리서치 부문의 애널리스트들이 해당 스타트업에 대해 우호적인 리포트를 출간해 논란을 불러일으켰다.

이 모든 성과를 계기로 고먼은 평범한 전략가 이미지에서 벗어나 추진력과 집행력을 갖춘 실무 경영자임을 입증했다. 동시에 월스트리트에서 웰스 매니지먼트로 대표되는 소매 사업의 턴어라운드 최고 전문가 위치로 올라섰다. 그런데 그로부터 얼마 후 코만스키가 CEO 자리에서 물러나자 고먼의 입지에 그림자가 드리웠다.

새 CEO와의 갈등, 그리고 한 통의 전화

코만스키는 고먼이 지금도 자신이 월스트리트에서 만난 첫 멘토라고 말할 정도로 진심으로 존경하며 가깝게 지낸 인물이다. 컨설턴트와 고객으로 만나 함께 일한 인연도 있거니와, 코만스키 본인이 증권 중개인 출신이었던지라 고먼이 맡은 업무 영역에 대한 이해도와 관심이 남달랐다. 그러던 중 2003년 코만스키의 후임으로 증권 중개인 경험이 전무한 스탠리 오닐Stanley O'Neal이 임명된 것이 고먼에게는 부정적 영향을 끼쳤다. 자본시장과 기관 고객 전문가인 오닐은 메릴린치의 안정된 소매 사업 모델에 만족하지 못하고 골드만삭스와 같은 공격적인 리스크 감수 사업 모델로 전환하고자 했다. 그러므로 오닐이 2000년대 초반 서브프라임 모기지 관련 파생상품 투자에 적극 나선 것은 당연한 수순이었다. 심지어 '마더 메릴'로 대변되는 안정 추구, 장기 고용 문화까지 '성과주의'로 대체하면서 직원들이 극도의 경쟁에 내몰렸다.

코만스키가 회사를 떠난 후 고먼과 오닐 간 갈등의 골은 점점 깊어졌다. 복잡하고 위험한 파생상품을 거래하고 고객에게 판매해 수익을 올리려는 오닐과 메릴린치의 전통적 사업 모델을 지키려는 고먼의 대립은 예상된 일이었다. 이는 고먼의 개인적 성향에서 비롯된 일이기도 하다. 윗사람의 뜻을 앞서 살피며 정치적 행동을 하는 데 익숙지 않은 고먼은 오닐에게 자신의 의견을 전할 때도 돌려 말하는 법 없이 직설적이었다. 결국 차기 CEO 후보군에까지 이름을 올리던 고먼의 입지가 흔들리기 시작했다. 오닐은 회사를 떠난 인물을 다시 불러들여 고먼의 윗자리에 앉히는가 하면, 업무 성격이 불분명한 자리를 만들어 고먼을 임명하는 좌천성 인사를 하기도 했다. 향후 진로에 대한 고먼의 고민은 나날이 깊어갔다.

메릴린치를 비롯한 월스트리트 투자은행들의 리스크 감수가 절정으로 치닫던 2005년의 어느 날, 고먼은 한 통의 전화를 받았다. 그리고 그 전화는 고먼에게 정확히 3년 후 역사의 뒤안길로 사라질 메릴린치* 로부터의 탈출구를 제공했다. 그날 고먼에게 전화를 건 사람은 존 맥, 당시 모건스탠리의 CEO였다.

맥은 지금까지도 가장 존경받는 '모건스탠리맨'으로 꼽힌다. 대학을 졸업하고 모건스탠리에 입사해 30년 넘게 일하는 동안 회사의 굴곡진 역사의 중심에 섰던 인물이기 때문이다. 듀크대학에 풋볼 장학금을 받고 입학할 정도로 스포츠맨이던 맥은 강렬한 카리스마 리더십을 보였다. 모건스탠리에 채권 사업부를 세워 월스트리트 최고 반열로 끌어올

---

* 2008년 9월, 메릴린치는 서브프라임 파생상품 투자 실패로 유동성 위기에 빠지며 뱅크 오브 아메리카에 인수되었다. 현재는 모기업 뱅크 오브 아메리카의 웰스 매니지먼트 사업부로 남아 있다.

렸고, 리스크 감수 문화의 기틀을 마련한 장본인이기도 했다. 선견지명도 뛰어나 다른 투자은행들이 전통 IB와 리스크 감수에 몰두하던 1997년 딘위터와의 합병을 주도하여 사업다각화의 포석을 놓았다. 하지만 그 후 모건스탠리에 흑역사가 시작되었으니, 그에 관해서는 이 장의 도입부에서 서술한 바 있다.

전화 통화 후 맥은 고먼을 직접 만났다. 인터뷰 격인 그 만남에서 맥에게 비친 고먼의 첫인상은 한마디로 '절제'였다. 소위 잘나가는 월스트리트 금융인이 풍길 법한 자기과시를 고먼에게서는 전혀 발견할 수 없었다. 고먼은 "모건스탠리에서 일하고 싶다"라고 간단명료하게 이직 의사를 밝힐 뿐이었다. 과감하고 매서운 리더십으로 부하 직원들의 충성을 끌어내는 맥은 고먼에게서 자신과는 확연히 다른 리더의 자질을 발견했다.

모건스탠리를 월스트리트 최고의 웰스 매니지먼트 회사로 변신시키다

2006년 2월, 고먼은 모건스탠리의 웰스 매니지먼트 사업부 총책임자로 자리를 옮겼다. 고먼이 맥에게서 받은 특명은 두말할 것도 없이 웰스 매니지먼트 사업의 정상화였다. 얼핏 보기에는 메릴린치의 데자뷔라고 할 미션이었지만 모건스탠리의 당시 상황은 그보다 훨씬 심각했다.

마진율은 역대 최저 기록을 갱신하며 매 분기 바닥 찾기에 들어간 모습이었다. 고먼이 합류할 즈음인 2006년 중반에는 마진율이 2%를 기록하며 적자 진입을 눈앞에 두고 있었다. 문제의 핵심도 메릴린치와 달랐다. '마더 메릴'에 취한 방만한 운영이 메릴린치의 부진을 초래했다면, 모건스탠리는 합병 후 파워게임에 바빠 제대로 된 투자가 이뤄지지 못한 채 사업부를 오랫동안 방치해둔 것이 실적 부진의 원인이었다.

극도로 보수적인 경영에 매몰돼 있던 퍼셀 전 CEO는 신규 투자를 꺼렸다. 웰스 매니지먼트 사업에서 가장 중요한 인프라의 하나인 고객 플랫폼도 다른 경쟁사에 비하면 초라한 수준이었다. 자연히 능력 있는 관리자와 일선의 금융 어드바이저financial advisor들은 씨티, 유비에스, 메릴린치 등 다른 경쟁사로 옮겨갔다. 더 큰 문제는 그들만 떠난 것이 아니라 고객도 함께 데리고 갔다는 점이었다.

해결책으로 고먼은 투 트랙 전략을 썼다. 우선 첫 번째 트랙으로 메릴린치에서 휘둘렀던 매서운 칼을 다시 꺼내 들었다. 고위 관리자의 90%를 물갈이하고 성과가 낮은 금융 어드바이저 2,000명을 해고했다. 이와 함께 조직 통합에도 나섰다. 합병 이후에도 어중간하게 나뉘어 갈등의 온상이던 모건스탠리와 딘위터의 각 사업부를 하나의 그룹으로 통합한 것이다. 동시에 목표고객을 세분화해 고액 자산가에 집중하는 고마진 마케팅 전략을 펼쳤다. 이 첫 번째 트랙은 메릴린치에서 시도해본 효율성 회복 처방과 매우 유사했다.

두 번째 트랙으론 차별화 전략을 펼쳤다. 메릴린치와 달리 모건스탠리는 기관 고객 대상 사업에 강점이 있었고, 고먼은 그 점을 100% 활용했다. 기관 고객을 대상으로 하는 IB 사업부와 트레이딩 & 세일즈 사업부의 상품 개발 및 제공 역량을 개인 고객으로까지 넓힌다는 복안이었다. 합병 후유증으로 내적 갈등이 극심하던 시기에는 불가능한 시도였다. 퍼셀의 측근들이 장악한 웰스 매니지먼트와 그들에게 거부감을 가진 기관 고객 대상 사업부들 간의 협업이란 요원한 것이었기 때문이다. 하지만 고먼이 합류한 뒤엔 상황이 180도 달라졌다. 모건스탠리 출신도 딘위터 출신도 아닌 중립적 아웃사이더 고먼이 웰스 매니지먼트의 운전대를 잡자 반감이 적어진 것이다. 게다가 존경받는 모건스탠리맨 맥이 든든한 후원자 역할을 해주었다.

투 트랙 전략의 성과는 이내 나타났다. 효율성 증대에 차별화가 더해진 쌍끌이 작전이 주효했다. 고먼이 합류한 지 1년이 지난 2007년, 마진율이 21%를 기록하며 1년 전 2%에서 그야말로 퀀텀 점프quantum jump를 했다. 1997년 이후 파워게임 탓에 억눌려 있던 합병의 시너지가 제대로 된 리더십을 만나자 한순간에 분출한 것이었다.

웰스 매니지먼트의 극적인 턴어라운드는 맥을 포함한 모건스탠리 경영진에 깊은 인상을 남겼다. 가장 중요한 것은 마침내 개인 고객 사업의 가능성을 눈으로 확인할 수 있었다는 사실이다. 사실 월스트리트 투자은행 가운데 메릴린치 말고는 개인 고객 사업이 전체 사업의 주축이 되는 경우가 극히 드물었다. 대부분의 투자은행은 태생이 기관 고객을 대상으로 자본의 수요와 공급을 연결해주는 전통 IB 사업이었고, 1990년대와 2000년대 초에는 트레이딩 & 세일즈 사업이 부상하며 IB와 양대 축을 형성했기 때문에 개인 고객 사업이 비집고 들어갈 틈이 없었다. 게다가 웰스 매니지먼트 등 개인 고객 사업은 큰돈은 되지 않으면서 금융 어드바이저, 지점망 등의 관리에 비용만 많이 드는 저마진 사업이라는 인식이 팽배했다.

복귀 후 리스크 감수 문화 회복에 몰두하던 맥에게 고먼이 이끄는 웰스 매니지먼트 사업부의 부상은 천군만마를 얻은 것과 같았다. 그럼에도 모건스탠리의 주류는 여전히 IB와 트레이딩 & 세일즈였다. 적어도 2007년 부동산 관련 투자에서 엇박자를 내기 전까지는 그랬다.

존폐 위기에 처한 모건스탠리의 궤도 수정을 이끌다

앞서 언급한 대로 2005년 컴백 후 맥은 리스크 감수를 강하게 밀어붙였다. 그리하여 2007년 말 모건스탠리의 리스크 감수 규모는 2005년 초 대비 35% 늘어났고, 증가한 리스크 감수는 여전했던 부동산 활황 덕에 실적으로 보상받을 수 있었다. 부동산 모기지 관련 리스크 감수를 주도한 채권 사업부의 2006년 실적은 전년 대비 40%나 증가해 역대 최고치를 기록했다. 따라서 고먼의 웰스 매니지먼트 사업부는 성공적 턴어라운드에도 불구하고 채권 사업부의 명성에 가려 사내 존재감이 미미했다. 2006년 회사 전체 수익에서 차지하는 비중이 8%에 불과했으니 말이다. 하지만 그로부터 얼마 지나지 않아 상황은 급반전되었다.

모기지 시장의 붕괴로 초래된 투자은행의 위기가 특히 채권 사업부의 위기로 직결된 것이다. 모기지 대출은 복잡한 파생상품으로 재포장되어 팔려 나갔고, 이를 거래하고 위험을 감수한 게 채권 트레이딩이었기 때문이다. 2006년에 터트린 샴페인으로 목을 축이기도 전인 2007년, 모건스탠리 채권 사업부의 실적은 전년 대비 -93%를 기록했고, 회사 전체 실적도 반토막이 났다.

2007년 모기지발 어닝 쇼크가 모건스탠리를 혼돈에 빠지게 했다면, 2008년의 본격적 금융위기는 모건스탠리를 존폐 위기로 몰아넣었다. 업계 1, 2위를 다투던 투자은행이 이제는 파산 1순위로 전락한 신세가 되었다. 일찌감치 베어스턴스Bear Stearns는 제이피모건 체이스JPMorgan Chase 차지가 되고, 리먼 브라더스는 파산하고, 메릴린치는 뱅크 오브 아메리카BOA에 팔려가면서, 다음 차례는 모건스탠리가 될 것이라는 관측이 공공연한 사실로 받아들여졌다.

일순간에 모건스탠리 위기의 주범으로 추락한 맥은 결자해지의 심정으로 문제 해결에 나섰다. 우선 말라버린 자금을 수혈하는 게 급선무였다. 하지만 투자은행에 대한 신뢰가 땅에 떨어지고 모두 같은 처지가 되어버린 국내에서 자금을 유치하는 건 불가능했다. 결국 해외로 눈을 돌려야만 했다. 맥은 이미 2007년 12월에 모기지 투자 손실을 충당하기 위해 중국투자공사CIC로부터 50억 달러 투자를 유치한 경험이 있었다. 이번에도 믿을 곳은 상대적으로 위기의 영향이 적었던 아시아였다. 일본 최대 은행 미쓰비시 UFJ 파이낸셜 그룹Mitsubishi UFJ Financial Group에서 90억 달러를 투자받았다. 여기에 미국 정부가 나서 100억 달러 자본금을 투입하며 '대마불사'의 쐐기를 박았다.

모건스탠리는 긴급 수혈로 발등의 불을 끄며 파산 위기를 모면할 수 있었지만, 무너진 명성을 회복하고 정상 궤도에 오르기까지는 험난한 여정이 기다리고 있었다. 이제 고먼이 나설 차례였다. 고먼은 컨설턴트 출신이자 비주류 아웃사이더로서 기존 사고의 틀을 깨는 변화를 이끌기에 최적의 인물이라는 공감대가 형성돼 있었다. 이에 공동 사장 겸 최고전략책임자로 임명돼 회사의 대대적인 궤도 수정을 이끌게 됐다. 웰스 매니지먼트 턴어라운드 전문가에 그치지 않고 이번엔 거대 투자 은행의 사운을 건 회생 작업을 책임지게 된 것이다.

이렇게 고먼은 2인자 자리에 오르면서 자연스럽게 맥의 뒤를 이을 유력한 차기 CEO 후보 둘 중 하나로 이름을 올리게 됐다. 고먼과 공동 사장을 맡은 기관 고객 및 IB 총책임자 왈리드 샤마Walid Chamma는 모건스탠리의 리스크 감수 재건을 책임지며 고먼과 경쟁 구도를 형성했다.

고먼은 2년 전 웰스 매니지먼트의 합병 후유증을 치료할 때 세워둔 중장기 전략을 실행에 옮겼다. 출발점은 웰스 매니지먼트를 안정시킨 후 분리해 다른 금융회사에 매각하거나 반대로 다른 회사를 인수해 웰스 매니지먼트의 덩치를 키우는 옵션 가운데 하나를 선택하는 것이었다. 웰스 매니지먼트는 사업의 특성상 고정 비용이 크고 네트워크가 중요해 '규모의 경제' 논리가 지배한다는 걸 염두에 둔 전략이었다.

금융위기를 겪으며 수수료 수입을 기반으로 한 안정적 수익의 필요성을 절감하던 때라 선택지는 후자로 기울었다. 고먼은 생존을 위한 자금 마련을 위해 너나없이 사업 축소에 나서던 월스트리트의 당시 분위기를 기회로 삼았다. 물론 시기가 좋지 않다는 내부 반발도 있었지만 컨설턴트가 고객을 대하듯 논리 정연한 소통으로 설득해나갔다.

고먼은 인수 대상으로 모건스탠리 웰스 매니지먼트의 1.5배 규모인 씨티그룹의 스미스 바니Smith Barney를 정조준했다. 스미스 바니는 웰스 매니지먼트 사업을 한다면 누구나 탐내던 회사였다. 평소 같으면 치열한 인수 경쟁으로 성사를 장담하기 어려운 대상이었다. 그런 회사를 고먼이 선택한 데는 여러 가지 이유가 있었지만 무엇보다 씨티그룹이 처한 상황과 그 경영진의 성향을 읽어냈기 때문이다. 씨티그룹은 부동산 관련 파생상품 손실뿐 아니라 회계 처리 문제 등으로 시장의 신뢰를 잃어 유동성 고갈의 위험에 처해 있었다. 자연히 계열사 매각을 통한 자금 마련이 절실했다. 스미스 바니를 매각할 경우 가장 유력한 매수처로는 스위스계 은행 유비에스UBS와 메릴린치가 거론됐지만 유비에스는 이미 막대한 투자 손실을 입은 상태였고, 또 메릴린치는 뱅크 오브 아메리카에 인수될 운명이라 여력이 없었다.

씨티그룹 경영진의 배경도 결정적 역할을 했다. 당시 씨티그룹의 CEO 비크람 판디트Vikram Pandit와 사장 존 헤이븐스John Havens는 모두 모건스탠리 IB 출신이었다. 특히 두 사람 모두 퍼셀 전 CEO와의 갈등으로 모건스탠리를 떠났다는 공통점이 있었다. 고먼은 그들에게 스미스 바니는 딘위터와 유사한 존재, 즉 그들에게 씨티그룹의 생존을 위해 버리는 카드가 될 수 있다고 예상했다.

리먼 브라더스가 침몰하며 위기감이 절정으로 치닫던 2008년 10월, 맥과 고먼은 판디트 씨티그룹 CEO에게 전화를 걸어 조심스럽게 매각 의사를 타진했다. 맥과 고먼의 형세 판단은 정확했다. 얼마 지나지 않아 판디트가 제안을 받아들였다. 매각 논의는 급물살을 탔고, 2009년 1월 모건스탠리 웰스 매니지먼트와 스미스 바니는 합병을 발표했다. 씨티그룹에 27억 달러를 지불하고 합병 회사의 지분 51%를 확보한 모건스탠리는 일거에 금융 어드바이저 1만 8,000명에 고객 자산 1.5조 달러를 갖춘 초대형 웰스 매니지먼트 회사로 도약할 수 있었다.

모건스탠리를 다시 위대하게

모건스탠리의 스미스 바니 인수는 역발상 투자의 성공 사례로 평가받는다. 모든 자산 가격이 곤두박질치고 다들 떨어지는 칼날을 피하려고만 할 때 평소 품고 있던 신념을 실행에 옮긴 고먼의 결단이 돋보인다. 반면 같은 기간 맥과 샤마가 주도한 리스크 감수 사업은 실망스러웠다. 2007년의 엇박자가 계속된 탓이다. 금융위기 이전엔 뒤늦게 리스크 감수 사업에 뛰어들어 사달이 났다면, 이번엔 좀 더 버티지 못하고 너무 빨리 리스크 감수 규모를 줄인 게 문제였다. 2009년 자산시장 전반이 바닥을 확인한 후 급반등하던 시기에 그 기회를 제대로 살리지 못한 것이다.

웰스 매니지먼트와 리스크 감수 사업의 상반된 실적은 2009년 말 있었던 차기 CEO 인선에 큰 영향을 미쳤다. 여기에 승계 계획의 정점에 있는 이사회의 상황 인식에도 큰 변화가 있었다. 2005년 맥을 복귀시킬 때와는 정반대 분위기였다. 일부 사업으로 인해 회사의 생존이 위협받는 상황이 다시 반복돼선 안 된다는 데 의견이 모아진 것이다. 이에 따라, 고객 간 자본을 중개하고 고객에게 적합한 투자 상품을 제공해 안정적 수수료 수입을 올리는 모건스탠리의 전통적 사업 모델로 회귀하는 데 방점을 찍었다. 그리고 모건스탠리의 대전환을 주도할 차기 CEO로 고먼을 만장일치로 낙점했다.

CEO 역할이
어려운 점 중 하나는
운영자인 동시에
전략가여야 하기 때문이다.

"Morgan Stanley CEO James Gorman Is The Australian Fixing Wall St Culture" (2018. 9. 13).
The Australian Financial Review.

© Getty Images Bank

고먼이 2009년 CEO 취임 일성으로 내세운 것은 '웰스 매니지먼트를 키우고 트레이딩은 구조조정하는 것'이었다. 먼저 개인 고객에게 금융 전반 서비스를 제공하는 웰스 매니지먼트를 전통 IB와 함께 수수료 수입의 쌍두마차로 삼았다. 금융시장 변동과 무관하게 안정적 현금 흐름을 만든다는 복안이었다. 이를 위해 2013년까지 두 차례에 걸쳐 스미스 바니와의 합병사 지분을 추가로 인수해 100% 지분을 확보했다. 그러자 규모가 커진 웰스 매니지먼트는 높아진 마진으로 응답했다.

다음으로 트레이딩에서는 '선택과 집중' 전략을 펼쳤다. 경쟁력 있는 주식 사업부는 자원을 집중해 덩치를 키운 반면, 위기의 원인 제공자였던 채권 사업부는 체중 감량에 들어갔다. 주식 부문에선 고빈도매매High Frequency Trading; HFT* 및 퀀트 펀드 고객에게 초점을 맞춰 이트레이딩electronic trading에 집중 투자했다. 패시브·인덱스 펀드로도 고객군을 넓혀나갔다. 고빈도매매가 미국 전체 주식 거래의 55%에 달하고 패시브·인덱스 펀드가 대세로 자리 잡은 현 상황에 비추어보면 고먼의 결정은 판세 변화를 정확하게 예측하고 행동에 옮긴 것으로 판단된다. 동시에 고먼은 기존 액티브 펀드 고객도 소홀히 대하지 않았다. 비용 압박에도 불구하고 섹터별 전문성을 갖춘 주식 영업specialty sales팀을 계속 유지해 헤지 펀드 등 기관 투자자들의 종목 선정을 지원했다. 그 밖에 주식 트레이딩에 업계 최대 규모의 자본금을 할당해 경쟁력을 키웠다. 자본금

---

* 대규모 투자은행, 헤지 펀드 등 기관 투자자가 활용하는 자동 거래 플랫폼으로서 강력한 기능의 컴퓨터를 사용해 대량 주문을 매우 빠른 속도로 처리한다.

을 많이 쌓을수록 리스크 감수의 규모를 키울 수 있어 대고객 거래에 유리하기 때문이다.

이렇게 전폭적 지원을 받은 주식과 달리 채권 트레이딩은 칼바람을 맞았다. 고먼의 친정 회사인 맥킨지의 컨설팅을 받아 직원의 25%를 감축하고 채권 관련 리스크의 30%를 줄였다. 웰스 매니지먼트를 중심으로 대고객 거래에 집중하는 안정된 투자은행을 추구했으나 채권 트레이딩이 발목을 잡는 상황이 반복되자 악순환을 끊기 위해 내린 결단이었다. 무엇보다 놀라운 것은 주식 트레이더 출신을 채권 트레이딩의 수장 자리에 앉혔다는 사실이다. 아예 주식 트레이딩의 DNA를 채권 트레이딩에 옮겨 심겠다는 초강수로 읽히는 조치였다.

이런 내용으로 고먼은 지난 10년 동안 파격적 변화를 주도해나갔다. 과연 그것은 어떤 결과를 낳았을까? 우선, 웰스 매니지먼트를 안정된 수익 창출의 엔진으로 삼는다는 전략은 큰 성공을 거두고 있다. 회사 전체 수익의 25%에 불과하던 웰스 매니지먼트의 비중은 스미스 바니를 인수한 후 꾸준히 증가해 2019년 43%에 달하게 되었다. 여기에 전통 IB까지 더하면자산 운용 포함 전체 수익의 65%를 리스크 감수가 아닌 수수료로 벌고 있어 견고하고 안정적인 사업 구조를 완성했다.

주식 트레이딩도 승승장구하고 있다. 채권은 접어두고 주식을 선택해 집중적으로 투자하자 어느덧 그 결실을 거두어, 지난 3년 동안 수익 기준으로 업계 1위 자리를 놓치지 않고 있다. 2009년까지는 3위권에도 들지 못했으니 실로 놀라운 도약이다.

한편 비중을 축소한 채권 트레이딩 또한 바닥 탈출에 성공했다.

2015년 4분기를 분기점으로 반등을 시작한 채권 트레이딩은 2017년 1분기에는 처음으로 골드만삭스를 앞질렀다. 물론 골드만삭스 FICC가 워낙 부진했던 탓도 있지만, 체중을 줄이고 홈런 타자가 아닌 3할 타자로 목표를 바꾼 후 몸놀림이 한결 가벼워진 게 주효했다.

이렇게 웰스 매니지먼트와 주식을 투톱으로 내세우고 채권에 후방 수비를 맡긴 모건스탠리는 최근 들어 전통 IB를 제외한 모든 부문에서 골드만삭스를 앞지르는 양상이다. 특히 트레이딩에서 골드만삭스의 독주에 제동을 걸었다는 점이 매우 고무적이다. 이제 월스트리트의 관심은 고먼의 승부수가 빚어낸 지금의 우세가 지속가능할 것인가에 모아지고 있다.

고먼은 미국에서 한 번도 주류인 적이 없었다. 호주 출신이라는 태생적 배경도 늘 그를 따라다녔고, 컨설턴트 출신으로 월스트리트에 진입할 때도 전통 은행 업무가 아닌 마케팅 전문가로 경력을 시작했기에 주류가 되기 위한 조건과는 거리가 멀었다. 월스트리트에서 성공의 사다리를 오르려면 IB든 트레이딩이든 신입으로 시작해 도제식 훈련을 받고 경쟁에서 생존하는 수순을 거치는 것이 일반적인데 그는 출발부터가 달랐던 것이다. 하지만 고먼은 자신의 남다른 배경을 오히려 지렛대로 삼았다. 연고 없는 비주류 아웃사이더로서 인정에 얽매이지 않고 문제 해결에 집중하는 컨설턴트의 자세를 견지한 것이다.

고먼이 지닌 배경 못지않게 그의 리더십도 특별하다. 강력한 카리스마로 직원들의 충성심을 이끌어내는 IB나 트레이더 출신들과는 결이 다르다. 매사에 절제하는 유형이며 그만큼 조심스럽다. 사적 감정은 철저히 배제하며 철두철미하다. 그러다 보니 누구에게나 격식을 갖추어 말하고 좀처럼 곁을 내주지 않는 편이다. 무엇보다도, 전략적 접근 방식이 습관화되어 있다. 연초가 되면 그해 목표 10가지를 정해 메모한다. 그리고 성취도를 중간중간 계속 점검한다. 연간 목표와 함께 중기 및 장기 전략도 수립해 적어두고 수시로 확인한다. 가장 놀라운 습관은 수익 점검이다. 매일 저녁 책상에 앉아 회사의 주요 사업 및 지역별 세부 수익을 확인해 손글씨로 메모한다. 현재의 사업 상황을 눈으로 읽고, 손으로 느끼고, 머릿속에 새기려는 일종의 '의식'이다. 물론 이 모든 게 지나친 세세함으로 비칠 수도 있다. 하지만 이토록 꼼꼼한 그의 리더십이 있었기에 모건스탠리가 위기 속에서도 생존할 수 있었고 지금의 위치에 서게 됐다는 데는 아무도 이견이 없을 것이다. 고먼이 가는 곳엔 늘 거대한 변화가 뒤따랐다.

3부

경계는 없다

세상의 긍정적 변화를 이끌어라

Intro

어느 산업이나 그 산업을 대표하는 인물이 있다. 한 산업을 떠올리면 자연스럽게 연상되는 인물이 있는 것이다. 이들에게서는 몇 가지 공통점이 발견된다. 우선 뛰어난 소통과 설득 능력을 지녔다. 내부적으로는 조직 구성원들에게 현재 상황을 인식시키고 자신의 비전을 공유한 후 이를 실현하기 위한 자발적 참여를 이끌어내고, 그 결과로 얻는 성공 경험을 바탕으로 신뢰와 권위를 쌓는다. 거기에다 남다른 사명감과 외향적 성향으로 조직을 넘어 산업 전체를 대변하는 역할을 맡기도 한다. 여기서 더 나아가면 사회 전반에 거대한 영향력을 발휘하게 된다.

이들은 회사를 둘러싼 다양한 이해관계자들의 이익과 관심에 주목한다. 회사의 직원은 물론이고 고객, 정부, 지역사회 등 이해관계자들과 소통하며 그들의 기대에 부응하고자 노력한다. 이해관계자들에 대한 예민한 감수성 덕에 사업 환경의 변화를 감지하는 촉도 더 날카로워져 선제적 리스크 관리가 가능해진다. 또한 이해관계자들에 대한 관여가 수동적 대처에 머물지 않고 그들을 위한 능동적 변화 주도로 이어진다. 그에 따라 이들 리더의 역할은 해당 산업의 테두리 안에 머물지 않는다. 그 경계를 넘어 더 넓은 세상의 긍정적 변화를 이끄는 리더의 위치로 올라서는 경우가 많다.

3부에 등장하는 4명의 리더는 모두 금융 전문가로 출발해 경영자로서 큰 성공을 거두고 나아가 현재는 사회·정치·경제 전반에서 영감과 통찰력을 제공하고 있는 인물들이다. 마이클 블룸버그는 트레이더로 시작해 월스트리트 핀테크 기업 블룸버그 L.P.를 세워 성공한 뒤 이제는 정계에서 자신의 이상을 실현하고자 한다. 세계 최대 헤지 펀드 운용사인 브리지워터 어소시에이츠의 레이 달리오 회장은 자신이 집대성한 조직 문화, 그리고 경영과 삶의 원칙을 추종하는 많은 이들이 멘토로 여기며 따르는 인물이다. 미국 최대 은행 제이피모건 체이스의 제이미 다이먼 회장은 금융위기를 거치며 월스트리트 최고 금융인의 반열에 올랐고, 이제 금융 바깥으로 보폭을 넓혀가고 있다. 마지막으로 하워드 막스 오크트리 캐피털 매니지먼트 회장은 자신의 오랜 투자 철학에 바탕을 둔 집필 활동을 통해 사람들에게 투자의 방향을 설정해주며 워런 버핏에 필적하는 구루guru로 등극한 지 오래다.

Michael Bloomberg, 1942~

블룸버그 L.P. 공동 창업자이자 전 뉴욕시장. 1966년 하버드 경영대학원 MBA를 취득했다. 살로몬 브라더스 트레이더를 거쳐, 1981년 블룸버그 L.P.를 설립했다. 2020년 2월 기준 개인 자산 675억 달러로 《포브스》 선정 미국 8위·세계 9위의 부자다. 블룸버그가 세운 블룸버그 L.P.는 기술 및 미디어 기업으로 2019년 기준 전 세계 167개 사무실에서 2만 명의 직원들이 일하고 있다.

8장

마이클 블룸버그 블룸버그 L.P. 설립자

금융업을 넘어 '월스트리트 생태계'를 창조한 최고 권력

2015년 4월 17일 오전 10시런던 시간, 유럽 금융시장이 개장하자마자 수상한 기운이 감지됐다. 갑작스레 주가가 하락하고, 유럽 최대 채권시장인 독일 국채선물 거래량이 급감한 것이다. 분초를 다투며 머니게임을 벌이는 전 세계 시장 참가자들은 다급하게 그 원인을 찾아 나섰다. 시장을 요동치게 만든 특별한 뉴스가 나왔는지, 미확인 루머가 도는 건 아닌지 레이더를 치켜세우고 탐색에 들어갔다. 하지만 뉴스도 루머도 없었다.

까닭을 알 수 없는 급박한 변화가 엄습할 때 인간이 취하는 본능적 대처법은 하나다. 불안한 마음에 몸을 움츠리고 안전하게 숨을 곳을 찾는 것이다. 투자자의 본능도 마찬가지다. 투자 리스크를 줄이고 정중동의 자세로 추이를 살피게 된다. 바로 이런 투자자의 본능이 연쇄반응을 일으키며 2015년 4월 17일의 특이한 시장 움직임을 초래했던 것이다. 그렇다면 그날 투자자의 불안감에 불을 지핀 원인 제공자는 누구였을까? 뜻밖에도 범인은 아주 가까운 곳에 있었다.

'블룸버그 터미널'과 월스트리트 생태계

범인은 책상 위에 놓고 쓰는 '블룸버그 터미널Bloomberg Terminal'이었다. 정식 명칭은 '블룸버그 프로페셔널'이라는 소프트웨어로 월스트리트에 위치한 금융 정보 서비스 및 미디어 기업 블룸버그 L.P.가 구독 형식으로 공급하는 금융 정보 단말기다. 문제의 그날, 블룸버그 터미널의 블랙아웃 사태가 시장 혼란의 주범이었다. 한 민간기업의 금융 정보 시스템의 블랙아웃이 불러온 파장은 상상을 초월했다. 두 시간 반 동안 이어진 블랙아웃으로 주식시장은 급등락을 반복하고 독일 국채선물 거래량은 평상시의 3분의 1로 줄어들었다.

유럽 금융당국도 그 영향에서 자유롭지 못했다. 영국 재무부는 같은 날 오전 10시에 예정되어 있던 국채입찰을 전면 연기해야만 했다. 금융시장의 변동성이 급등하고 시장의 불안감이 높아지자 영란은행영국 중앙은행은 "필요 시 시장에 유동성을 공급하겠다"라면서 시장의 불안 심리를 달래고 나섰다. 그런데 이 모든 것이 쉽게 이해가 되지 않는다. 거래소 시스템이 다운된 것도 아니고 일개 민간기업의 금융 서비스가 잠시 멈추었다고 해서 어떻게 이런 일이 벌어질 수 있을까? 이 단말기를 대체할 다른 서비스는 없는 것일까?

'블룸버그 터미널'은 금융시장의 큰손인 은행, 연기금, 헤지 펀드 등 기관 투자자의 투자 의사결정 과정에 깊숙이 관여한다. 시장가격을 모니터링하고, 적정 가치와 위험도를 계산하며, 거래를 체결하고, 다른 투자자들과 소통하는 데 있어 필수적인 존재다. 비유하자면 블룸버그 L.P.는 투자 업계의 애플 같은 기업이다. 애플이 아이폰에 일상의 생태계를 구현하듯 블룸버그 L.P.는 '블룸버그 터미널'에 투자의 생태계를 구축했다. 만약 애플의 운영 시스템 'iOS'가 다운되어 아이폰을 사용할 수 없게 된다면 어떨까. 2015년 4월 17일이 바로 그런 날이었다.

놀랍게도 블룸버그 터미널이 만든 이 생태계가 태동한 것은 무려 40여 년 전이다. 인터넷은커녕 컴퓨터도 대중화되기 전인 1981년, 투자은행 살로몬 브라더스 출신 마이클 블룸버그가 직장 동료 3명과 함께 월스트리트 최초의 핀테크 스타트업 IMSInnovative Market Systems를 창업한 것이 그 시작이다.

'정보의 힘'은 어느 영역에서나 중요하지만 특히 '금융'에서 막대한 파급력이 나타난다. 금융 분야에서는 정보력이 곧 돈이라고 해도 과언이 아니다. 멀게는 19세기 초 나폴레옹 전쟁에서 로스차일드가가 워털루 전투의 결과를 하루 빨리 알게 된 덕에 영국 국채 투기로 막대한 부를 얻은 일이 있었고, 가깝게는 최근의 고빈도매매HFT에서 100만 분의 1초 먼저 가격을 알려고 조금이라도 더 거래소 가까이 서버를 설치하기도 한다. 정보력을 이야기할 때 속도만 중요한 것은 아니다. 세상에 흩어진 수많은 데이터를 수집해 가치 있는 정보로 조합해내는 것도 정보력이다.

블룸버그는 블룸버그 터미널을 통해 월스트리트가 정보력을 확보하는 데 드는 노력과 비용을 획기적으로 절감시켰다. '금융' 영역과 '정보'라는 힘을 IT로 접목해 엄청난 혁신을 이뤄낸 마이클 블룸버그. 그는 어떻게 이 놀라운 일을 해낼 수 있었을까? 우선 그의 성장 배경과 색다른 경력을 따라가보자.

이글스카우트 출신 경영학도, 월스트리트로 진출하다

미국 보스턴 근교의 평범한 유대인 가정에서 태어난 블룸버그는 어린 시절부터 책임감과 리더십이 남달랐다. 그의 남다른 리더십은 그가 '이글스카우트Eagle Scout' 출신이라는 사실에서도 잘 드러난다. 이글스카우트는 보이스카우트의 하나로 까다로운 21가지 조건을 충족시킨 극소수의 리더만이 '이글스카우트' 등급에 오를 수 있다. 보이스카우트 전체의 4%에 불과한 이글스카우트 출신 인물들의 면면을 보면 제럴드 포드Gerald Ford 전 대통령, 렉스 틸러슨Rex Wayne Tillerson 전 국무장관 등 미국 각계의 지도자가 다수 포진하고 있다.

블룸버그가 테크놀로지에 눈을 뜬 건 존스홉킨스대학에서 전기공학을 전공하면서다. 고교 시절 아르바이트로 일하던 전자 회사의 직속상관이 블룸버그를 이 대학과 연결해주었다. 그 상사는 MIT 출신의 수재 엔지니어였는데, 블룸버그는 그와 함께 일하면서 최고 공대 출신의 기술적 해박함에 감동을 받았다. 그러던 중 그가 존스홉킨스대학의 지인에게 블룸버그를 추천한 것이 입학의 계기가 되었다. '공학'은 실용적인 것을 중시하는 블룸버그의 성향과도 잘 맞았다.

블룸버그는 대학에서도 이글스카우트의 면모를 이어갔다. 학과 대표는 물론 여러 단체의 리더를 맡아 조직 관리를 경험했다. 그러면서 점점 경영학에도 매료되었다. 조직의 리더로서 구성원을 움직여 목표를 달성하는 경영자의 역할에 깊은 관심을 갖기 시작했다. 이론보다 실무의 비중이 더 크다는 데서 공학과 경영학의 접점을 찾았기 때문이다. 이 무렵 하버드 경영대학원 MBA가 그의 관심을 끌었다. 마침 갑작스럽게 찾아온 아버지의 죽음도 블룸버그가 하버드 MBA를 목표로 삼는 계기가 됐다. 졸지에 어머니와 여동생을 부양해야 할 가장이 되어버린 블룸버그에게 성공 보증수표 하버드 MBA 학위는 투자 가치가 충분했다.

그런데 문제가 있었다. 입학 허가를 받으려면 뛰어난 대학 성적이 필요했는데, 블룸버그의 성적은 중하위권이었다. 지금도 농담 삼아 "최상위 50%"였다고 하는 그의 성적으로 하버드 경영대학원 진학은 무리였다. 하지만 다시 한 번 블룸버그의 스카우트 정신이 발휘됐다. 특유의 끈기와 노력을 발휘해 마지막 4학년 성적으로 그동안의 부진을 만회하며 대학 졸업과 함께 하버드 경영대학원에 진학한 것이다. 이렇게 공학과 경영학을 아우르는 학업 과정이 후일 블룸버그가 창업의 길로 나아가는 데 중요한 밑거름으로 작용했다.

평소 주식에 관심이 많았던 블룸버그는 1966년 대학원 졸업과 함께 월스트리트의 투자은행 입사를 결정했다. 예상대로 월스트리트에서 하버드 MBA 학위는 어김없이 가치를 발휘했다. 그가 지원한 대형 투자은행 골드만삭스와 살로몬 브라더스로부터 모두 입사 제의를 받은 것이다. 그런데 두 은행은 문화가 다른 만큼 채용에서도 접근법이 달랐다. 완벽을 추구하는 골드만삭스는 입사하면 맡게 될 업무를 면접 단계에서 미리 자세히 알려주었다. 그리고 보스턴에서 뉴욕으로 면접을 보러 가는 교통편으로 비행기표를 제공했다. 연봉도 1만 4,000달러로 그 당시로선 파격적 대우였다.

반면에 살로몬 브라더스는 결이 아주 달랐다. 당시 월스트리트에서 가장 공격적인 트레이딩으로 명성이 자자하던 살로몬 브라더스는 면접 분위기도 거칠었다. 입사 후 맡을 업무가 어떤 것인지 묻는 블룸버그에게 "이력서 몇 장으로 당신을 어떻게 아느냐?"라고 오히려 반문한 것이다. 일단 입사하면 이것저것 시켜보고 나서 결정하겠다는 뜻이었다. 게다가 면접을 위해 제공받은 교통편도 기차표였고 연봉은 9,000달러로 골드만삭스와 큰 차이가 났다. 입사 조건으로만 보면 골드만삭스가 나아 보였다. 그런데 블룸버그의 선택은 반대였다. 골드만삭스가 아닌 살로몬 브라더스 입사를 결정한 것이다.

우선 면접관의 솔직담백한 태도에 마음이 끌렸다. 입사 후 커리어에 불확실성이 큰 만큼 예상 밖의 기회에 대한 기대가 강하게 작용했다. 면접 당일 둘러본 살로몬 브라더스의 거대한 딜링룸도 블룸버그의 승부욕을 자극했다. 또 다른 결정적 이유는 자신의 상대적 가치였다. 전통 IB 강자 골드만삭스에는 하버드 MBA가 즐비한 반면 살로몬 브라더스에는 전무했다. 블룸버그는 회사를 통틀어 유일한 하버드 MBA가 될 기회를 선택한 것이다. 이렇게 월스트리트에 입성한 블룸버그는 예상대로 살로몬 브라더스의 주축인 트레이더로 성장할 수 있었다.

그러나 희소가치에 대한 블룸버그의 기대는 반은 맞고 반은 틀린 결과를 가져왔다. 당시 살로몬 브라더스의 트레이더 중 대졸자는 절반에 불과했는데, 이런 분위기에서 블룸버그의 고학력은 플러스 요인인 동시에 질시와 견제를 초래해 결국 회사를 떠나는 원인을 제공하기도 했기 때문이다.

살로몬 브라더스에서 주식과 채권을 섭렵하다

블룸버그가 월스트리트의 금융 정보에 대한 욕구를 충족시키며 크게 성공할 수 있었던 데는 살로몬 브라더스 15년 경력이 결정적 역할을 했다. 그 자신이 트레이더로 일해봤기 때문에 블룸버그 터미널의 주요 고객인 트레이더들이 진정 원하는 게 무엇인지 정확히 알고 있었다. 서비스 개발을 위해 별도의 시장조사를 할 필요도 없이 자신이 트레이더로 일하면서 아쉬웠던 점을 채워줄 그런 서비스를 만들기만 하면 되는 것이었다. 게다가 살로몬 브라더스를 떠나기 직전에는 기술지원 부서의 책임자로도 일해봐서 서비스 제공 기반인 정보기술IT 방면에도 능통했다.

살로몬 브라더스에서 블룸버그는 주식 트레이더로 이름을 날렸는데, 여기에는 운도 따랐다. 그가 입사할 무렵부터 1970년대 초까지 지속된 주식 활황 시기Go-Go 시대에 월스트리트에서 주식을 거래한 건 행운이었다. 미국 최대 언론《뉴욕타임스》에서 그의 업무와 일상생활을 다룬 전면 기사를 실을 정도로 대외적 유명세도 상당했다. 입사 6년 차가 되던 1972년엔 30세의 젊은 나이로 고위 임원인 파트너 자리까지 올랐다.

블룸버그의 이런 명성과 고속 승진에는 여러 가지 요인이 작용했지만 무엇보다도 그의 성향을 빼놓을 수 없다. 바로 '근면'과 '책임감'이다. 그는 7시면 어김없이 출근해 저녁 늦게까지 일했다. 주위에서 '일중독자'라고 부를 정도로 업무에만 매달렸다. 그의 근면함은 고위 경영진과의 자연스러운 접촉으로 이어지기도 했다. 블룸버그보다 출근 시간이 빠르고 퇴근 시간은 늦었던 유일한 직원이 회사 창업자의 아들이자 최고경영자 윌리엄 살로몬William Salomon이었던 것이다. 출근하면 함께 커피를 마시고 잡담도 나누며 하루를 시작하고, 퇴근 무렵엔 갑작스러운 고객 미팅에 동행하기도 했다. 그래서 블룸버그는 회사 돌아가는 사정에 밝았고, 살로몬과는 평생 동안 이어질 두터운 신뢰를 쌓을 수 있었다. 앞서 말한 블룸버그의 살로몬 브라더스 입사 인터뷰에서 그에게 강한 인상을 남긴 면접관이 바로 살로몬이었으니 두 사람의 인연은 특별한 것이었다고 할 수 있다.

트레이더로 일하면서 블룸버그는 제대로 된 금융 정보를 얻기가 얼마나 어려운지 실감했다. 과거 주가를 알려면 산더미처럼 쌓인《월스트리트저널》을 뒤져야 했고, 기업에 대한 회계 정보를 구하기는 더욱 어려웠다. 모두 공개된 정보인데도 말이다. 리서치를 담당한 애널리스트들에게 요구해도 하염없이 기다려야 하는 경우가 부지기수였으니 속도가 곧 수익인 트레이더에게는 엄청난 손실이었다. 그래도 살로몬 브라더스는 다른 투자은행에 비하면 상황이 나은 편이었다. 요즘과는 비교할 수 없지만 컴퓨터 시스템도 갖추고 있었고 전산화된 정보도 어느 정도 보유했기 때문이다. 하지만 구하는 정보가 전산상에 없거나, 있다 해도 연산 등 정보의 활용은 거의 불가능했다.

블룸버그는 주식 전문가였지만 채권에도 정통했다. 이는 살로몬 브라더스 사업 모델이 지닌 특성 때문이었다. 살로몬 브라더스는 다른 투자은행들이 전통 IB나 주식 거래에 집중하느라 버린 카드였던 채권 거래에서 성장의 기틀을 마련했다. 돌이켜보면 골드만삭스가 채권 거래에 본격적으로 뛰어든 것도 1981년 '제이 애런'을 인수하면서였으니, 그야말로 1960~1970년대 무주공산 채권시장에서는 살로몬 브라더스가 독점적 지위를 차지하고 있었다.

사실 채권은 주식보다 종류도 훨씬 다양하고 메커니즘도 복잡하다. 자연히 파생될 수 있는 상품도 많고 단순치 않은 수학적 계산을 필요로 한다. 같은 금융 정보 서비스라도 채권 거래에 필요한 기능을 장착하는 것이 주식보다 훨씬 더 어려운 이유다. 결과적으로, 블룸버그의 채권 거래 경험과 채권에 대한 깊은 이해는 나중에 창업을 할 때, 그리고 블룸버그 터미널을 개발하는 데도 큰 경쟁력이 되어주었다.

이렇게 주식과 채권을 두루 섭렵한 블룸버그는 1979년에 창업을 위한 마지막 단추를 채울 기회를 맞게 된다. 그 기회를 잡은 계기 자체만 놓고 보자면 썩 유쾌한 경험은 아니었다. 그에 대한 좌천성 인사 발령이 있었기 때문이다. 주식 트레이딩을 총괄하던 블룸버그가 기술 지원부서 총책임자로 발령이 난 것이다. 블룸버그의 오랜 후원자였던 살로몬이 물러나고 존 굿프렌드John Gutfreund가 CEO 자리에 오르면서, 블룸버그는 사내 파워게임에서 밀려났다.

좌천과 해고를 딛고 잡은 새로운 기회

인사 발령 후 사람들은 자존심에 상처 입은 블룸버그가 스스로 회사를 그만두고 나갈 것으로 예상했다. 그도 그럴 것이 직접 외부를 상대하며 수익을 올리는 프런트front 오피스와 후선 지원 부서인 백back 오피스가 엄연히 구분되는 투자은행에서 후자에서 전자로 옮기는 것은 영전으로 인정받지만 그 반대는 좌천으로 여겨지는 탓이다. 그러나 예상과 달리 블룸버그는 떠나지 않았다. 대학원 졸업 후 더 나은 조건을 제시한 골드만삭스가 아닌 살로몬 브라더스에 입사했던 것처럼 이번에도 회사에 잔류하며 사람들의 예상을 벗어난 선택을 했다.

사실 블룸버그는 한 번도 살로몬 브라더스를 떠난다는 생각을 해본 적이 없었다. 1979년의 이 인사 발령 때도 마찬가지였다. 무엇보다 그는 살로몬 브라더스의 기업 문화에 대한 남다른 애착이 있었다. 살로몬 브라더스는 철저하게 능력에 따라 보상받는 성과주의가 강했지만 동시에 정직함을 요구하는 문화였다. 마이클 루이스가 쓴 《라이어스 포커》*

---

* 저자 마이클 루이스가 1980년대 후반 살로몬 브라더스에서 채권 세일즈맨으로 실제 활동하며 경험한 일을 소설 형식으로 쓴 책이다. 당시 채권시장의 최강자 살로몬 브라더스의 트레이더들이 모기지 채권과 국채 그리고 관련 파생상품들을 놓고 합법과 불법의 경계를 넘나드는 투기적 거래로 수익을 좇는 상황을 실감나게 묘사했다.

에 등장하는 1980년대 후반의 정글 같은 살로몬 브라더스를 떠올린다면 믿기 어려운 이야기겠지만, 그 이전에는 분명 달랐다.

블룸버그는 기술 지원 업무를 하면서 그동안 트레이더로서 필요성을 절감했던 금융 정보 서비스를 구현할 기술적 방법에 대해 보다 구체적으로 고민해볼 수 있었다. 그리고 그 과정에서 월스트리트에 머잖아 불어닥칠 거대한 변화의 징조를 강하게 느꼈다. 1975년 마이크로소프트, 1976년 애플이 세상에 첫선을 보인 후 이제 금융회사들이 개인용 컴퓨터PC를 통해 빠른 속도로 정확한 금융 정보를 습득하게 될 날이 멀지 않았다는 예감이었다.

블룸버그는 처음엔 이런 변화를 살로몬 브라더스 안에서 구현해보고자 계획했다. 이에 자신의 아이디어를 제시하고 지원을 요청했으나 최고경영진의 강한 반대에 부딪혀 좌초되고 말았다. 결과적으로 볼 때 블룸버그에겐 다행이고 살로몬 브라더스엔 아쉬움이 남을 대목이다.

비록 회사로부터 퇴짜를 맞았지만 이때 '블룸버그 터미널'의 큰 그림을 그린 블룸버그는 1981년 인생 최대의 변곡점을 맞게 된다. 살로몬 브라더스가 상품commodities 거래 전문 금융회사 피브로Phibro에 인수되자 결국 해고를 당한 것이다. 자신의 발로 걸어서 나가는 일은 결코 없을 것이라 믿었던 블룸버그도 어쩔 수 없이 회사를 떠나야만 하는 상황에 처했다.

그러나 위안 삼을 만한 일도 있었다. 그동안 회사의 주주인 파트너로서 보유하고 있던 지분을 프리미엄을 붙여 현금화하게 된 것이다. 무려 1,000만 달러였다. 월스트리트 비상장 투자은행의 파트너들이 백만장자에 등극하는 전형적 경로인 기업공개와 유사한 사례였다. 살로몬 브라더스의 지분을 인수 회사 피브로에 넘기는 과정에서 프리미엄을 획득한 경우였다. 이제 회사를 떠나게 된 블룸버그에게 남은 선택지는 단 하나였다. 금융과 IT를 접목하여 '금융 정보 서비스 제공'이라는 새로운 사업 영역을 개척하는 일, 즉 창업이었다.

월스트리트의 두 가지 큰 변화와 블룸버그 터미널의 탄생

해고의 대가로 1,000만 달러가 생긴 블룸버그는 스타트업 IMS를 창업했다. IMS에는 살로몬 브라더스에서 함께 일한 찰스 제거Charles Zegar, 토머스 세쿤다Thomas Secunda 그리고 던컨 맥밀런Duncan MacMillan이 합류했다.

네 명의 동업자가 가장 먼저 한 일은 블룸버그의 청사진을 구현해낼 컴퓨터 시스템을 개발하는 것이었다. 주요 고객인 월스트리트 금융회사들에 실시간 및 과거 데이터를 제공하고, 데이터를 활용해 연산을 하고 차트를 그리는 등 원하는 형식으로 가공할 수 있게 하는 컴퓨터 시스템이었다. 그때까지 세상에 존재하지 않았던 이런 시스템이 나온다면 고객들은 기꺼이 높은 가격을 지불할 것이라는 확신이 있었다. 블룸버그는 해외 데이터 확보에도 힘썼다. 금융이 국제화되면서 언어도, 관행도 다른 전 세계 금융시장의 데이터를 수집하고 검증해 비교 가능하도록 분류해주는 서비스가 중요해질 것이며, 그 가치는 돈으로 환산하기조차 어려운 수준이라 확신했다.

한편 블룸버그가 일찌감치 감지한 기술적 발전 이외에도 미국 금융시장과 월스트리트에는 두 가지 큰 변화가 일어나고 있었다. 첫 번째 변화는 채권시장에서 일어나고 있었다. 1979년 미국 연준 의장으로 취임한 폴 볼커가 인플레이션과의 전쟁을 선포하면서다. 볼커는 1973년 오일쇼크 이후 인플레이션 불안을 잡기 위해 공격적인 금리 인상과 함께 그동안 제대로 기능하지 않던 채권 금리의 변동성 확대를 용인했다. 이 같은 정책 변화는 채권시장이 빠르게 성장하는 계기로 작용했다. 금리 변화에 민감해진 금융회사들은 그 어떤 시장보다도 복잡한 채권시장 관련 정보에 목말라했다.

두 번째 변화는 월스트리트 투자은행의 사업 모델에서 나타났다. 1980년대로 접어들면서 골드만삭스, 모건스탠리 등 대형 투자은행들이 트레이딩 사업에 본격적으로 뛰어든 것이다. 그런데 투자은행의 공통적 주력 사업인 전통 IB와 트레이딩은 성패를 좌우하는 요인이 매우 다르다. 전통 IB는 고객사와 투자은행 고위직 간의 긴밀한 관계가 중요하다. 그들만의 리그에서 기밀 정보가 공유되고 한번 맺어진 사업 관계가 지속되는 경향이 강하기 때문이다. 반면 리스크를 감수하는 트레이딩은 금융시장에서 진검승부를 벌이는 제로섬 게임이라 정확한 시장 정보를 누구보다 빨리 습득하는 능력이 곧 경쟁력이다. 결국 채권시장과 트레이딩의 부상이라는 당대의 커다란 변화 두 가지가 모두 블룸버그의 사업에 막대한 플러스 요인이었다.

그러나 기대와 달리 초기에는 사업 진척에 속도가 나지 않았다. 첫 모델 '마켓 마스터 터미널Market Master Terminal'을 야심차게 내놓고 고객을 만들기까지 무려 2년여의 시간이 걸린 것이다. 긴 시간 동안 매출도 없이, 쏟아지는 각종 비용 청구서만 해결해야 하는 상황이 계속되었다. 회사 운영은 순전히 블룸버그의 개인 자금에 의존했다. 비록 1,000만 달러가 수중에 있었지만, 창업 초기에 매출 부진과 자금 고갈로 도산 위기에 빠지는 이른바 '데스 밸리death valley'의 위기감이 커져갔다.

불안한 하루하루를 보내던 블룸버그는 마침내 월스트리트 대형 투자은행 한 곳과 첫 거래를 성사시켰는데, 그 고객이 바로 메릴린치였다. 창업 초기부터 꾸준히 공을 들여 얻은 성과였다. 블룸버그는 틈나는 대로 아침 7시면 여러 잔의 커피를 사 들고 메릴린치의 딜링룸을 방문했다. 딜링룸을 돌아다니며 《월스트리트저널》을 읽고 있는 트레이더가 있으면 다가가 커피를 권하며 '마켓 마스터 터미널'을 소개했다. 같은 트레이더 출신이라 블룸버그는 딜링룸의 누구와도 이야기가 잘 통했다. 거래를 하면서 경험하는 어려움과 아쉬운 부분을 정확히 집어내 적절한 해결책을 제시해주는 블룸버그에게 귀 기울이지 않을 트레이더는 없었다.

또한 블룸버그는 평소 친분이 있던 메릴린치의 고위 경영진에도 계속해서 '마켓 마스터 터미널'을 홍보했다. 특히 채권 관련 정보 제공 기능의 우수성을 집중 소개했는데, 이는 당시 채권 트레이딩으로 사업을 확장하려는 메릴린치 경영진의 의중을 간파했기 때문이었다. 이렇게 실무자와 경영진을 동시에 공략한 결과, 1983년 메릴린치로부터 '마켓 마스터 터미널' 20대를 처음으로 수주할 수 있었다.

메릴린치는 블룸버그의 첫 고객이 되는 동시에 투자자가 되었다. 일찍이 블룸버그 터미널의 잠재성을 알아본 메릴린치는 블룸버그의 회사 IMS에 3,000만 달러를 투자해 30% 지분을 확보했다. 그런데 투자의 조건이 상당히 파격적이었다. 터미널을 독점하기 원했던 메릴린치는 블룸버그가 메릴린치의 주요 경쟁사인 14개 금융회사들에는 향후 5년간 서비스를 제공하지 않는다는 조건을 달았다. 이 때문에 한동안 블룸버그는 메릴린치를 제외하고 영란은행, 연준, 세계은행 등 공적 성격의 금융기관에만 서비스를 제공할 수 있었다.

그러나 제한된 공급에도 불구하고 블룸버그 터미널은 '획기적 서비스'라는 입소문을 탔다. 이에 사업을 확장시킬 방안을 모색하던 블룸버그는 메릴린치와 협상을 시작했다. 협상은 성공적이었다. 메릴린치가 블룸버그의 제안에 동의해주어, 블룸버그 터미널은 원래 계약 시점보다 이른 1986년에 독점 공급이라는 제약에서 벗어날 수 있었다.

1986년의 계약 변경은 블룸버그에게 극적 도약의 발판이 되었다. 이제 월스트리트는 물론 전 세계 금융회사들이 국경을 초월해 블룸버그의 금융 생태계에 합류할 수 있게 되었다. 이참에 블룸버그는 회사 이름도 바꿨다. IMS에서 자신의 이름을 딴 '블룸버그 L.P.'로 사명을 변경하며 더 큰 자신감과 책임감을 표명한 것이다.

블룸버그 터미널이 가진 절대적 신뢰성의 근원

서두에 언급한 2015년의 시장 혼란으로 입증된 것처럼 금융시장에서 블룸버그 터미널의 역할은 절대적이다. 오랜 옛날부터 정보가 권력

비즈니스에는 딱 세 가지가 필요하다.
첫째, 사람들에게 필요한 제품.
둘째, 그 제품을 수익으로 바꿀 방법.
셋째, 그 제품을 지킬 수 있는 방법.
그게 전부다.

"5 Leadership Lessons from Michael Bloomberg" (2017. 2. 4).
〈Medium〉.

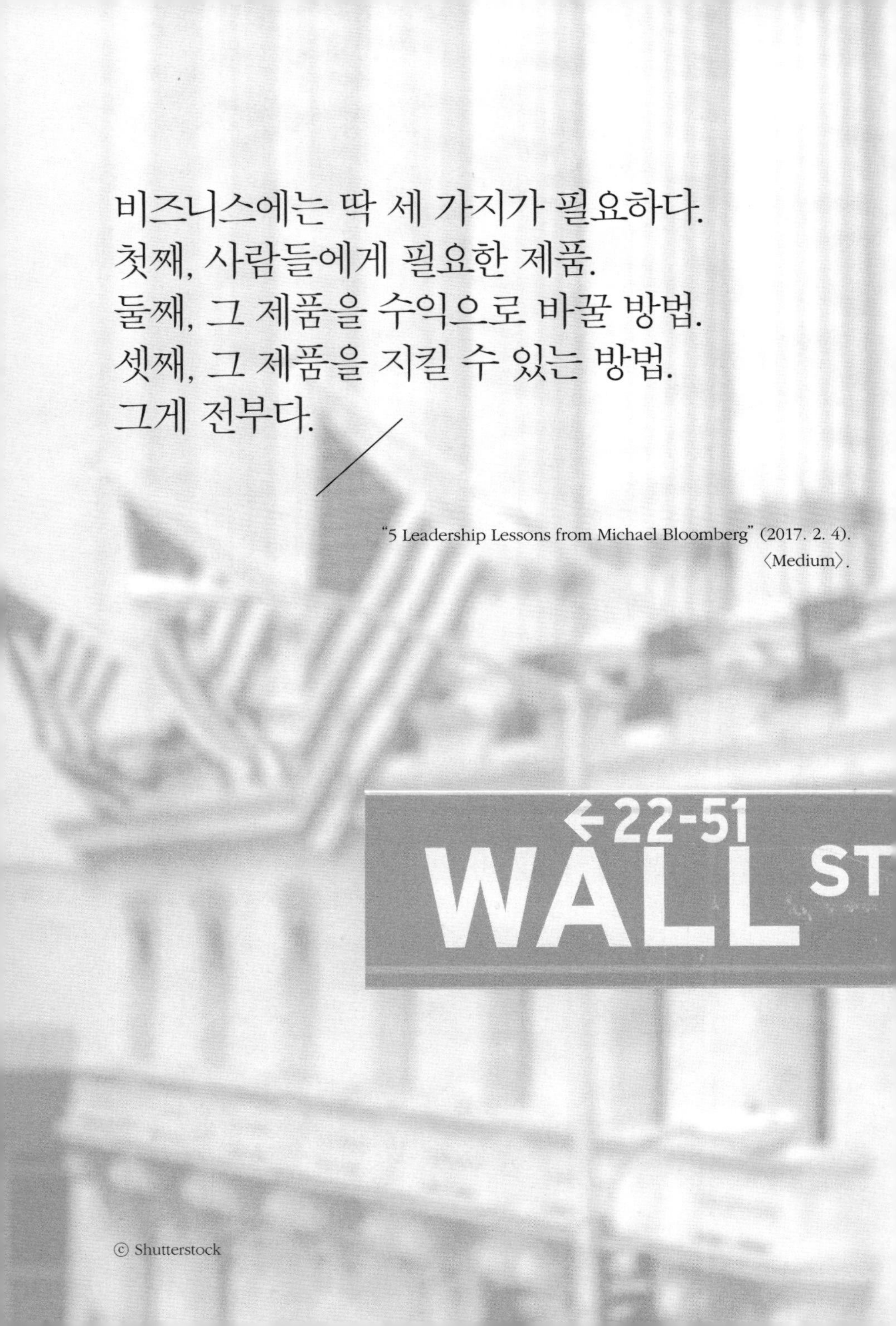

© Shutterstock

의 중요한 원천이었듯 블룸버그는 금융 정보를 무기 삼아 월스트리트 최고 권력의 한 축으로 굳건히 자리 잡았다. 블룸버그가 권력을 갖게 된 몇 가지 요인을 따라가보면 블룸버그의 성공 비결을 알 수 있다.

첫째는 '네트워크 효과'*다. 블룸버그 L.P.는 혁신적인 금융 정보 서비스를 개발한 첫 기업으로서 선두 업체의 이점을 톡톡히 누리고 있다. 이젠 웬만한 금융회사라면 모두가 사용하는 업계 표준을 보유한 덕분이다. 블룸버그 터미널에 기반을 둔 금융 생태계에 참여하지 않으면 금융시장에서 제대로 투자 활동을 할 수 없을 정도가 됐다.

둘째는 투명성을 강화해 금융시장에 만연한 정보 비대칭을 완화시킨 것이다. 블룸버그 터미널을 이용하면 누구나 시장가격은 물론이고 기업의 회계 자료 등 이전엔 소수의 전문가들만 독점하던 정보에 접근할 수 있다. 그러자 소위 '바이 사이드buy side'**라고 불리는 연기금, 국부펀드, 일반 기업 등 기관 투자자들이 환호했다. 과거 이들은 자신들을 상대로 영업하는 '셀 사이드sell side'*** 투자은행의 정보력에 속수무책인 경우가 많았으나 이제 맞대응할 무기를 갖게 된 셈이었기 때문이다.

이처럼 업계 선두 기업으로서 막강한 네트워크 구축에 성공한 블룸버그 L.P.의 위상은 그들의 가격 정책만 봐도 짐작이 가능하다. 블룸버

---

* 특정 제품이나 서비스에 대한 수요가 다른 사람들의 수요에 의해 영향을 받는 현상이다. 예를 들어 페이스북, 카카오톡과 같이 많은 사람들이 사용할수록 제품이나 서비스의 가치가 더 증대하는 효과를 말한다.

** 주로 고객의 투자금을 운용하기 위해 증권 등 금융자산에 투자하는 금융회사를 의미한다.

*** 바이 사이드 금융회사에 투자 아이디어나 투자 중개 서비스를 제공하는 금융회사를 가리킨다.

그 L.P.는 블룸버그 터미널 1회선당 연 사용료 2만 4,000달러라는 초고가 정책을 펼치고 있다. 경쟁사들의 2배에 달하는 가격이다. 가격 할인에도 인색해 2회선 이상을 구독하면 회선당 2만 달러로 할인해주는 것이 혜택의 전부다.

블룸버그 L.P.는 네트워크 경쟁력을 유지하기 위한 전략으로 블룸버그 터미널의 콘텐츠를 지속적으로 확장했다. 그중 중요한 것이 뉴스였다. 경쟁사 다우존스Dow Jones & Company와 로이터Reuters에서 뉴스를 제공받았던 블룸버그는 1990년부터 자체 뉴스 제작에 본격적으로 뛰어들었다. 그리고 이제는 일반인들도 블룸버그 뉴스를 자주 접해 블룸버그 L.P.를 미디어 기업으로 인식할 정도가 됐다. 그런데 중요한 사실은 블룸버그 L.P. 사업 모델의 중심에 여전히 블룸버그 터미널이 자리 잡고 있다는 점이다. 실상 블룸버그 L.P.가 만들어내는 모든 콘텐츠가 블룸버그 터미널을 위해 존재한다 해도 과언이 아니다. 블룸버그 L.P. 계열의 라디오나 TV 등을 통해서도 뉴스 등 다양한 콘텐츠를 접할 수 있지만 중요한 뉴스일수록 가장 먼저 블룸버그 터미널을 통해 전달된다.

지금도 이와 같은 '블룸버그 터미널 최우선 전략'을 쓰는 까닭은 무엇일까. 이는 블룸버그 L.P.의 수익 구조를 보면 쉽게 이해할 수 있다. '블룸버그 터미널'은 그야말로 최강 캐시 카우cash cow다. 비상장 회사라 실적이 자세히 공개되지는 않지만, 시장의 추산에 따르면 2018년 기준 회사의 전체 매출은 약 100억 달러이고 그 가운데 블룸버그 터미널이 차지하는 비중이 80%에 달한다. 이렇게 블룸버그 L.P.는 금융 정보 서비스로 시작해 거대 미디어 기업으로 성장했다.

셋째는 블룸버그가 일구어낸 독특한 조직문화를 들 수 있다. 블룸버그 L.P.의 조직 문화에는 창업자 블룸버그의 가치관과 리더십이 고스란히 녹아 있다. 우선 블룸버그에서는 수평적 문화를 추구한다. 위계질서를 최소화하고 투명성을 강조해 누구나 자유롭게 아이디어를 제시한다. 이는 블룸버그가 경험한 살로몬 브라더스 딜링룸 문화에 영향받은 바 크다. 이를테면 살로몬 브라더스의 탁 트인 딜링룸에는 개인 사무실이 따로 없었다. 지위 고하를 막론하고 모두 함께 트레이딩 데스크에 앉아 거래에 집중한다. 일렬로 붙어 있는 딜링룸 책상은 크기가 모두 같고 전화 등 부대 장치도 동일하게 규격화되어 있다.

블룸버그 L.P.도 마찬가지다. 어느 누구도 개인 사무실을 갖지 않는다. 직원들은 대형 딜링룸을 그대로 옮겨놓은 듯한 블룸버그 뉴스룸에서 동일 면적의 자리에 앉아 블룸버그 터미널을 앞에 두고 일한다. 심지어 창업자 블룸버그도 개인 사무실이 따로 없이 뉴스룸 한편에서 업무를 본다. 회의실을 비롯한 모든 방의 벽을 투명하게 유리로 만들어 내부를 들여다볼 수 있다. 블룸버그 L.P.는 화장실 벽만 가려져 있다는 얘기가 그래서 나온다. 블룸버그 L.P.에는 공식 직함도 없다. 모든 직원의 명함에는 직함 없이 이름만 인쇄돼 있다. 또한 블룸버그 L.P는 직원들을 위한 음식 제공으로도 유명하다. 모든 직원이 카페테리아에서 격의 없이 식사하며 대화를 나눈다.

블룸버그 L.P.의 또 다른 문화적 특성은 '인정과 존중'이다. 그 어떤 것보다 '사람'의 가치를 중시하는 창업자 블룸버그의 리더십이 잘 드러나는 부분이다. 그는 직원들을 대할 때 그들의 고충을 잘 알고 있으며 자신이 그들을 신뢰한다는 인상을 심어주려 노력한다. 이런 맥락에서 블룸버그는 '권한위임'을 장려한다. 직원들에게 더 큰 권한과 함께 도전적 과제를 부여해 성공은 물론이고 실패를 통해서도 배울 기회를 갖도록 한다. 이를 통해 궁극적으로 이끌어내려는 것은 직원들의 '행복감과 근면'이다. 이 또한 그의 뇌리에 선명하게 남아 있는 살로몬 브라더스 시절의 기억이 영향을 미친 부분이다. 그가 살로몬 브라더스에서 일할 때 맨 먼저 출근하고 가장 늦게 퇴근하며 열심히 일한 것은 그만큼 직장 생활이 즐거웠기 때문이다. 늘 한계에 도전하고 능력에 따라 인정받는 딜링룸 문화에서 블룸버그는 행복감을 느꼈다.

마지막 요인은 '선견지명'을 추구하는 문화다. 블룸버그는 "고객의 니즈는 그저 듣기만 하라. 지나치게 귀 기울이지는 마라"라고 경고한다. 대부분의 경우 고객은 '현재', 즉 눈앞의 일에 사로잡혀 미래의 가능성은 생각하지 못하기 때문이다. 고객이 원하는 것, 곧 '니즈'는 이미 다른 경쟁자들이 제공하는 서비스일 경우가 많아 이를 뒤쫓다 보면 레드오션에서 허우적거리는 결과를 초래할 뿐이라는 것이다. 따라서 고객의 니즈에 갇혀 있지 말고 자기만의 특별한 선견지명을 추구해야 한다는 것이다. '블룸버그 터미널' 자체가 그러한 선견지명의 산물이다. 블룸버그가 창업 당시 월스트리트의 니즈만을 따랐다면 지금 투자자들의 책상에는 1대의 블룸버그 터미널 대신 기능이 다른 수십 대의 단말기가 놓여 있을지도 모른다. 이러한 '선견지명'의 문화는 사용자들이 미처 생각지 못한 터미널 콘텐츠를 개발하는 역량과도 직결된다. 블룸버그 터미널은 새로운 금융시장 정보와 분석 도구는 물론이고 사용자들이 '미

고객에게 원하는 바를 묻고
그대로 따르기보다는,
고객이 원하는 방향을 이해하고
그곳으로 안내해야 한다.

"5 Leadership Lessons from Michael Bloomberg" (2017. 2. 4).
〈Medium〉.

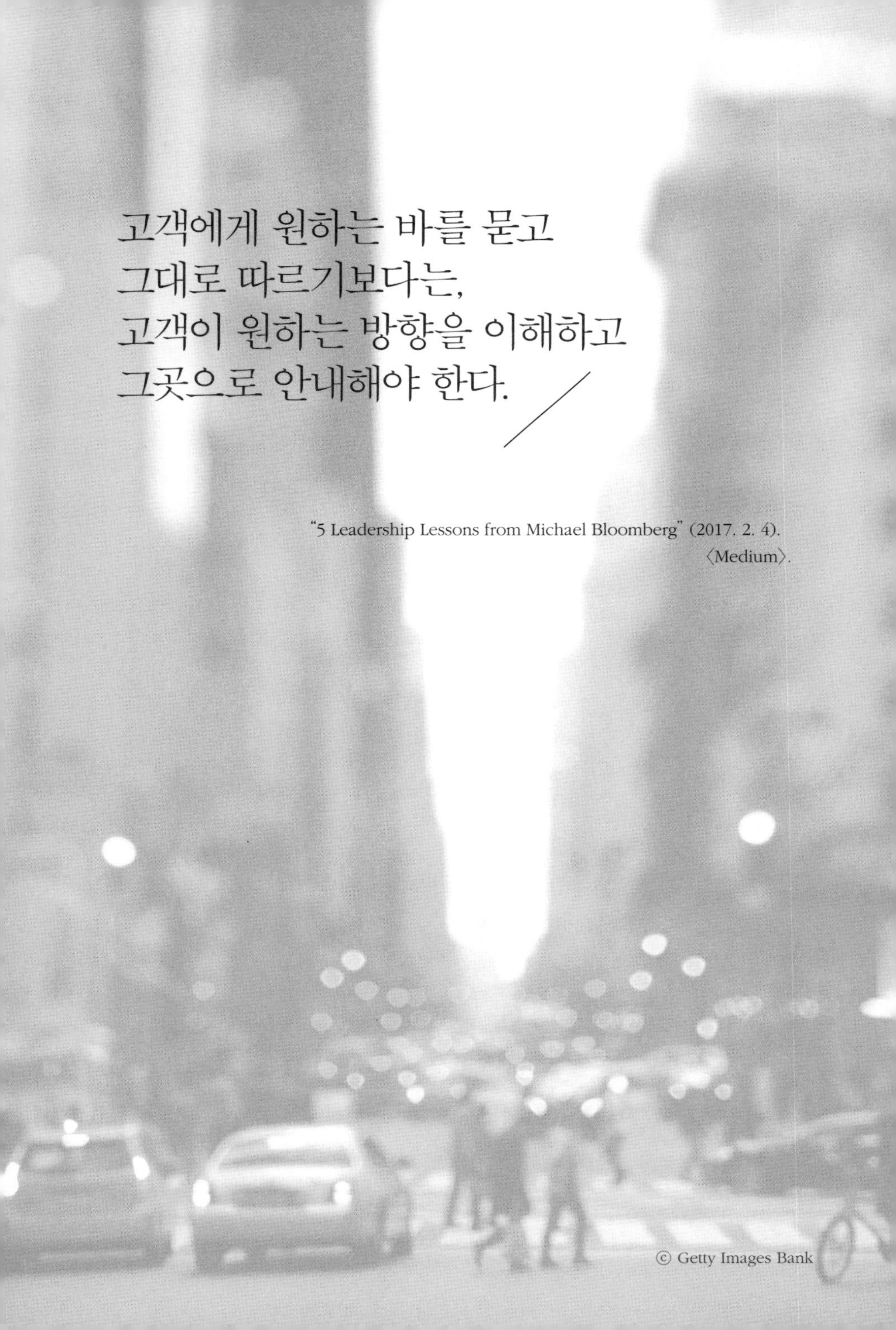

© Getty Images Bank

처 생각지' 못한 흥미로운 콘텐츠를 꾸준히 추가하며 블룸버그 생태계의 가치를 높이고 있다.

뉴욕시장을 거쳐 대통령 경선까지 겨냥하다

마이클 블룸버그는 월스트리트에서 대형 투자은행의 고위 임원을 지내고 블룸버그 L.P.를 건설한 기업가로서 크게 성공해 억만장자가 됐다. 그러한 그가 2001년 새로운 도전에 나섰다. 공화당 후보로 뉴욕시장 선거에 출마해 당선되면서 정계에 진출한 것이다. 그즈음 9·11 테러 사건으로 무너진 뉴욕의 경제를 살리겠다는 그의 의지가 표심을 얻은 결과였다. 블룸버그는 그 후에도 2005년과 2009년 두 차례 재선에 성공하며 3연임을 이룬 네 번째 뉴욕시장이 되는 영예를 누리기도 했다. 특히 2009년의 재선은 당시 2연임으로 제한돼 있던 시장 임기를 뉴욕주법 개정을 관철해 3연임이 가능하도록 한 뒤 무소속으로 출마해 얻은 결과였다.

블룸버그의 시장 행보에서 흥미로운 점은 기업가 블룸버그의 경영철학을 뉴욕시 경영에도 적용했다는 사실이다. 즉 블룸버그 L.P.의 수평적이고 투명한 문화를 뉴욕시에 옮겨 심은 것이다. 블룸버그는 시장 취임 후 가장 먼저 시청을 리모델링했다. 이른바 '불펜bullpen'을 만든 것이다. 블룸버그의 뉴스룸을 본떠 벽을 허물고 개방된 넓은 홀에 시장을 비롯해 모든 부시장과 참모가 함께 모여 일하는 공간이었다. 권위주의와 위계질서가 강한 공무원 사회에 불러일으킨 신선한 바람이었다.

뉴욕시장 임기를 마치고 월스트리트로 돌아간 블룸버그는 한동안 회사 경영과 자선 활동에 집중했다. 그런데 그의 시선을 다시 정치로 향하게 만든 일이 발생했다. 바로 2016년 트럼프 대통령의 당선과 뒤이은 파격적 국정 운영이다. 이에 블룸버그는 트럼프 대통령의 저격수를 자처하고 나섰다. 대선을 1년 앞둔 2019년부터는 '트럼프 타도'를 목표로 사재를 동원해 적극적 행동에 나설 것임을 표명했다. 2020년에는 민주당 대통령 후보 경선에 직접 나섰다가 3월 초에 중도 포기를 했다.

블룸버그는 월스트리트에서 데이터의 힘을 간파하고 이를 사업 모델로 구체화시킨 최초의 인물이다. 그는 파편처럼 흩어져 있던 금융 데이터를 수집해 블룸버그 터미널을 통해 그 가치를 극대화했다. 그리하여 블룸버그 터미널은 금융시장 참가자들이 정보를 획득하고 거래하는 거대한 생태계로 자리 잡았다.

여전히 데이터에 기반을 두고 있으나 이제 블룸버그의 사업 모델은 금융을 넘어선다. 블룸버그 L.P.는 금융뿐 아니라 전 세계를 배경으로 생성되는 사건·사고 데이터를 수집해 콘텐츠화하고 전달하는 미디어 회사로 외연을 확장하는 데 성공했다. 이렇게 보면 "데이터를 지배하는 자가 세계를 지배한다"라는 말은 블룸버그에게 딱 맞아떨어진다고도 볼 수 있겠다. 그를 월스트리트 최고 권력이라고 부르는 이유다.

Ray Dalio, 1949~

브리지워터 어소시에이츠 공동 회장 겸 공동 최고투자책임자. 1973년 하버드 경영대학원 MBA를 마치고, '도미닉 & 도미닉'의 상품 사업부장을 거쳐, 1975년 브리지워터 어소시에이츠를 설립했다. 2019년 12월 현재 운용 자산 규모 기준 세계 최대 헤지펀드 운용사로, 운용 자산은 1,600억 달러에 이르며 1,500명의 직원이 일하고 있다. 2020년 1월 기준 개인 자산 187억 달러로, 《포브스》 선정 미국 부자 26위, 세계 부자 57위에 랭크되어 있다.

9장

레이 달리오 브리지워터 어소시에이츠 회장

원칙과 철학으로 '구루'의 반열에 오른 투자가

언제부터인가 '스웨그swag'라는 말이 자주 들린다. '허세', '뽐내는 것' 정도를 뜻하는 말이다. 16세기 셰익스피어의 희곡《한여름 밤의 꿈 *A Midsummer Night's Dream*》에서 처음 등장한 단어로, 요정의 대사 한 대목에서 '거만하게 돌아다닌다'라는 뜻으로 사용됐다.

금융, 특히 투자에도 '스웨그'는 있다. 만연해 있다고 표현해도 될 정도다. 나름대로 성과가 좋다는 투자가들을 만나보면 시장 방향을 잘 예측해 결과가 좋았던 사례가 있으면 무척 적극적으로 내세운다. 좀 더 깊이 들여다보면 예측 논리가 부실했음에도 운이 따라 좋은 결과로 이어진 경우가 부지기수인데 말이다. 반대로 실패 사례는 어지간해서는 드러내지 않는다. 스마트하고 자존심 강한 인재들이 모여 있는 금융 업계의 특성상 자기 보호 본능이라는 방어기제가 작동하기 때문이다. 명망 있는 투자가가 투자 실패에 대해 고해성사를 하면 비난이 아니라 오히려 보기 드문 겸손까지 지녔다는 찬사를 받는 이유이기도 하다. 전설적 투자가 피터 린치는 "열 번 중 여섯 번만 맞춰도 훌륭한 투자가"라고 했는데, 나머지 네 번에 대한 반성은 충분히 하는지 의문이다.

이 같은 문제를 사전에 차단하기 위해 어설픈 '스웨그'와 '자기 집착'을 절대 금기시하는 특이한 금융회사가 있다. 바로 레이 달리오가 세운 세계 최대 헤지 펀드 운용사2019년 12월 기준 브리지워터 어소시에이츠Bridgewater Associates, 이하 '브리지워터' 얘기다. 브리지워터에서는 정확한 근거와 논리 없이 그럴듯한 얘기를 하거나 자신에 대한 객관적 비판을 열린 마음으로 받아들이지 못하면 상사와 동료, 심지어 부하 직원까지 합세해 곧바로 진실게임에 들어간다. 그야말로 하이에나에 둘러싸인 물소 꼴이 되기 십상인 조직 문화를 갖고 있다.

이 독특한 문화는 '내 결정이 옳다는 근거가 무엇인가'라는 질문에서 출발한다. 어떤 일이든 그 결과를 확신할 수 없다면 해결책은 한 가지다. 사전에 서로 다른 생각을 가진 사람들의 목소리를 충분히 듣고 반영해 올바른 결정을 내릴 확률을 극대화해야 한다. 이를 위해선 의사결정 과정이 극도로 진실하고 투명해야 한다. 그래야만 가장 뛰어난 아이디어가 치열한 경쟁을 뚫고 살아남아 선택될 수 있기 때문이다.

레이 달리오의 성공 방정식: 실패를 인정하고 연구하고 배우기

현재 브리지워터 설립자 달리오의 공식 직함은 공동 회장CEO 겸 공동 최고투자책임자CIO다. 그런데 그가 가장 선호하는 호칭은 CEO도 CIO도 아닌 '멘토'다. 사내 직원은 물론이고 대외적으로도 그를 멘토라고 부르며 따르는 이들이 많다.

2019년 12월에는 '디디Diddy'라는 예명으로 유명한 래퍼 숀 콤스Sean Combs의 멘토가 된 사실을 공개적으로 밝히기도 했다. 이미 연예인 겸 사업가로서 큰 성공을 거둔 콤스가 롤 모델 달리오에게 자신이 현실에 안주하지 않고 한 차원 더 높은 성공의 길로 나아갈 수 있도록 멘토링을 부탁했다고 한다. 가사와 몸짓으로 스웨그를 표현하는 래퍼가 스웨그에 질색하는 브리지워터 창업자 달리오를 멘토로 삼았다는 사실이 퍽 흥미롭다.

그런데 이처럼 다양한 사람들이 달리오에게 열광하는 이유가 궁금하다. 세계 최대 헤지 펀드의 창업자라서일까? 아니면 187억 달러 개인 자산을 지닌 세계 57위 부자라서일까? 정답은 그가 열정적으로 설파하는 '성공 방정식'에 숨어 있다.

달리오 자신이 경험으로 깨우친 이 성공 방정식은 '실패를 인정하고, 실패를 연구하고, 실패에서 배움을 얻는 것'이 핵심이다. 이를 공식으로 나타낸 것이 '고통pain + 숙고reflection = 발전progress'이다. 이 공식이 제대로 작동하려면 '열린 마음', 즉 자신의 약점과 실수를 인정하는 태도가 필수다. 하지만 문제는 타인으로부터 자신의 약한 부분에 대해 도전받을 때 이를 자신에 대한 공격으로 여기는 잠재의식 탓에 마음을 열기가 어렵다는 점이다.

뇌과학적 견해로 보면, 이는 감정의 영역이 '자아 장벽ego barriers'을 세워 마음을 닫아버리는 탓이라고 한다. 주위 사람들도 굳이 인상 붉혀가며 이 장벽을 무너뜨리려 하지 않는다. 이렇게 되면 결국 실패와 좌절의 악순환이 반복되어 실패를 거름 삼아 발전하는 선순환은 요원해지고 만다. 달리오는 바로 이 장벽을 무너뜨리고 앞으로 나아가는 방법을 많은 이들에게 멘토링하는 것이다.

달리오의 성공 방정식은 투자와 브리지워터 경영을 통해 체득한 '원칙principles'에 고스란히 녹아 있다. 달리오는 1990년대 들어 회사가 본격적 성장세를 타면서 그동안 회사 경영에 암묵적으로 내재되어 있던 원칙을 하나둘씩 끄집어내 성문화成文化했다. 그 후 회사 홈페이지에 올라 있던 이 원칙이 고객은 물론 일반인들 사이에서도 반향을 불러일으키자 2017년에는 그 내용을 《원칙*Principles: Life and Work*》이라는 책으로 펴냈다. 이 출판 작업은 달리오의 대외적 멘토링이 본격화하는 계기가 됐다. 현재 70대의 나이로 은퇴를 앞둔 달리오는 자신의 오랜 경험이 녹아든 투자 철학과 기업 경영 철학이 성문화된 원칙으로 살아남아 계속 이어지기를 바라고 있다.

브리지워터의 조직 문화: 아이디어 성과주의

달리오의 '원칙'을 이해하려면 먼저 그의 회사 브리지워터가 지향하는 조직 문화를 이해해야 한다. 달리오가 원칙을 세워 궁극적으로 이루려고 한 최대 목표가 바로 조직 문화를 통해 탁월한 성과를 거두는 것이기 때문이다.

브리지워터의 조직 문화를 한마디로 표현하면 '아이디어 성과주의idea meritocracy'다. 항상 최고의 아이디어가 채택되는 문화를 갖고 있다는 뜻이다. 그런데 '아이디어 성과주의'를 구현하기 위해 달리오가 제시하는 두 가지 강령이 이채롭다. 하나는 '극도의 진실함'이고 또 하나는 '극도의 투명함'이다. 직위의 높낮이에 관계없이 누구에게나 자신의 아이디어를 진실하게 얘기해야 하고, 동시에 자신의 아이디어에 대한 다른 사람들의 날 선 비판도 기꺼이 감수해야 한다는 것이다. 또한 그 과정은 매우 투명하게 공개되어야 한다. 언뜻 당연한 이야기처럼 보여도, 사실 이런 환경에서 일하기란 이성과 감정의 충돌 때문에 쉽지가 않다.

치열한 경쟁에서 살아남은 아이디어를 선택하는 것 그리고 그 과정에서 드러난 자신의 약점을 기꺼이 받아들이고 개선해야 한다는 사실을, 이성적으로는 모두가 인정한다. 하지만 감정적으로는 '자아 장벽'으로 인한 거부감과 마음의 상처를 피하기가 어렵다. 통계에 따르면, 브리지워터 신입 사원의 30%가 입사 후 18개월 이내에 회사를 떠난다고 알려져 있는데, 극도의 솔직함과 투명함이 초래하는 문화적 충격이 어느 정도인지 방증한다.

그렇기 때문에 레이 달리오가 '원칙'을 더 강조하는 것이다. 극도의 진실함과 투명함에 대해 명확한 원칙을 세우고 이를 성문화함으로써 감정이 개입할 여지를 최소화하기 위함이다. 브리지워터의 조직 문화가 궁극적으로 목표하는 바는 탁월한 성과를 거두고 그 과실을 함께 나누는 데 있는 것이지 직원 개인에 대한 주관적 개입이 아니라는 점을 명확히 하려는 의도다.

브리지워터는 지속적 훈련과 평가에 대한 원칙을 분명하게 세워두고, 여기서 약점과 실수를 공개적으로 비판하는 솔직한 평가가 필요한 이유를 자세히 밝히고 있다. 직위 고하를 막론하고 강점과 약점에 대한 진솔한 평가를 통해 약점은 개선하고 강점은 살릴 기회를 제공함으로써 개인적 발전을 이루도록 한다는 것이다. 물론 이 과정에서 불편함이 있는 것은 사실이다. 하지만 비판적 평가가 장기적으로는 직원의 행복과 회사의 성과로 이어진다고 강조한다. 대부분의 사람들은 적성에 맞으면서 자신을 향상시킬 수 있는 일을 할 때 가장 큰 행복감을 느낀다. 따라서 자신의 약점을 깨닫는 것이 강점을 아는 것만큼 가치가 있다는 것이다.

브리지워터의 아이디어 성과주의가 어떻게 작동하는지는 회의를 할 때 금세 드러난다. 예컨대 달리오를 포함해 20~30대가 주축인 50여 명의 포트폴리오 매니저들이 모여 경제와 금융시장에 대해 논의하는 주간 회의 자리에서도 각 담당자의 발표와 함께 이른바 '끝장 토론'이 벌어진다. 어설픈 답변은 금물이다. 곧바로 공격의 화살이 쏟아질 테니까 말이다. 흥미로운 것은 모든 참석자가 아이패드를 손에 들고 무언가를 열심히 입력하는 모습이다. 각자의 아이패드에 모든 참석자의 사진과 이름, 평가표가 나와 있어 실시간으로 서로를 평가하는 것이다. 참석자들의 말 한마디와 일거수일투족을 평가한 결과가 실시간으로 업데이트되고 즉각 공유된다. 이 평가에서는 달리오도 예외일 수 없다. 새파란 신입 사원이 70대 창업자 달리오에게 최저점을 주며 노골적 비판을 쏟아내기도 한다.

극도로 투명한 평가를 가능하게 하는 이 애플리케이션은 브리지워터가 자체 개발한 '도트 컬렉터Dot Collector'다. 모든 직원이 상시적으로 다른 직원들에 대해 100개 이상의 속성별로 1점에서 10점까지 점수를 매기면 이를 수집해 종합 점수를 산출하여 공유한다. 다양한 경로로 수집된 방대한 개인 평가 자료는 단순히 공유되는 데 그치지 않고 알고리즘의 도움을 받아 재가공되어 회사의 주요 의사결정 과정에 활용된다. 그중 주목할 만한 것이 '신뢰도 가중치believability weights'다. 의사결정 내용과 관련해 과거 높은 평가를 받은 직원의 아이디어나 표결에는 낮은 평가를 받은 직원에 비해 더 높은 가중치를 부여하는 평가 방식이다. 말하자면 실력에 따라 부여받는 '차등의결권'인 셈이다. '1인 1표 민주주의'를 뛰어넘어 신뢰도를 고려한 성과주의에 따른 의사결정의 일례라 할 수 있다.

브리지워터는 전체 회의의 90% 이상을 녹화하여 기록으로 남긴다. 누가, 언제, 어떤 얘기를 했는지 훗날 확인해 재평가가 필요할 수 있어서다. 회의록 등 문서 기록과 달리 녹화는 모든 내용을 빠짐없이 담을 수 있다. 게다가 누구나 이 기록을 열람할 수 있도록 함으로써 투명성을 추구한다. 극도의 투명함을 지키려는 또 다른 흥미로운 원칙은 '뒷담화 금지'다. 그 자리에 없는 사람에 대해 왈가왈부하는 것은 절대 금지다. 회의를 하다가도 그 자리에 없는 누군가에 관해 얘기할 때는 당사자에게 연락해 회의 참석을 요청할 정도로 이 문제에 대해 철저하다.

레이 달리오의 투자 철학을 구축한 최악의 사건

달리오가 세운 이 모든 '원칙'은 그 자신의 투자 철학에서 나온 것이다. 매크로 트레이더로서 평생을 단련해온 달리오의 투자 철학을 관통하는 키워드는 '겸손'이다. 그의 투자는 '절대 확신'이라는 것은 '절대 불가능'하다는 사실을 인정하는 데서 출발한다. 하지만 달리오가 겸손의 미덕을 깨닫기까지는 적지 않은 비용을 지불해야만 했다. 트레이더로서 바닥까지 떨어지는 치욕을 겪고 나서야 오만을 떨쳐버릴 수 있었다.

달리오가 처음으로 투자를 경험한 건 12세 때였다. 골프장 캐디를 하며 고객 중 월스트리트에서 일하는 이들이 나누는 이야기를 귀동냥으로 들은 게 계기가 됐다. 그의 첫 투자 대상은 '노스이스트항공Northeast Airlines, 1972년 델타항공과 합병' 주식이었다. 무엇보다 주가가 마음에 들었다. 5달러라는 낮은 주가는 캐디를 하며 모은 돈으로 투자하기에 부담이 적어 좋았다. 게다가 투자 운도 따라, 주식을 매수한 지 얼마 되지 않아 회사 인수설이 흘러나오더니 주가가 3배로 오르는 행운을 잡을 수 있었다. 쉽게 돈을 벌자 달리오는 곧바로 주식 투자에 빠져들었다. 이보다 더 쉬운 돈벌이가 있을까 싶었다. 첫 성공 투자의 여세를 몰아 이후에도 꾸준히 주식에 투자한 결과 캐디 팁으로 시작한 얼마 안 되는 초기 투자금이 대학에 입학할 무렵에는 수천 달러 가까이 불어나 있었다.

투자금이 불어나자 청년 달리오의 자신감도 함께 커졌다. 하지만

1960년대 당시를 돌이켜보면 시대적으로 행운도 많이 따른 결과임을 알 수 있다. 웬만한 주식의 가격은 큰 폭으로 오르던 이른바 '고-고 시대'가 이제 막 시작되었을 때였기 때문이다.

학생 신분으로 취미 삼아 주식에 투자하던 달리오가 투자의 대상을 넓히게 된 것은 1971년 하버드 경영대학원에 진학하면서다. 우연한 기회에 원유, 금, 콩 등 상품을 알게 되면서 최소 증거금으로 더 큰 리스크 감수가 가능한 상품 선물 거래의 매력에 빠져들었다. 이른바 고위험 고수익을 노리는 레버리지leverage 투자*의 세계에 발을 들여놓은 것이다. 1972년 여름에는 취미를 살려 메릴린치의 상품 거래 부서에서 인턴을 하며 현장 경험을 쌓았다. 당시 금융계 진출을 희망하는 하버드 MBA라면 월스트리트 투자은행의 IB 부서를 목표로 삼는 게 보통이었지만 달리오의 선택은 남달랐다.

1973년 하버드 경영대학원을 졸업한 후 첫 직장을 선택할 때도 상품에 대한 달리오의 애정은 변함이 없었다. 이에 대형 투자은행은 아니었지만, 상품 부문에서 전문성을 갖춘 투자은행 도미닉 & 도미닉Dominick & Dominick; D&D에 입사했다. 회사 브랜드와 사업 영역에 대해선 눈을 낮춘 선택이었지만, 그 대신 직급은 높았다. 하버드 MBA 출신 인재가 귀하던 상품 영역인지라 현장 경력이 미천한 달리오에게 '임원급 직위'라는 파격적 입사 조건이 주어진 것이다. 그 후 달리오의 선택이 빛을 발

---

* 빚을 이용한 투자를 뜻하며, 선물·옵션 등과 같이 기초 자산의 원금보다 적은 금액(증거금)을 투자하지만, 해당 자산의 원금에 대한 투자와 동일한 결과를 거두는 투자 전략을 의미한다.

하는 데는 오랜 시간이 걸리지 않았다. 1973년 그가 입사한 직후 '1차 오일쇼크'가 터져 그동안 승승장구하던 주식의 가격은 맥없이 주저앉았고 세간의 관심 밖이던 원유 등 상품의 가격은 천정부지로 치솟았다. 그야말로 주식과 상품 간에 대역전이 일어난 형국이었다.

상품 전문 매크로 트레이더로 명성을 쌓은 달리오가 D&D를 떠나 브리지워터를 창업한 것은 26세 때인 1975년이었다. 금융권 진입과 동시에 상품시장 호황에 절묘하게 올라탔던 달리오는 D&D가 금융회사 인수·합병 전문가 샌디 웨일Sandy Weill*에게 넘어가고, 본인 또한 상사와 갈등을 겪게 되자 회사를 그만두고 창업에 나섰다. 그가 본격적으로 매크로 트레이딩의 스펙트럼을 넓힌 것도 이때다. 1970년대 브레턴우즈 체제가 무너지고, 오일쇼크의 여파로 물가가 급등하는 등 굵직한 경제 이벤트와 맞물리며 외환·채권시장이 급팽창하면서다.

상품·외환·채권 트레이딩의 삼박자를 갖추고 매크로 헤지 펀드의 진용을 완성한 브리지워터는 사업 확장에 나섰다. 초창기 브리지워터의 경쟁 우위는 달리오가 직접 작성한 리포트에 있었다. 구체적인 데이터를 근거로 경제 상황과 금융시장을 분석하고 대응책까지 제시해 당시로선 아주 신선한 시도였던 달리오의 리포트는 점차 그 영향력이 커졌다. 그러나 영향력 확대와 높아진 이름값에 비례해 지나치게 충만해진 달리오의 자신감이 결국 스스로의 발목을 잡게 된다.

---

* 수차례의 금융회사 인수·합병을 통해 1998년 '씨티그룹(Citigroup Inc.)'을 설립하고 2006년까지 회장으로 재임했다.

달리오의 분석과 예측의 적중률이 절정에 이른 때는 1980년 무렵이었다. 1980년대 초에 발생한 중남미 외환위기를 정확하게 예측한 것이다. 여기에다 미국이 금리를 인상하자 다수의 중남미 국가들에서 외자 유출에 따른 국가 부도 사태가 도미노처럼 이어졌다. 그러자 달리오에게 세간의 이목이 쏠렸다. 그는 중남미의 부채위기는 미국 경제에도 직격탄을 날려 대공황 이후 최악의 경기 침체와 주가 하락으로 이어질 거라고 주장했다. 달리오는 언론을 통해, 그리고 미국 의회에까지 출석해 자신감에 넘쳐 "절대 확신한다"라며 목소리를 높였다. 당시 그가 펼친 논리는 아주 타당해 보였다. 하지만 정확히 집어낸 부채위기와 달리 경제 상황과 주가 예측은 형편없는 오류였다. 1982년 8월 부채위기의 정점이라 할 수 있는 멕시코 부도 사태를 기점으로 미국 경제와 주가가 바닥을 찍고 급반등한 것이다.

달리오가 매크로 트레이더로서 절대적으로 확신한다던 예측에 따라 무리하게 리스크 감수를 한 결과는 처참했다. 헤지 펀드의 관행상 고객 투자금은 물론이고 펀드 매니저인 자신의 돈도 펀드에 투자했기 때문에 달리오는 모든 것을 잃었다. 최악의 결과를 맞은 브리지워터는 8명의 펀드 매니저를 모두 내보내야 했다. 그뿐만이 아니었다. 달리오는 생활비 4,000달러조차 없어 아버지로부터 빌리는 처지로 내몰렸다. 지금도 '가장 고통스러운 경험'이었다고 얘기할 정도로 그때 그는 깊은 상처를 입었다. 그러면서도 반드시 덧붙이는 얘기가 있다. 그 일은 동시에 "인생 최고의 경험"이었다는 것이다. 투자 철학, 더 나아가 투자 원칙과 브리지워터 조직 문화의 기초가 될 두 가지 큰 깨달음을 얻는 계기가 됐기 때문이다.

그 기초 중 하나가 바로 '겸손'이다. 이 일을 겪으면서 달리오는 의사결정을 대하는 태도가 바뀌었다. 의사결정에 있어 "나는 옳다"라는 오만한 관점이 "내 결정이 옳다는 근거가 무엇인가?"라는 겸손한 관점으로 바뀐 것이다. 겸손이 중요한 이유는 투자자 또는 경영자에게 반드시 필요한 기질인 대담성을 견제하는 역할을 하기 때문이다. '대담성'이 큰 목표를 설정하게 한다면, '겸손'은 최적의 아이디어를 받아들이는 열린 마음을 갖게 해 그 목표를 다시 돌아볼 기회를 준다.

다른 하나는 '잘못된 의사결정에 대한 두려움'이다. 다시는 1982년의 투자 실패를 반복하고 싶지 않다는 간절함이 엿보인다. 의사결정을 할 때마다 이 두려움을 떠올린다면 자신의 아이디어를 확신해 섣부른 결정을 내리는 일을 방지할 수 있다는 것이다.

레이 달리오의 투자 원칙: 기록과 데이터에 기반을 둔 분산 투자

오만이 초래한 투자 실패를 반면교사 삼아 겸손한 태도로 그 어떤 견해에도 마음을 열어야 한다는 원칙을 갖게 된 달리오가 가장 먼저 한 일은 투자 의사결정 규칙, 즉 '투자 공식'을 만드는 것이었다. 자칭 극極현실주의자인 달리오가 투자 활동을 하는 데 있어 감정을 최대한 배제하고 객관성을 극대화하기 위해 시작한 방법이다.

달리오의 첫 번째 투자 원칙은 기록과 데이터에 기반을 둔 투자 공식을 통해 투자 결정을 내리는 것이다. 모든 투자는 기록을 남기는 데서 출발한다. 매일 트레이딩 일지를 쓰고 기회가 된다면 분석 리포트도 남긴다. 이러한 과정을 통해 자신이 어떤 상황에서 어떻게 반응했는지, 그 결과는 무엇인지, 그리고 무엇이 잘못됐는지 등을 자세히 분석한다.

이런 내용을 좀 더 공식적 리포트로 작성하는 것도 필요하다. 리포트를 읽은 다른 사람들의 피드백을 들을 수 있기 때문이다. 달리오는 브리지워터 창업 초기부터 리포트 〈일일 동향Daily Observations〉을 쓰고 있다. 이 리포트는 고객의 투자 의사결정을 돕는 것을 목적으로 하는데, 달리오의 혜안을 높이 사는 투자 업계에서는 필독해야 하는 글로 여겨진다. 주요 고객인 전 세계 기관 투자자는 물론이고 중앙은행 등 정부 기관까지 이 리포트를 열독한다. 달리오는 "누군가 내 리포트를 읽고 무언가를 지적하면 내가 어디서 틀렸는지 알 수 있다"라고 말하며 리포트를 쓰는 것도 자신의 한계를 인정하고 최선의 아이디어를 얻기 위한 일종의 도구임을 분명히 한다.

사실 이렇게 매일 대외용 분석 리포트를 내놓는 헤지 펀드로는 브리지워터가 유일하다. 헤지 펀드의 특성상 극도의 비밀주의를 추구해 투자 전략 등 지적 재산은 철저하게 대외비로 여기기 때문이다. 이에 반해 극도의 투명함을 추구하는 달리오는 아이디어를 투명하게 공개하여 혹시 자신이 놓치고 있을지도 모르는 숨겨진 보석을 발견하는 기회를 얻고자 한다.

달리오는 기록을 남기는 것과 함께 데이터 수집에도 열심이다. 이를 위해 정치·경제·사회 데이터를 찾아 무려 500년 이상 과거로 시간 여행을 하기도 한다. 역사를 통해 데이터를 수집하고 분석해 경제·금융

아는 것보다 모르는 것이 훨씬 많다.
그렇기 때문에 아는 것보다 모르는 것을
어떻게 잘 다룰지 아는 것이
더욱더 중요하다.

Dalio, Ray (2017).
Principles: Life and Work. Simon & Schuster.

과의 상관관계를 알아내기 위해서다. 미래를 예측하기는 너무 많은 변수로 인해 불가능하지만, 역사가 보여주는 상관관계를 알고 있으면 미래를 대비할 수 있기 때문이다. 17세기 네덜란드 튤립 투기를 둘러싼 역사를 소환해 비트코인의 미래를 준비할 수도 있고, 민족주의와 중상주의가 활개 치던 20세기 초 역사를 되돌아보며 무역전쟁과 환율전쟁에 대비할 수도 있다.

이런 의미에서 금융시장의 발자취인 금융 데이터도 역사의 일부분이다. 과거의 금융 데이터를 수집·분석하고 이를 공식화해 미래에 대비한다. 간단한 예를 하나 들자면 과거에 실질금리물가 변동을 감안한 이자율가 오르면 그 나라의 통화가 강해졌다는 등의 상관관계를 파악하여 공식화할 수 있다. 또 실질금리 변화에 대한 환율의 민감도 등으로 수치화도 가능하다. 이렇게 새로운 투자 공식이 생겨나면 기존의 투자 공식을 수정하게 되고 이 과정이 반복된다.

달리오의 두 번째 투자 원칙은 분산 투자다. 야구에 비유하자면 홈런보다 안타를 꾸준히 치는 전략이다. 달리오는 "아는 것보다 모르는 것이 훨씬 많다. 그렇기 때문에 아는 것보다 모르는 것을 어떻게 잘 다룰지 아는 것이 더욱더 중요하다"라고 말한다. 이를 투자의 맥락에 맞춰 풀어쓰면 '불확실성', 즉 리스크를 잘 통제하는 것이 투자에서 최우선이라는 말이다. 리스크를 줄이는 방법으로는 분산 투자만 한 것이 없다. 가격 움직임의 상관관계가 낮은 자산에 분산 투자를 함으로써 리스크를 줄일 수 있어서다. 또한 감수하는 '리스크 대비 수익'도 향상시킬 수 있어 투자의 생산성을 높이는 역할을 한다. 이것이 달리오가 분산 투자를 '투자의 성배'라고까지 부르는 이유다.

달리오가 분산 투자로 이루려는 궁극적 목표는 시장이 불황이든 활황이든 관계없이 꾸준하게 안정된 수익을 올리는 투자 조합을 찾아내는 것이다. 브리지워터의 대표 펀드인 '퓨어 알파 펀드Pure Alpha Fund'는 분산 투자의 정수를 보여준다. 누적된 투자 공식을 기반으로 전 세계 150여 개 시장에 분산 투자를 함으로써 그의 목표에 바짝 다가가 있다.

이런 '철저한 분산 투자'는 다른 헤지 펀드에서는 찾아보기 어려운 투자 전략이다. 브리지워터와 같이 경제 펀더멘털의 변화에 따라 채권·외환·상품 등에 주로 투자하는 글로벌 매크로 펀드에서는 더더욱 그렇다. 글로벌 매크로 펀드는 펀드 매니저 개인에 대한 의존도가 매우 높고 주기적으로 투자의 주제를 몇 가지 선정해 집중하는 경우가 대부분이다.

1992년 조지 소로스가 영국 파운드화 절하에 베팅해 10억 달러 수익을 올릴 때 그랬고, 존 폴슨이 서브프라임 모기지subprime mortgage* 사태 당시 미국의 주택시장 붕괴를 정확히 예측하고 관련 증권 하락에 베팅하여 40억 달러를 벌어들일 때도 그랬다. 그런데 스타 펀드 매니저의 화려한 성공 투자 이면에는 엄청난 규모의 리스크가 도사리고 있다. 이것이 바로 달리오의 투자 원칙이 결코 용납할 수 없는 지점이다.

달리오의 투자 원칙은 취미 생활이나 가치 추구 활동 등 투자를 벗어난 영역에서도 잘 드러난다. 달리오의 취미는 낚시와 사냥이다. 캐나다

* '비우량 주택담보대출'을 뜻하며 미국 금융기관이 신용도가 낮은 차입자에게 제공한 주택담보대출이다. 2007년부터 부도율이 급증하면서 글로벌 금융위기의 단초를 제공했다.

: 존 폴슨의 역발상 투자 :

이 책의 5장에도 등장한 헤지 펀드 운용사 폴슨앤컴퍼니의 설립자 폴슨의 투자다. 서브프라임 모기지발 위기를 예측해 천문학적 수익을 올린 사실이 알려지면서 폴슨과 그의 투자를 다룬 책 《금융 역사상 가장 위대한 베팅(*The Greatest Trade Ever*)》이 출간되기도 했다.

부동산 시장이 정점으로 치닫던 2006년, 서브프라임 모기지 시장 붕괴를 직감한 폴슨은 이에 베팅할 목적으로 '폴슨 크레디트 어퍼튜니티스 펀드(Paulson Credit Opportunities Fund)'를 조성해 투자에 나섰다. 폴슨은 이 펀드를 통해 서브프라임 모기지의 부도가 증가하면 이익을 얻게 되는 '신용부도 스와프(Credit Default Swap)'를 대거 사들였다. 5장에 나온 2007년의 '아바쿠스' 거래도 동일한 목적이었다.

폴슨의 예측은 정확히 맞아떨어졌다. 그 결과 2007년 한 해 동안 폴슨의 펀드가 올린 수익률은 600%에 달했고 수익 규모는 150억 달러로 단일 펀드 수익으로 역대 최고였다. 폴슨 자신은 펀드에 대한 개인적 투자와 수수료 수입으로 40억 달러를 챙긴 것으로 알려졌다.

에서 연어 낚시를 하고, 스코틀랜드에서 꿩 사냥을 하고, 아프리카에서 물소와 멧돼지 사냥을 한다. 흥미로운 건 활사냥을 즐긴다는 점이다. 활사냥에서는 치밀한 계획이 중요하다. 사나운 동물을 활로 잡으려면 접근 동선을 짜는 것부터 시작해 모든 과정을 오차 없이 진행해야 하기 때문이다. 그가 투자를 사냥에 비유하는 이유다. 사냥이든 투자든 원칙을 세우고 대상을 정확히 파악해 리스크를 통제하는 것이 가장 중요하다는 것이다.

사냥을 즐기던 그가 최근에는 '바다'에 심취해 있다. 2018년 아들과 함께 해양 탐사 이니셔티브 '오션 X Ocean X'를 조직해 숨겨졌던 바다의 가치를 찾아 나섰는데, 영화 〈아바타〉의 감독 제임스 캐머런 James Cameron 과 전 뉴욕시장 마이클 블룸버그도 이 일에 동참했다. 우주에 심취한 아마존 창업자 제프 베이조스 Jeff Bezos 나 테슬라 창업자 일론 머스크 Elon Musk 와는 사뭇 다른 행보다. 우주가 아닌 바다를 택한 이유는 단 하나다. 투자 대비 수익이 높기 때문이다. 당장은 우주보다 바다에서 건질 게 훨씬 많다는, 투자 전문가다운 생각이다.

2008년 글로벌 금융위기를 거치며 1982년의 트라우마를 극복하다

달리오의 투자 원칙이 진가를 발휘한 것은 2008년 글로벌 금융위기 때의 일이다. 평소와 다름없이 경제 펀더멘털과 금융시장을 관찰하던 달리오의 레이더에 과도한 부채 규모가 포착된 것이 출발점이었다. 우선 달리오는 대공황과 바이마르 공화국 시대까지 거슬러 올라가며 부채위기의 역사를 파헤쳤다. 동시에 전 세계 거의 모든 주요 금융기관의 자료를 뒤져 그들의 부실채권이 초래할 수 있는 손실 규모를 추정했다. 그 규모가 무려 8,390억 달러였다. 역사와 데이터를 근거로 최선의 아이디어를 얻기 위해 내부적으로 치열한 토론을 하고 외부적으로 전문가의 의견을 구한 것은 물론이다.

이렇게 해서 나온 첫 결과물이 2007년 7월에 쓴 〈일일 동향〉이다. 여기서 달리오는 무분별한 대출과 차입의 관행을 비판하며 당장 멈추어야 한다고 주장했다. 그런데 이 리포트의 타이밍이 절묘했다. 리포트가 나온 지 얼마 되지 않아 서브프라임 모기지 시장이 얼어붙기 시작한 것이다. 이를 본 달리오가 다시 펜을 집어 들었다. 또 다른 리포트에서 "이 사태는 허리케인의 속도로 시스템을 파고들 것"이라며 더 강력한 경고장을 날렸다.

달리오는 자기 고객만을 대상으로 한 글쓰기에 머물지 않았다. 역사와 데이터를 바탕으로 꼼꼼한 논리로 무장하고 직접 재무부와 백악관을 찾아가 사태의 심각성을 알리며 조속한 해결을 촉구했다. 하지만 달리오가 마주한 건 고위 공무원들의 미지근한 반응뿐이었다. 사태의 경중에 대한 인식의 차이가 워낙 컸다. 워싱턴 DC에서 외면당한 달리오는 경고의 수위를 더욱 높였다. 2008년 1월의 리포트에서는 "다가올 부채위기가 금융위기, 경제위기로 이어질 것"이라며 앞으로 닥칠 암울한 상황을 구체화했다. 결과적으로 세상은 달리오의 리포트가 대부분 현실이 되는 비극을 맞았다. 과열된 금융 엔진과 달리오의 투자 공식이 쏟아낸 경고음에 귀 기울인 건 소수에 불과했다. 많은 아쉬움이 남는 대목이다.

달리오의 경고는 그나마 투자 아이디어로 이어져 브리지워터의 투자자들은 금전적 이익을 얻었다. 위기 시나리오에 기초해 국채 가격 상승, 달러화 약세, 금값 상승 등에 베팅하는 리스크 감수를 투자 성과로 보답받은 결과였다. 2008년 헤지 펀드 업계가 평균 18% 손실을 보는 와

중에 브리지워터의 대표 펀드 퓨어 알파는 14% 수익을 기록했다.

달리오에게 2008년의 성과는 단순한 재무적 성공 이상의 의미를 지닌다. 1982년과 2008년의 위기는 모두 부채가 초래했다는 점에서 그 배경이 유사하고, 1982년의 투자 실패를 통해 얻은 교훈으로 철저한 투자 원칙을 세워 실천한 결과가 2008년의 성공 투자로 이어졌기 때문이다.

그렇다면 브리지워터의 투자와 경영의 미래에 대한 달리오의 복안은 무엇일까? 달리오가 종종 얘기하는 "모든 '원칙'을 알고리즘화한다"라는 데 답이 있다. 전적으로 컴퓨터에 의존하는 순수 퀀트 펀드와는 다르지만, 브리지워터의 투자 결정 과정, 특히 경제 펀더멘털과 금융시장 분석은 이미 알고리즘화된 투자 원칙이 주도한다. 이는 경영의 영역에서도 상당 부분 진행됐다고 한다. 궁극적으로 그가 지향하는 것은 자신의 성공 DNA를 브리지워터에 심어 영구히 보존하겠다는 것이다.

2008년 글로벌 금융위기 이후, 달리오는 투자와 경영을 뛰어넘어 세상을 변화시키는 일에도 더 적극적으로 나서고 있다. 자신의 투자 철학과 경영 철학을 토대로 하는 원칙을 한층 발전시켜 멘토링은 물론이고 사회·정치·경제 전반에 대해 목소리를 높인다. 브리지워터의 조직 문화는 오래전부터 이미 많은 기업의 벤치마킹 대상이 돼왔다. 이에 달리오는 브리지워터가 실제로 사용하는 '도트 컬렉터' 등 조직 운영의 도구들을 누구든 사용할 수 있도록 공개하며 적극적으로 화답했다. 달리오의 방대한 원칙은 책, 강연, SNS 등 다양한 매체를 통해 일반인의 삶에도 큰 영향을 미치고 있어, 실로 '구루'의 반열에 오른 투자가라 불릴 만하다.

최근에 와서 달리오는 현대 자본주의의 문제점과 그 개선에 대해서도 목소리를 내고 있다. 여기서도 자신의 강점인 과거 역사와 데이터를 바탕으로 한 분석과 예측으로 많은 이들의 호응을 얻고 있다.

Jamie Dimon, 1956~

제이피모건 체이스 회장 겸 CEO. 1982년 하버드 경영대학원 MBA를 마치고 투자은행 업계에 발을 들여 씨티그룹 사장과 뱅크원 CEO를 역임했다. 2004년 제이피모건 체이스와 뱅크원의 합병 후 제이피모건 체이스의 사장 겸 최고운영책임자를 거쳐 2005년 CEO 자리에 올랐고 2006년부터는 회장 겸 CEO로 재임하고 있다. 2000년 체이스맨해튼은행이 제이피모건을 인수하며 현재의 이름이 된 제이피모건 체이스는 2019년 12월 기준 자산 규모 2.7조 달러, 직원 수 25만 6,981명을 자랑하는 거대 금융 그룹이다. 《포브스》에 따르면, 2020년 7월 기준 다이먼 개인 자산의 규모는 13억 달러이다.

10장

제이미 다이먼 제이피모건 체이스 회장

월스트리트 최장수 CEO, 모건 제국 이후를 꿈꾸다

2011년 6월 7일, 미국 애틀랜타에서 '국제 통화 컨퍼런스'가 열렸다. 해마다 열리는 행사지만 이날은 특별했다. 미국 연준 의장 벤 버냉키의 연설이 예정되어 있었기 때문이다. 버냉키 의장이 역대 최강 금융 규제 도드-프랭크법Dodd-Frank Wall Street Reform and Consumer Protection Act* 시행 1주년을 맞아 그 경과와 향후 정책 방향을 밝히는 자리였다. 연설의 주제가 워낙 초유의 관심사였기에 국제 금융시장은 그의 입만 바라보며 시시각각 반응하고 있었다.

그의 연설이 끝나고 질의응답 시간이 주어졌을 때다. 참석자 가운데

* 2008년 글로벌 금융위기 이후 미국 금융기관의 안정성을 확보하기 위해 만든 금융개혁 법안.

한 사람이 손을 번쩍 들었다. 그는 "의장님, 저는 제이피모건 체이스의 제이미 다이먼이라고 합니다"라고 자신의 소속과 이름을 밝히고는 "수고스럽지만, 누군가 이 모든 규제의 누적 효과에 대해 연구해본 적이 있을까요? 규제야말로 우리 경제의 방해 요인 아닐까요?"라고 질문했다. 그런 뒤, 자신이 생각하는 도드-프랭크법의 문제점을 속사포처럼 쏟아냈다.

'경제 대통령' 연준 의장을 당황하게 만든 이는 '월스트리트의 대변인'으로 통하는 제이미 다이먼이다. 2018년 자산과 시가총액 기준 미국 최대 은행이고 이익 규모 면에서는 애플에 이어 미국 2위 기업인 제이피모건 체이스JPMorgan Chase의 회장 겸 CEO다. 회사를 성장시킨 보상으로 억만장자 타이틀까지 거머쥔 다이먼은 2005년부터 CEO로 재임하며 '모건 금융제국'의 역사를 장기 집필하는 중이다.

월스트리트 금융회사의 수장 가운데 2008년 글로벌 금융위기를 거쳐 장기간 자리를 지키고, 거기에다 10억 달러 이상의 개인 자산을 일궈낸 인물은 그와 로이드 블랭크페인 전 골드만삭스 회장뿐이다. 공교롭게도 두 사람 모두 2006년 같은 자리회장 겸 CEO에 올랐고, 그 후 암 투병을 했으나 이제는 완치되었다는 점도 동일하다.

다이먼의 위상은 미국 최대 금융회사의 수장 그 이상이다. 타고난 성격 덕분이기도 하지만, 그는 성공 경험이 뒷받침된 자신감으로 할 말은 하는 '금융 수호자' 역할을 톡톡히 하고 있다. 2008년의 글로벌 금융위기 이후 월스트리트를 향한 적대적 시각이 극에 달했던 시기에도 "금융 규제는 미국 은행의 경쟁력을 떨어뜨리고 경제에 좋을 게 없다"라면서 목소리를 높이더니, 최근 실적 발표 자리에서는 경제의 발목을 잡는 정치 행태를 비난하며 "미국인이라는 게 수치스럽다"라는 말까지 했다.

금융에만 머물지 않고 정치권을 향해서도 이처럼 날을 세우자 그가 실은 정치적 야망이 있는 것 아니냐는 의혹이 불거지기도 했다. "은행업은 신의 일God's work"이라고 했다가 여론의 뭇매를 맞은 블랭크페인 전 골드만삭스 회장이 그 후로는 오해 살 발언을 극도로 자제한 것과는 상당히 다른 행보이기 때문이다.

'미스터 디테일'과 '다이먼 컬트'

다이먼은 어투가 아주 빠르고 퉁명스럽고 직설적이다. 생각을 마음에 담아두지 못하는 성격인 데다 그 스스로 인정하듯 좋은 경청자도 아니다. 그를 상대로 한 인터뷰를 보고 있으면, 이것이 과연 진행자가 묻고 그가 질문에 답하는 인터뷰인지, 아니면 저 혼자 하고 싶은 말을 하는 독백인지 헷갈릴 정도다. 앞서 3장에서 소개한 칼라일 그룹 회장 데이비드 루벤스타인과 비슷한 유형이라 할 만한데, 루벤스타인도 다이먼과 비교하면 한 수 아래라는 평이다. 블룸버그 TV의 인터뷰 방송 〈데이비드 루벤스타인 쇼〉에 다이먼이 출연한 적이 있는데, 여기서 그는 진행자 루벤스타인이 대꾸할 틈도 주지 않고 자신의 견해를 마구 쏟아냈다. 다이먼은 평소 관심사가 매우 다양하고 사고의 속도도 빨라 금융으로 시작한 대화의 주제가 어느덧 사회·정치·외교 영역으로 확장되는 경우가 많다.

이런 성향 탓에, 다이먼의 경영 스타일을 처음 접하면 우리가 흔히 생각하는 이상적 리더의 모습과는 거리가 멀다고 생각하기 쉽다. 무릇 이상적 리더라면 큰 그림을 그린 후 부하 직원들에게 많은 권한을 이양해야 한다고 대개 생각하는데, 다이먼은 아주 딴판이기 때문이다. 다이먼은 자신이 모든 일을 꿰고 앉아 일일이 챙겨야 직성이 풀리는 유형의 리더다. 주말이면 서류, 리서치 보고서 등 읽을거리를 잔뜩 싸 들고 집으로 가 섭렵한 후 월요일에 출근하자마자 담당자들에게 질문을 퍼붓는다. 어떤 문서든 읽고 나면 뛰어난 기억력으로 머릿속에 담아두고 필요할 때마다 끄집어낸다. 그러니 문서를 쌓아둘 필요가 없어 그의 사무실 책상은 늘 깔끔하다.

또한 자신이 이해하지 못하는 일은 절대로 벌이지 않는다. 숫자를 기반으로 한 분석에 집착하고, 동물적 본능이나 직관 같이 감정이 개입할 여지가 있는 수단에 의존하는 의사결정에는 부정적이다. 리스크를 대하는 자세도 마찬가지다. 그의 배경을 보면 리스크 감수에 적극적일 것처럼 보이지만 실상은 그렇지 않다. 인수·합병으로 거대 금융제국을 일군 전력을 갖고 있음에도 리스크를 대하는 자세는 매우 보수적이다. 이래저래 자기 자신은 물론 부하 직원들도 피곤하게 만드는 리더라고도 볼 수 있다. 그런데 직설적 어투에다, 아주 작은 부분까지 집착하고, 돌다리도 몇 번씩 두드려보고 건너는 다이먼의 까다로운 경영 스타일에는 극적 반전이 있다. 바로 '다이먼 컬트'라고 불리는 '팬덤'이다.

'컬트'는 사이비 종교처럼 어떤 대상에 열광하고 추종하는 일 또는 그 집단을 일컫는다. 컬트 영화, 컬트 와인 등 주로 물질적 대상을 향한 절대적 애정의 형태다. 이 대상이 사람이면 마치 종교 지도자를 대하듯 그 사람의 말과 행동을 절대적으로 신뢰하고 따르게 되는 것이다. 애플의 스티브 잡스가 한 예다. 많은 사람이 잡스의 스토리와 창조물에 매료되어 애플 신제품을 남들보다 먼저 사려고 밤을 새워 줄을 선다. 월스트리트에서 이런 컬트를 소유한 유일한 인물이 바로 다이먼이다. 다이먼의 리더십에 이끌려 그를 따라 제이피모건 체이스로 옮겨온 이전 직장 동료들을 중심으로 형성된 컬트는 이제 회사 안팎에 광범위하게 퍼져 있다.

다이먼 컬트를 이끈 핵심은 '요새화된 대차대조표fortress balance sheet'다. 다이먼이 주도하는 난공불락의 철통같은 리스크 관리를 가리키는 표현으로, 그가 튼튼한 방어벽을 세운 덕분에 제이피모건 체이스에서 직원들과 주주들이 평안을 누리고 있다는 의미다. 만사를 '무엇이 잘못될 수 있을까' 하는 우려의 관점에서 바라보며 경계를 늦추지 않는 다이먼의 성향이 반영된 결과다. 다이먼의 철두철미한 리스크 관리 의식은 2005년 제이피모건 체이스 CEO로 취임하면서 시작한 첫 업무에서도 잘 드러난다.

그는 취임하자마자 회사에 내재된 리스크 요소의 파악에 나섰다. 대부분의 신임 CEO가 요약된 보고서를 읽으며 업무를 시작하는 것과 달리 다이먼은 수백 페이지에 달하는 자료를 하나하나 파고들었다. 사내 전문가들을 믿고 자신은 큰 그림을 그리는 길 대신, 스스로 개별적 사안을 연구 분석해 주요 리스크 요소를 완벽히 파악하는 힘든 길을 택한 것이다. 그렇게 수개월을 학습 기간으로 보내며 회사의 잠재적 리스크를 통찰한 다이먼은 경영진에게 최악의 상황을 가정한 시나리오별 대처 방안을 세울 것을 강력히 주문했다. 이로써 제이피모건 체이스의 상시적 리스크 관리 문화가 시작됐다.

다이먼이 솔선수범하는 이 '리스크 관리' 문화는 그의 아내 주디가 표현하듯 어머니가 자식을 보살피는 것과 같은 감동으로 사람들에게 다가간다. 아내 주디에 따르면, 남편 다이먼이 리스크 감수에 대한 긴장의 끈을 늦추지 않는 건 회사와 직원들에 대한 보호본능 때문이다.

다이먼의 '요새화된 대차대조표'는 대공황 이래 최악이라는 평가를 받은 지난 금융위기를 극복하는 과정에서 최고의 찬사를 들었다. 2006년, 다이먼이 각 사업부 대표들에게 시장 상황과 리스크를 놓고 거세게 질문을 퍼부으며 끝장 토론을 벌였고 이 자리에서 서브프라임발 위기를 예견한 것이다. 덕분에 모기지 대출을 양산하는 소매은행 '체이스'와 그 모기지 대출을 거래하는 투자은행 '제이피모건' 둘 다 품고 있었음에도, 다이먼은 별 탈 없이 위기의 파고를 넘을 수 있었다.

금융위기를 예측한 다이먼, 난세의 영웅이 되다

2008년 글로벌 금융위기는 월스트리트의 내로라하는 최고경영자들을 추락시켰다. 음악이 흐르는 동안 계속 춤을 추다가 막상 음악이 끝나니 자리가 없어진 찰스 프린스Charles Prince 전 씨티그룹 회장, 제값을 쳐주기 전에는 회사를 절대로 넘기지 않겠다며 벼랑 끝 전술을 펼치다 회사는 파산하고 자신은 위기의 원흉이 되어버린 리처드 펄드Richard Fuld

전 리먼 브라더스 회장 등이 그들이다. 그러나 난세는 영웅도 낳는 법, 위기의 파고를 뚫고 회사는 물론 자신의 가치를 남다른 반열로 끌어올린 성공 사례도 생겨났다. 이런 성공 스토리 가운데 최고 주인공으로 꼽히는 인물이 바로 다이먼이다. 그가 활약하던 무대로 돌아가보자.

서브프라임으로 대표되는 모기지 광풍이 정점으로 치닫던 2006년 8월, 다이먼은 모기지 대출의 부도율이 급상승하는 것을 보면서 심상치 않은 기운을 느꼈다. 그의 아내 주디도 인정하는 다이먼의 타고난 '위험에 대한 촉'이 발동하기 시작한 순간이다. 다이먼은 즉각 회사의 모기지 관련 리스크에 대한 철저한 분석을 지시했다. 그렇게 파악해보니 이미 리스크 상황은 경고음을 보내고 있었다. 이에 따라 다이먼은 관련 데이터를 바탕으로 대출을 옥죄는 등 본격적 대응에 나섰다.

사실 다이먼이 제이피모건 체이스에 심어놓은 '리스크 관리 DNA'는 이미 이전부터 모기지 리스크에 대해 보수적으로 접근하라는 신호를 보내고 있었다. 그래서 경쟁사들에 비하면 관련 리스크를 현저히 낮게 유지하던 상황이었다. 이렇듯 리스크 감수 규모가 작다 보니 자연히 실적도 저조했다. 이는 다시 말해, 만약 2006년 8월의 위험을 감지한 다이먼의 촉이 빗나갔다면 나중에 어떤 식으로든 적극적으로 기회를 살리지 못한 책임을 피하기 어려웠을 것이라는 얘기다.

당시 다이먼의 선제 대응 전략은 세 가지 정도로 요약된다. 첫째, 자금조달에 있어 단기부채 의존도를 크게 줄였다. 평상시에는 조달 비용이 가장 저렴하고 빌리기도 가장 쉽지만, 위기 시에는 일순간 자취를 감추는 변덕스러운 단기자금의 유혹을 끊은 것이다. 대신 단기자금의 빈자리를 자기자본주식 발행 등으로 채웠다. 비용 측면에선 가장 비싸지만 힘들 때 배신하지 않는 안정적인 장기자금으로 요새의 방어벽을 두텁게 쌓은 것이다.

둘째, '변동금리 모기지Adjustable Rate Mortgage; ARM'를 줄였다. 대출자들이 초기의 일정 기간은 낮은 고정금리를 지불하지만 그 이후엔 변동금리를 지불하기 때문에 금리가 상승하면 부도 위기에 처하기 쉬운 대출 사업을 멀리한 것이다. 초기 고정금리를 낮게 제시해 저신용자 대출을 확대할 수 있는 유혹을 이겨낸 셈이다. 덕분에 후일 유동성 고갈로 인해 금리가 급등할 때도 모기지 대출의 부실을 최소화할 수 있었다.

마지막으로, 모기지 채권 파생상품을 멀리했다. 대표적인 파생상품이 부채담보부증권Collateralized Debt Obligation; CDO*이다. CDO는 당시 많은 금융회사가 너나없이 올인하던 대표 파생상품이었다. 하지만 어느 순간부터 다이먼의 까다로운 기준을 충족시키기엔 모자람이 많았다. CDO 투자에 따르는 리스크의 규모에 비해 가격이 터무니없이 올랐기 때문이다. 탐욕에 눈이 먼 과수요가 만든 가격 거품이었다. CDO를 놓고서는 회사 내부에서도 논란이 있었다. 여전히 경쟁사들은 CDO를 고객에게 판매하거나 스스로 투자해 많은 돈을 벌어들이고 있었던 탓이다. 다이먼은 논란에 종지부를 찍기 위해 당시 제이피모건 체이스의 투자은행 사업부를 이끌던 두 명의 공동 대표와 함께 이사회에 참석했

---

* 금융기관이 보유한 대출채권, 회사채 등을 담보로 발행하는 신용파생상품으로서 금융위기를 초래한 것은 서브프라임 모기지를 담보로 발행한 CDO였다.

다. CDO 투자를 줄여야 하는 이유를 직접 설명하기 위해서였다. 그렇게 이사회의 동의를 구한 뒤, 보유하고 있던 CDO를 경쟁사들보다 한 발 빠르게 정리할 수 있었다.

한편 대외적으로 자신의 의견을 표명하는 데 적극적인 다이먼은 월스트리트 주요 금융회사 수장으로선 처음으로 서브프라임 모기지의 위험을 공개적으로 언급하기도 했다. 바클레이즈 캐피털Barclays Capital이 주최한 2006년 연례 컨퍼런스에서 다이먼은 서브프라임 리스크에 노출된 월스트리트에 경종을 울렸다. 흥미로운 사실은 그날 그와 함께 연단에 오른 다른 연설자들이다. 미국 최대 저축은행 워싱턴 뮤추얼Washington Mutual, Inc.의 케리 킬링거Kerry Killinger를 비롯해 다수의 모기지 대출 회사 대표들과 리먼 브라더스의 고위 임원까지 장밋빛 전망을 제시한 이들 일색이었던 것이다. 얼마 후 휘몰아친 모기지 시장 붕괴로 이 회사들이 어떤 운명에 처하게 됐는지는 주지하는 바다. 정확히 2년 뒤 워싱턴 뮤추얼이 제이피모건 체이스에 인수되는 등 이 모든 회사가 월스트리트 금융사史의 뒤안길로 사라졌다.

타고난 뱅커, 다이먼

다이먼의 남다른 리더십은 그의 특별한 성장 배경 및 이력과 밀접한 관련이 있다. 다이먼은 그리스 이민자 집안에서 태어났다. 그리스에서 미국으로 건너온 할아버지와 아버지 모두 주식중개인으로 일했다. 이런 가정환경에서 자라다 보니 자연스럽게 금융 DNA가 발달할 수 있었다. 실제로 다이먼은 유년기부터 부에 대한 선망을 키웠고, 고교 시절에 벤저민 그레이엄의 《증권 분석Security Analysis》* 같은 책을 읽으며 금융인을 꿈꿨다. 총명했던 다이먼은 만사에 자신감이 넘쳤다. 뭔가 문제가 생길 때면 언제나 해결사 역할을 자처하는 적극적인 소년이었다. 상대가 누구든 자신의 의견을 솔직하게 표현해 학교 선생님을 비롯해 주위 어른들로부터 오해를 사는 일도 많았다.

다이먼이 본격적으로 금융 분야에 발을 들여놓은 것은 하버드 경영대학원을 졸업한 1982년의 일로, 샌디 웨일 당시 아메리칸 익스프레스American Express 사장의 비서로 월스트리트에 입성했다. 다이먼은 졸업과 함께 골드만삭스, 모건스탠리, 리먼 브라더스 같은 월스트리트의 전통 있는 투자은행들로부터 모두 입사 제안을 받았다. 그런데도 투자은행 업계에선 비교적 규모가 작고 후발 회사인 아메리칸 익스프레스를 택한 것이다. 언뜻 생각하면 납득하기 어려운 선택이지만, 사실 매우 사적인 이유였다. 웨일과의 개인적 인연 때문이었다. 웨일은 다이먼 아버지의 직장 상사였고, 가족끼리도 가깝게 지내는 사이였다.

다이먼의 아버지는 웨일이 세운 투자은행 시어선 해밀Shearson Hamil의 주식중개인으로 일했고, 다이먼도 대학원 시절 이 회사에서 인턴으로 일한 경험이 있으니, 부자父子가 모두 웨일과 남다른 인연이 있는 셈이다. 당시 웨일은 자신의 회사를 아메리칸 익스프레스에 매각하며 사장 자리에 올랐고, 평소 눈여겨봤던 다이먼을 영입한 것이다. 다이먼은

---

* 국내 번역서 제목은 《벤저민 그레이엄의 증권 분석》이다.

공격적인 인수·합병을 통해 사업을 키워나가는 웨일의 경영 방식에 큰 매력을 느꼈다. 이미 모든 걸 갖춘 대형 투자은행에서는 쉽게 경험할 수 없는 새로운 도전의 가능성에도 마음이 끌렸다.

다이먼이 기대한 도전이 본격적으로 시작되기까지는 그리 오랜 시간이 걸리지 않았다. 1985년 사내 파워게임에서 밀려난 웨일이 아메리칸 익스프레스를 떠나자 그와 함께하기로 한 것이다. 이때부터 두 파트너의 금융제국 건설을 향한 큰 발걸음이 시작되었다고 볼 수 있다.

웨일과 다이먼은 소위 '케미'가 좋았다. 서로의 부족한 점을 보완하고 장점은 키우며 시너지를 극대화하는 최적의 조합이었다. '하면 된다'라는 자세로 인수·합병에 나선 구세대 뱅커 리더 웨일, 그리고 웨일의 뒤에서 꼼꼼하게 안살림을 책임진 신세대 뱅커 참모 다이먼 콤비의 약진은 거칠 것이 없었다. 2인자 다이먼은 자연스럽게 웨일의 유력한 후계자로서 입지를 다질 수 있었다.

두 사람은 서브프라임 모기지 대출 회사 커머셜 크레디트Commercial Credit 인수를 시작으로, 프리메리카Primerica와 트래블러스Travelers, 살로몬 브라더스, 스미스 바니 등을 차례로 사들이며 덩치를 키운 후, 1998년에는 씨티코프Citicorp와 합병해 세계 최대의 금융회사 씨티그룹Citigroup을 세우며 대장정의 종지부를 찍었다. 흡사 '금융 슈퍼마켓'이라 불러도 될 정도로 금융의 전 영역을 아우르는 거대한 제국을 건설하는 동안, 다이먼이 습득한 경영 철학은 지금도 그의 경영 스타일에 깊숙이 배어 있다. 그 핵심은 '근면'과 '규율'이다.

그가 강조하는 '근면'에 대해 말하기 전에 다이먼의 이 말을 먼저 생각해보자. 다이먼은 "경영자는 모든 자산, 모든 부채, 모든 사람을 꿰고 있어야 한다"라고 말한다. 경영자는 자신의 발로 직접 뛰며 사업과 관련한 모든 사실을 섭렵해야 한다는 믿음을 다이먼은 갖고 있었다. 폼나게 멋진 전략을 수립하고는 결과만 챙기는 경영자가 아니라, 현장에서 직접 전략 수행을 이끌며 성과도 함께 내는 그런 경영자를 지향한 것이다. 이는 다이먼 자신이 이전에 웨일과 역할을 분담하며 성과를 거둔 경험에서 출발한 신념이다. 물론 여기에는 다소 선이 굵은 스타일의 웨일이 전자와 같은 경영자의 성향을 띠는 데 대한 실망감이 상당 부분 작용한 것이다.

다음으로 다이먼은 그 누구보다 엄격하게 규칙을 준수하며, 규율을 중요하게 여긴다. 이 덕목은 특히 금융에서 중요시되곤 하는데, 자발적 통제가 작동하지 않으면 어느새 탐욕이 자라나 글로벌 금융위기 같은 참혹한 결과를 맞을 수 있기 때문이다. 그래서 다이먼은 규율 있는 조직을 갖추기 위해 "회사 전체를 최우선시한다", "올바른 일을 한다"라는 두 가지를 최상위 원칙으로 직원들에게 항시 강조한다. 두말할 나위 없이, 씨티그룹과 제이피모건 체이스처럼 여러 계열사와 사업부를 거느린 거대 조직에서는 회사 전체를 가장 먼저 생각하는 것이 이기적 의사결정을 피하기 위해 너무나도 중요한 사항이다. '올바른 일을 하는 것'도 대형 금융회사에 긴요한 덕목이다. 회사의 의사결정과 그에 따른 행동의 결과가 사회·정치·경제 전반에 미치는 영향이 워낙 막대하기 때문이다. 이런 맥락에서 다이먼은 중요한 사안을 결정할 때면 국가를 가장 먼저 고려하는 성향도 보인다.

경영자는
모든 자산,
모든 부채,
모든 사람을
꿰고 있어야 한다.

"The Bankers That Define The Decades: Jamie Dimon, JPMorgan Chase" (2019. 6. 10). *Euromoney*.

웨일과 다이먼 콤비의 최후

한편 웨일과 다이먼의 특별한 관계는 씨티그룹을 출범시킨 후 얼마 되지 않아 파국을 맞았다. 같은 해, 씨티그룹의 CEO 웨일이 사장 다이먼을 기습적으로 해고한 것이다. 이 일은 당시 국제 금융가에 대형 뉴스거리를 제공했다. 전 세계 최대 금융회사의 CEO가 자신의 유력 후계자를 일순간에 날려버렸으니 말이다. 대체 어떤 문제가 있었던 걸까?

그 이야기를 요약하면 이렇다. 아들뻘 후계자 다이먼의 부상에 위협을 느낀 웨일이 자신의 자리를 보전하려고 선제적으로 내린 결정이라는 것이다. 과거 왕조 시절에나 있을 법한 일이 월스트리트 금융가 한복판에서 일어난 것이다.

다이먼은 이미 오래전부터 웨일과 함께 건설한 금융제국의 실질적 운영자였다. 웨일이 화려한 스포트라이트를 받으며 인수·합병 계약서에 서명하고 나면, 다음으로 다이먼이 나서 때로는 자기 손에 피를 묻혀가며 조직을 통합하고 기업 가치를 높여나갔다. 당시 기업 경영의 '구루'로 꼽히던 GE의 잭 웰치에 비견될 만큼 성장한 다이먼이었으니, 아직 최고 권력의 자리를 넘겨줄 생각이 없던 웨일에게는 상당한 압박으로 작용한 것이다.

사실 상황이 그렇게까지 된 데는 다이먼의 성격도 한몫했다. 다이먼이 중시하는 근면과 규율이 지나칠 경우 그것이 그의 직설적이고 입바른 소리 잘하는 성격과 맞물려 웨일의 심기를 거슬렀을 가능성이 매우 크다. 어쨌든 결과적으로 보면 웨일은 금융사에 길이 남을 큰 업적을 하나 더 남긴 셈이다. 다이먼이라는 불세출의 경영자를 키워 쫓아낸 덕분에 모건 금융제국을 재건하는 데 일조했으니 말이다.

1998년 웨일과 결별한 다이먼은 2년여의 와신상담臥薪嘗膽을 끝내고 미국 중서부 은행 뱅크원Bank One의 CEO로 옮겨갔다. 다이먼에게 주어진 특명은 그동안 누적된 인수·합병, 특히 1998년의 뱅크원과 퍼스트 시카고NBDFirst Chicago NBD의 합병 후유증을 치유해 만년 적자에 빠져 있던 실적을 개선하는 것이었다. 다이먼은 이 기대에 200% 부응했다. 이보다 훨씬 더 복잡한 조직을 운영했던 경험을 살려 뱅크원의 성공적 턴어라운드를 이끌어냈고, 한발 더 나아가 2004년에는 제이피모건 체이스에 580억 달러라는 높은 가격에 매각하는 성과까지 거둔 것이다.

이후 다이먼이 제이피모건 체이스의 CEO 자리에 오른 건 정해진 수순이었다. 제이피모건 체이스가 뱅크원 인수를 결정한 첫째 이유가 바로 다이먼이었기 때문이다. 당시 CEO 빌 해리슨Bill Harrison의 승계 계획을 준비하고 있던 제이피모건 체이스 이사회의 레이더에 1순위로 들어온 인물이 바로 다이먼이었다. 씨티그룹처럼 인수·합병으로 성장했지만 기대 이하의 실적에 머물던 제이피모건 체이스는 뱅크원과 마찬가지로 다이먼의 리더십을 절실히 원하고 있었다. 월스트리트의 전문가들이 "제이피모건 체이스는 다이먼을 얻기 위해 580억 달러를 지불했다"라고 할 정도였으니 그에 대한 기대가 어느 정도였는지 짐작할 수 있다.

다이먼의 최장기 집권, 제이피모건 체이스는 CEO 사관학교?

씨티그룹을 떠나며 굴곡은 있었지만, 다이먼은 결국 자신이 있어야 할 자리를 찾았다. 2006년에는 회장 직위까지 거머쥐어 이사회와 경영진을 모두 장악했다. 그 후 다이먼은 스스로 운전대를 잡아 금융위기를 돌파했고, 이제는 금융 산업을 넘어 미국의 산업과 경제 전 영역에 걸쳐 영향력을 확대하고 있다. 그런데 여기엔 문제도 있다. 다이먼의 존재감과 영향력이 너무 커진 탓에 이젠 그 자신이 회사의 가장 값진 자산인 동시에 가장 큰 리스크가 되어버린 점이다. 바로 'CEO 리스크'다.

CEO 리스크는 말 그대로 CEO 때문에 생기는 리스크인데, 적절하게 견제되지 못하는 CEO의 높은 영향력이 회사의 성과를 좌지우지하는 경우, 그리고 CEO 승계 계획이 제대로 갖춰지지 않아 불확실성이 높을 경우에 나타난다. 제이피모건 체이스는 CEO 리스크의 두 가지 가능성을 모두 지니고 있다. 먼저 전자의 가능성은 강한 카리스마와 위기관리 능력으로 14년째 회사를 이끄는 다이먼을 이사회가 과연 제대로 감독할 수 있을지에 대한 우려에서 나온다. 막강한 CEO 리더십으로 초래되는 이 리스크는 다이먼이 CEO와 이사회 의장회장 을 겸직한다는 사실 때문에 더 크게 느껴진다. CEO가 올바른 경영을 하고 있는지 감시해야 할 이사회를 CEO 자신이 이끌고 있는 셈이니 "학생이 자기 답안지를 채점하는 격"이라는 비난을 들을 수밖에 없게 된 것이다.

여기에다 2012년 발생한 '런던 고래 사건'이 방아쇠 역할을 했다. 금

: 런던 고래 사건 :

제이피모건 체이스의 전사적 리스크를 관리하는 부서인 CIO(Chief Investment Office)가 신용파생상품 거래로 60억 달러의 손실을 기록한 사건이다. 사건을 가리키는 '런던 고래'라는 명칭은 손실을 초래한 트레이더 브루노 익실(Bruno Iksil)이 평소 대규모 거래로 유명해 별명이 '런던 고래'인 데서 유래했다. 리스크 관리 시스템과 내부 통제가 제대로 작동하지 않은 이 사건으로 인해, 제이피모건 체이스는 9억 7,000만 달러의 벌금을 냈고 다이먼은 연봉이 전년도의 절반으로 삭감되었다.

융위기에도 끄떡없던, 요새같이 튼튼한 리스크 관리를 자랑하던 회사의 명성에 큰 흠집을 낸 이 사건은 '이래서 강한 규제가 필요하다'라는 정치권의 공세에 빌미를 제공했고, 다이먼에게 경영권과 감시권을 모두 맡긴 것이 경영관리의 허점을 드러내고 막대한 손실의 단초를 제공한 게 아니냐는 논쟁이 불거지는 계기가 됐다. 그 결과 행동주의 투자자*들이 중심이 되어 주총에서 다이먼의 이사회 의장직 해임을 위한 의결권 다툼을 벌이는 일이 한동안 연례행사가 되다시피 했다. 특히 세계 1, 2위 의결권 자문 회사인 ISS Institutional Shareholder Services와 글래스루이스 Glass Lewis까지 겸직에 반대하며 다이먼에게 등을 돌렸던 2013년

* 특정 기업의 지분을 매수하고 경영권에 개입해 지배구조 변화, 주주배당 확대, 자사주 매입 등을 적극적으로 요구해 주주 이익의 극대화를 추구하는 투자자이다.

과 2015년은 그 공세가 정점에 달한 때였다.

하지만 다이먼 컬트는 여전히 건재해 대다수 주주가 다이먼을 지지했다. 만약 안건이 통과되면 회사를 떠나겠다고 다이먼이 엄포를 놓은 데다 주주의 한 사람인 워런 버핏의 "100% 다이먼 편"이라는 공개 지지를 등에 업은 결과였다.

다이먼을 둘러싼 또 다른 CEO 리스크는 불확실한 후계 구도에 있었다. 대체하기 쉽지 않은 다이먼의 무게감 때문에 후계자에 대한 시장의 관심이 뜨거운데도 후보 리스트에 오른 이름은 하나둘 사라지고 있다. 2016년 《파이낸셜타임스》는 흥미로운 기사를 실었다. 2008년 다이먼과 함께 회사를 지켜낸 핵심 참모 14명 중 지금까지 그의 곁을 지키고 있는 사람은 단 두 사람이라는 것이다. 월스트리트 최장 집권 기록을 가진 다이먼은 회사 내부에 다수의 후계자 후보가 있다고 공언해왔지만, 사실상 많은 이가 자의 반 타의 반 회사를 떠난 상황이라는 방증이다. 아직 일에 대한 의욕이 넘치는 회장 다이먼이 임기 관련 질문을 받을 때마다 앞으로 5년은 더 자리를 지킬 것이라고 농담 반 진담 반 답변한 지가 벌써 10년이 넘었으니 차기 CEO 경쟁자들의 인내심이 바닥을 드러낼 만도 하다. 게다가 현재 공동 사장을 맡은 두 사람은 다이먼의 뒤를 잇기에는 나이가 많은 편이라 월스트리트는 그들의 다음 세대에 주목하고 있다.

회사를 떠난 이들 중에는 엘리자베스 여왕의 장기 집권에 가로막힌 비운의 찰스 황태자로 사느니 차라리 다른 곳에 가서 왕 노릇 하는 게 낫다고 여기고 그 길을 택한 이들도 다수 있었다. 대표적으로 제스 스

테일리Jes Staley 바클레이즈 CEO가 그 길을 걸었다. 대학 졸업 후 제이피모건에서 첫발을 내디딘 후 투자은행 사업부 대표까지 오른 순혈 CEO 후보였지만 나이 문제를 극복하지는 못했다. 다이먼과 동갑내기인 그가 차기를 노리기에는 시간이 부족했다. 그 밖에 빌 윈터스Bill Winters 스탠다드차타드 CEO와 찰스 샤프Charles Scharf 웰스 파고Wells Fargo CEO는 다이먼에게 좌천당하고 회사를 떠나 지금의 자리에 오른 사례다. 결과적으로 다이먼은 후계자 후보들을 애써 키워 경쟁사의 CEO로 앉힌 셈이며, 그리하여 제이피모건 체이스는 'CEO 사관학교'가 되어버렸다.

월스트리트에서 메인스트리트로!

런던 고래 사건의 위기를 정면 돌파로 극복한 다이먼은 더는 월스트리트의 대변인 역할에만 머물지 않는다. 금융위기 이후 한동안 공공의 적으로 내몰렸던 금융의 정당성 회복에 앞장섰다면, 이제는 금융업을 넘어 미국의 산업계 전체를 대표해 영향력을 행사하는 기업가가 되었다.

사실 '금융가'와 '기업가' 간에는 메울 수 없는 간극이 있다. 미국의 산업계를 '월스트리트Wall Street'와 '메인스트리트Main Street' 두 갈래로 구분하는 데서 나타나듯 금융은 다른 산업을 지원하는 역할에 머무르는 것으로 여겨지기 때문이다. 대공황과 글로벌 금융위기를 '왝 더 독wag the dog', 즉 '꼬리 격인 월스트리트가 몸통인 메인스트리트를 흔든 사건'으로 보는 것도 같은 맥락이다. 이런 표현과 분위기에 따르면, 분명 월스트리트의 금융가와 메인스트리트의 기업가 사이에 암묵적 차별의 벽이 존재한다고 볼 수 있다. 그리고 다이먼은 금융가에서 기업가로 신분 상승을 한 셈이다.

최근 '기업가' 다이먼은 지속가능한 세상을 만들기 위해 기업과 정치가 어떤 역할을 해야 하는지 설파하고 있다. 이를 위해 그는 자신의 홈그라운드를 100% 활용한다. 우선 매년 발간되는 제이피모건 체이스 연차 보고서에 실리는 '회장의 주주 서한'을 메신저로 삼는다. 이 글은 해마다 분량이 늘어나 2018년에는 무려 50페이지에 달했다. 주주 서한에서 다루는 영역은 광범위하다. 회사의 실적은 물론이고 세금, 헬스케어, 인프라, 교육 등 공공정책 관련 문제 및 해결책 제시 등에 많은 지면을 할애한다. 다이먼의 주주 서한은 세계 정치·경제·외교를 이해하기 위해 워런 버핏의 주주 서한과 함께 매년 꼭 읽어야 하는 필독서가 된 지 오래다.

다이먼의 주주 서한이 홈그라운드를 활용해 자신의 아이디어를 세상에 전파하는 기능을 한다면, 이를 실제로 구현하는 데도 그는 홈그라운드를 적극 활용한다. 그중 두 가지 사례를 꼽으면 다음과 같다.

우선 스스로 '파괴적 혁신'에 나서며 공공정책을 변화시키려는 노력이다. 그동안 "미국 헬스케어는 최악"이라며 터무니없이 비싼 의료비에 대해 비난의 목소리를 높이던 다이먼이 마침내 행동에 나섰다. 평소 친분이 두터운 버크셔해서웨이의 CEO 워런 버핏, 아마존 CEO 제프 베이조스와 연합해 2019년 비영리 헬스케어 벤처 '헤이븐Haven'을 세운 것이다. 헤이븐을 통해 우선 120만 명에 달하는 세 회사 임직원들을 대상으로 의료비 감축 및 의료 서비스 개선을 이룬 후 이를 미국 사회 전체로 확장한다는 복안이다. 이렇게 되면 헬스케어 관련 민간기업은 물론이고 정책을 집행하는 미국 정부도 압박을 느낄 수밖에 없다. 이는 동시에 세 회사 모두에 새로운 사업 기회도 제공할 것으로 기대되어 '공유 가치 창출Creating Shared Value; CSV', 즉 경제·사회적 여건을 개선하면서 동시에 기업의 경쟁력을 강화하는 기회가 될 것이다.

다음으론 요즘 우리나라에서도 화두가 되고 있는 '포용 성장', 좀 더 구체적으로 '포용 금융'의 구현이다. 다이먼은 경제 성장과 금융의 혜택을 제대로 받지 못하는 취약 계층 또는 취약 지역을 지원할 목적으로 제이피모건 체이스의 금융 서비스를 제공한다. 이는 단순한 기부가 아니라 자력갱생을 위해 우호적 금융 여건을 조성해주겠다는 의미를 담은 행동이다. 미국 중서부 자동차 산업 중심지 디트로이트에 대한 지원이 바로 이런 목적에서 이뤄졌다.

디트로이트는 과거의 번영을 뒤로하고 2012년에는 파산선고까지 받는 등 이제는 미국의 쇠락한 제조업을 상징하는 러스트 벨트의 중심 도시다. 2014년 다이먼은 디트로이트시장에게 직접 전화를 걸어 아주 특별한 지원을 약속했다. 디트로이트에 필요한 노동력 개발과 인프라 건설에 투자하고, 금융 사각지대에 놓인 지역 사업자에게 대출을 해주는 등 도시 재건에 필요한 자금이 흘러들어가도록 돕겠다는 것이었다. 디트로이트를 위한 투자 및 대출에 대해서는 기존 심사보다 완화된 기준을 적용해 싼 가격에 자금을 공급하는 것이 그 지원의 핵심이다. 바로 이것이 다이먼이 추구하는 '비전통적 벤처 금융nontraditional venture banking'이다. 다이먼은 2019년까지 이미 1억 5,000만 달러를 투입했고

2022년까지 총 2억 달러를 채우겠다고 공언한 상태다.

그 밖에도 제이피모건 체이스는 자사의 광대한 빅데이터를 활용해 디트로이트의 지역 사업자를 지원하고 상권을 활성화하는 데 기여하고 있다. 그런데 다이먼이 이렇게까지 디트로이트에 집착하는 데는 또 다른 이유가 있다. 바로 마음의 빚이다. 월스트리트가 원인을 제공한 금융위기가 일정 부분 디트로이트의 몰락을 가속화했다는 무거운 책임감이 작용한 것이다. 금융위기의 여파로 디트로이트 대표 기업 GM과 크라이슬러가 정부의 구제금융을 받아야 했고, 그 후 두 기업의 사세가 기울며 디트로이트 경제에 부담으로 작용했기 때문이다.

그러나 다이먼의 광폭 횡보는 종종 저의를 의심받기도 한다. 가장 대표적인 것이 '대권 도전'이다. 미국 정치와 공공정책에 대해 몸을 사리지 않고 목소리를 높이는 까닭에, 언론 인터뷰를 할 때면 말미에 관련 질문을 받는 경우가 많다. 오랫동안 다이먼은 대권 도전 가능성 자체를 부인하지는 않았다. 심지어 미국 대통령 선거를 앞둔 2016년 9월의 한 인터뷰에선 "대통령이 되고 싶다"라고 말하며 권력의지를 내비치기도 했다. 하지만 같은 인터뷰에서 당시 트럼프 공화당 후보의 대선 패배를 예상하며 "유권자들이 기대하는 대통령 후보는 (기업가가 아닌) 상원의원이나 주지사 출신 인물"이라고 말해 발언의 수위를 낮추기도 했다. 결국 그날의 발언은 대통령은 되고 싶은데 자신도 트럼프와 같은 처지라 어려울 것이라는 뜻으로 해석됐다. 그 후 막상 트럼프가 당선되자 당연히 다이먼에 대한 기대가 증폭되었다.

다이먼의 발자취를 돌이켜보면 그의 진정한 가치는 '유니버설 뱅킹

universal banking' 경영 역량에서 가장 잘 드러난다. 여수신 업무는 물론 신탁, 증권, 보험 등 모든 금융 업무를 아우르는 유니버설 뱅크를 두 차례나 성공적으로 일군 인물을 찾아보자면 월스트리트에서 다이먼이 유일하다. 유니버설 뱅킹의 경쟁력인 '사업 간 시너지'와 '규모의 경제' 효과를 극대화한 결과다. 또한 조직을 어떻게 해서든 지켜내려는 다이먼의 진정성을 알아본 직원과 주주가 다이먼 컬트의 출발점이 되어준 덕분이다. 이렇듯 다이먼의 리더십이 빚어낸 성과는 매우 뚜렷하다. 그래선지 웨일마저도 "다이먼을 해고한 것이 가장 후회스럽다"라고 말한 바 있다.

Howard Marks, 1946~

오크트리 캐피털 매니지먼트 회장. 1969년 시카고대학 경영대학원 MBA를 마치고, 씨티코프 포트폴리오 매니저와 TCW 최고투자책임자를 거쳐 1995년에는 브루스 카시 등 동료 5명과 함께 오크트리 캐피털 매니지먼트를 창립했다. 2020년 3월 기준 이 회사의 운용 자산 규모는 1,130억 달러, 직원 수는 950명이다. 하워드 막스의 개인 자산은 2020년 6월 기준 20억 달러이며, 《포브스》 선정 미국 부자 370위, 세계 부자 945위에 랭크되어 있다.

11장

하워드 막스 오크트리 캐피털 매니지먼트 회장

〈메모〉로 대중들의 투자 나침반이 되다

2007년 2월의 어느 날, 하워드 막스는 펜을 들었다. 17년째 쓰고 있는 〈메모Memo〉를 작성하기 위해서였다. 여기서 말하는 〈메모〉란 막스가 자신의 투자 철학과 금융시장에 대한 통찰을 담은 글이다. 이론과 현장 경험을 바탕으로 투자할 때 지켜야 할 원칙과 현재 금융시장에 대한 진단을 고객들과 공유하기 위해 그가 선택한 소통의 도구다.

매번 〈메모〉는 의미심장한 제목을 달고 독자들에게 간다. 2007년 2월 그날의 〈메모〉는 제목이 '바닥을 향한 경주The Race to the Bottom'였다. 누가 먼저 바닥으로 곤두박질칠 것인지 경쟁이라도 하듯 과열된 모기지 시장에 날린 강력한 경고장이었다. 막스는 워런 버핏의 격언을 인용하며 그날의 메모를 마무리했다. "사람들이 자기 일을 하는 데 신중함이 부족하다면 그럴수록 우리는 우리가 하는 일에서 더 큰 신중함을 발휘해야 한다." 투자에 대한 경계심이 느슨해질 때 그에 휩쓸리지 말고 더욱더 신중한 태도를 견지할 것을 요청한 것이다. 막스의 메모가 고객들에게 발송되고 얼마 지나지 않아 그의 경고가 현실이 되었음은 우리 모두가 잘 알고 있는 바다.

막스의 〈메모〉, 버핏의 극찬을 받다

미국 오크트리 캐피털 매니지먼트Oaktree Capital Management, 이하 '오크트리' 공동 창업자 겸 공동 회장 하워드 막스는 1990년부터 〈메모〉를 썼다. 오크트리를 설립하기 전, 자산 운용사 TCWTrust Company of West에서 포트폴리오 매니저 생활을 할 때부터다. 자신에게 돈을 맡긴 고객들의 투자 의사결정을 돕기 위해 비정기적으로 글을 쓴 것이 그 시작이다. 이메일이 없던 시절, 〈메모〉를 한 부씩 프린트한 다음 봉투에 넣어 우편으로 발송했다.

그로부터 30여 년이 흘렀다. 그의 〈메모〉를 챙겨 읽는 독자가 꾸준히 늘었고 그 범위도 매우 넓어졌다. 주요 고객인 기관 투자자만이 아니라 전 세계 기업, 공공기관, 개인 투자자 등 막스의 혜안에서 투자의 실마리를 찾으려는 많은 사람이 그의 〈메모〉를 열독한다.

〈메모〉에 대한 반응이 처음부터 이렇게 뜨거웠던 것은 아니다. 첫 〈메모〉가 나오고 거의 10년 동안은 아무도 관심을 보이지 않았다. 그도 그럴 것이 우선 막스의 〈메모〉는 일반적인 리서치 보고서와는 그 형식이 매우 다르다. 기초 경제 여건 분석에서 시작해, 업종과 개별 주식, 채권 등의 가격 변화를 예측하는 일반적 보고서와 전혀 딴판인 것이다. 특히 그의 〈메모〉는 결코 미래를 예측하는 법이 없다. 자신의 투자 철학과 현재 금융시장에서 무슨 일이 일어나고 있는지를 분석해 전달할 뿐이다.

개별 주식·채권을 치밀하게 분석해 사야 하는지, 팔아야 하는지 답을 제시하지 않다 보니 치열하게 머니게임을 벌이는 투자자들의 관심을 끌기엔 미흡했다. 게다가 이런 유형의 글이 통하려면 글쓴이의 유명세가 중요한데 당시 막스는 그런 면에서 부족함이 있었다.

조용히 그리고 꾸준히 〈메모〉를 작성한 지 10년째 되던 2000년, 드디어 첫 반응이 나타났다. 새로운 천년을 맞아 그해 1월에 작성한 〈메모〉 이야기가 유명 투자 전문지 《배런스Barron's》의 커버스토리로 등장하면서다. '버블 닷컴'이라는 제목의 그 〈메모〉는 당시 인터넷 관련 주가에 잔뜩 낀 거품에 대한 경고가 주요 내용이었고, 〈메모〉가 발송된 지 얼마 지나지 않아 막스가 날린 경고장대로 기술주가 폭락하자, 〈메모〉 '버블 닷컴'과 그 작성자 막스가 《배런스》의 레이더에 포착된 것이었다.

뒤이어 '투자의 현인'으로 통하는 워런 버핏이 "메일함에 막스의 메일이 보이면 가장 먼저 읽는다"라고 얘기한 사실까지 알려지면서 〈메모〉에 대한 세간의 관심이 집중됐고, 그 후로 새 〈메모〉가 나오는 즉시 언론들이 앞다투어 보도할 정도로 막스의 영향력이 커졌다.

〈메모〉에 담긴 막스의 투자 철학은 '가치투자'

막스의 〈메모〉를 관통하는 투자 철학의 핵심은 '가치투자'다. 투자의 기준을 철저하게 '내재가치'에 두고 시장가격이 내재가치보다 낮아야만 매수하고 높으면 매도하는 투자다. 너무나 당연하고 쉽게 따를 수 있을 것 같지만 현실은 그렇지 않다. 가치투자를 방해하는 장애물이 한둘이 아니기 때문이다. 무엇보다 투자자의 '감정'이 큰 장애물이다. 어떤 투자 원칙이든 심리적 이유로 무너지곤 한다. 강세장에서는 시장가격이 천정부지로 치솟을 것만 같고 약세장에서는 바닥을 뚫고 지하까지 내려갈 것만 같은 심리의 지배를 받기 쉬운 탓이다.

막스가 처음부터 가치투자를 실천한 것은 아니다. 투자의 세계에 첫발을 내디딘 후 상당한 시련을 겪고 나서야 가치투자의 진정한 가치를 깨달을 수 있었다. 펜실베이니아대학에서 재무학을 전공하고 시카고대학 경영대학원을 졸업한 막스는 1969년 씨티코프의 주식 리서치 부서에 입사하며 투자 업계에 입문했다. 입사 후 맡은 첫 업무는 주가 분석이었다. 주식 애널리스트로서 매일같이 경제와 주식시장을 분석하며 주가 예측에 매달렸다.

당시 주식시장은 예측이 그리 어렵지 않다고 여겨지던 시기다. 주식시장 활황이 거침없이 이어지던 '고-고 시대'의 한복판이었기 때문이다. 10년 가까이 지속한 상승장 덕에 주식은 항상 오르기만 하는 것이란 단순한 기대가 넘쳐났다. 그 같은 시장 심리를 등에 업고 등장한 것이 '성장주'라고 불리는 주식군이다. 바로 '니프티 50Nifty Fifty'*으로 불리던 성장주 50 종목이다. IBM, 코닥, 폴라로이드 등 요즘 주식으로 치면 'FAANG'** 격인 종목들이 이 리스트에 올라 있었다.

당시는 니프티 50에 대한 투자자들의 기대 심리가 정점으로 치닫던 때다. 이런 상황을 보여주는 것이 가치투자의 주요 척도인 주가수익비율Price-Earnings Ratio; PER이다. PER가 무려 80~90배였다. 제2차 세계대전 이후 미국 주식시장의 평균 PER가 15배 수준이었던 점과 비교하면 당시 주가 수준은 그야말로 요란한 경고음을 울리고 있었던 것이다. 하지만 투자자들은 아랑곳하지 않았다. 브레이크 없는 성장주 매수세는 계속 이어졌고, 씨티코프와 막스도 그 흐름에서 예외일 수 없었다. 문제는 고-고 시대의 끝자락에 올라탄 성장주의 등에서 제때 내려오지 못한 데 있었다.

고-고 시대의 끝이 어떠했는지는 알려진 대로다. 1970년대 초 오일쇼크와 브레턴우즈 체제의 종말과 함께 찾아온 약세장은 1980년대 초까지 10년 이상 계속됐다. 특히 니프티 50의 하락 폭은 최악이었다. 여느 주식보다 상승세가 가팔랐던 만큼 뒤이어 찾아온 하락세도 더 거셌다. 과도한 기대 심리가 주가에 가득 낀 거품과 함께 사그라지면서 PER가 최고 대비 90% 급락하는 지경에 이르렀다.

주가 급락은 막스의 커리어에도 직격탄을 날렸다. 투자 업계에 발을

---

* 1960~1970년대 뉴욕 증시에서 거래되던 주식 중 미국 투자자들이 가장 선호한 대형주 50 종목으로 당시 주식 호황을 이끌었다.

** 2010년대에 거대 기업으로 부상한 페이스북(Facebook), 애플(Apple), 아마존(Amazon), 넷플릭스(Netflix), 구글(Google)을 통칭하는 말.

들여놓기 무섭게 급반전한 주식시장에 제대로 대응하지 못한 탓에 주식 분석 업무에서 손을 떼야 했다. 문책성 인사였다. 그러나 돌이켜보면 투자 이력의 초기에 시장의 급변과 투자 실패를 경험한 것은 오히려 행운이었다. 그 대가로 일찌감치 가치투자에 눈뜰 수 있었기 때문이다. 또한 그때부터 형성된 막스의 심도 높은 투자 철학이 후일 인터넷 버블과 부동산발 금융위기에 발 빠르게 대응하는 데 원동력이 됐다.

자신의 투자관을 글로 표현한다는 것은 그것에 대해 깊이 고민하고 제대로 이해하지 못하면 불가능한 일이다. 최고의 가치투자자로 통하는 버핏이 막스의 〈메모〉를 극찬한 이유가 바로 여기 있다. "글을 써보는 것만큼 스스로 생각하게 만들고 자신의 사고를 바로잡는 방법도 없다"라는 버핏의 지론을 명확히 보여준 사례가 바로 막스이기 때문이다.

주식 애널리스트를 떠나 '하이일드 채권'의 세계로: 정크본드의 제왕 밀켄과의 만남

실적 부진으로 대기 발령 중이던 1978년, 막스에게 새로운 업무가 주어졌다. 이전처럼 간접적으로 투자 활동을 지원하는 애널리스트가 아닌 포트폴리오 매니저로서 투자 실전에 직접 투입된 것이다. 그러나 이번에 상대할 투자 대상은 평범한 주식이나 채권이 아니었다. 당시만 해도 생소하던 전환사채Convertible Bond; CB*였다. 주식과 채권의 성격을 모

* 일정한 조건에 따라 채권을 발행한 회사의 주식으로 전환할 수 있는 권리가 부여된 회사채.

두 지닌 독특한 녀석을 맡은 것이다.

주식시장을 떠나는 건 막스의 희망 사항이기도 했다. 이후 맡을 업무를 놓고 상사와 면담하는 자리에서 그는 "주식만 아니면 뭐든 좋다"라고 말하며 주식에 대해선 분명히 선을 그었는데 그 요청이 받아들여진 것이다. 이렇게 뛰어든 전환사채 투자는 그에게 또 다른 행운으로 작용했다. 훗날 그가 대체투자라는 신세계에서 독보적 투자자의 위치에 오르는 결과를 낳았기 때문이다.

전환사채와 씨름하며 펀드를 운용하던 막스는 어느 날 상사로부터 긴급 지시를 받았다. 캘리포니아에 '하이일드 채권high yield bonds'*이라는 것을 영업하는 이가 있다는데 자세히 알아보라는 것이었다. 막스는 그를 만나기 위해 백방으로 수소문했다. 뉴욕도 아닌 서부에서 대체 무슨 채권이기에 그렇게 높은 금리를 제시하는지 무척 궁금했다. 그리고 며칠 후 자신을 만나러 뉴욕으로 날아온 그 주인공과 대면했다.

그는 자신을 로스앤젤레스LA 소재 투자은행 드렉설 버넘 램버트Drexel Burnham Lambert의 마이클 밀켄Michael Milken이라 소개하며 잠재 고객 막스에게 하이일드 채권 전반에 대해 설명해주었다. '하이일드 채권' 혹은 '정크본드'라 불리는 투기 등급 채권을 발행·인수·거래하는 사업을 개척해 훗날 금융사에 한 획을 그은 밀켄을 처음 만난 것이다.

당시 밀켄은 하이일드 채권이라는 금맥을 발견하고서 사업을 확장하

---

* 일반적으로 '투자부적격' 또는 '투기' 등급으로 불리는 신용등급 BB 이하의 기업이나 기관이 발행하는 채권으로, 채권 발행자의 부도 가능성이 크다고 여겨지기 때문에 전형적으로 높은 수익(금리)을 제공한다.

기 위해 밤낮으로 영업에 매달리고 있었다. 밀켄을 만나고 난 뒤 막스는 하이일드 채권에 빠져들었다. 워낙 기발한 발상의 채권이기도 했고, 밀켄은 동갑내기에다 펜실베이니아대학 동창이라 통하는 구석도 많았다. '정크본드의 제왕' 밀켄을 알게 된 건 막스에겐 운명적이었다고 할 만하다. 모두가 회피하던 고위험 투기 등급BB 이하의 신용등급을 리스크 관리를 통한 수익 창출의 도구로 바라보는 관점을 갖는 계기로 작용했기 때문이다.

얼마 지나지 않아 막스도 LA로 발령이 났다. 1970년대부터 시작된 '채권 운용의 서부 시대'에 씨티코프도 동참하면서다. 보통 금융의 중심지라고 하면 미국 동부의 월스트리트를 떠올린다. 주식시장과 유수의 은행들이 주로 이 지역에 위치해 자본의 수요와 공급을 연결해주는 장터 역할을 하기 때문이다. 하지만 증권사나 은행들의 주요 고객인 자산 운용사나 연기금 같은 기관 투자자들은 미국 전역에 흩어져 있다. 그리고 채권 운용에 특화된 지역은 미국 서부 캘리포니아의 LA 인근이다. 채권 투자의 큰손들이 거기서 3조 달러에 달하는 투자금을 운용하고 있다2018년 기준.

스타트업들이 실리콘밸리를 선호하듯 채권 운용사들은 LA를 근거지로 삼고 싶어한다. 그 출발점이 된 것이 1970년대부터 시작된 채권 전문 운용사들의 '골드러시'다. 금광을 찾아 동부에서 서부로 사람들이 몰려든 것처럼 동부 월스트리트에서 활동하던 채권 전문가들이 서부 LA로 옮겨간 것이다. 핌코Pacific Investment Management Company; PIMCO, TCW, WAMCWestern Asset Management Company 같은 대형 운용사들이 설립되고 월스트리트에서 일하던 밀켄이 하이일드 채권 사업을 위해 LA로 본거지를 옮긴 것도 이 무렵이다. 그 거대한 변화의 흐름에 막스도 함께했다.

채권 운용의 신천지 LA에 둥지를 튼 막스는 본격적으로 채권 투자에 뛰어들었다. 그의 특별한 관심을 끈 것은 하이일드 채권을 비롯한 이른바 고위험 채권이었다. 고위험 채권 투자를 무조건 꺼릴 것이 아니라 다양한 채권에 분산 투자한다면 일부 채권이 부도가 나더라도 다른 채권에서 얻는 높은 수익으로 충분한 이익을 얻을 수 있다는 판단이었다. 지금이야 충분히 통용되는 견해이지만 당시로선 쉽지 않은 접근법이었다.

우선 그런 채권을 구하기가 어려웠다. 일정 신용등급에 이르지 못한 기업은 채권 발행을 통한 자금 조달이 아예 불가능했던 까닭이다. 그러던 것이 밀켄의 등장으로 하이일드 채권 발행이 급증하면서 투자가 용이해졌다. 금리의 변동성이 커진 것도 전반적인 채권 투자의 매력을 높였다. 이전에 금리가 붙박이처럼 움직이지 않던 때는 채권 투자란 곧 만기까지 보유하는 것을 의미했다. 하지만 1970년대 후반부터 진행된 금리 자유화 덕택에 채권을 적극적으로 사고팔아 자본 이득을 얻을 기회가 늘어난 것이다.

이렇게 채권시장이 빠른 속도로 발전하자 이에 발맞춰 채권 전문가들의 몸값도 올라갔다. 밀켄의 경우 1987년 한 해 보너스로 5억 5,000만 달러를 챙기며 월스트리트 투자 전문가들의 자존심에 상처를 냈다. 그런 밀켄에게는 한참 못 미쳤지만 막스에 대한 러브콜도 꾸준히 이어졌다. 그 결과 1985년엔 18년간의 씨티코프 생활을 마감하고 자산 운용사 TCW에서 새로운 커리어를 시작하게 됐다.

하이일드 채권 투자의 전문성을 인정받아 대형 자산 운용사로 옮겨간 막스는 업계에서 점차 영향력을 키워갔다. 막스가 '가치투자'에 눈뜬 것도 하이일드 채권을 본격적으로 거래하면서다. 대부분의 대형 금융회사에 투기 등급이란 곧 투자 불가능으로 통하던 그 시기, 하이일드 채권은 적정 가치보다 형편없이 낮은 가격에 거래되는 경우가 빈번했고 막스는 바로 그 빈틈을 파고들었다.

'부실채권'이라는 블루오션: 브루스 카시와의 만남

TCW에서 하이일드 채권 펀드를 운용하던 막스가 또 다른 투자의 금맥을 찾아낸 건 1987년의 일이다. 변호사 출신으로 보험사 선아메리카SunAmerica에서 일하던 브루스 카시Bruce Karsh를 만나면서다. 당시 카시는 법률 전문가로서 기업 인수·합병 업무에 깊숙이 관여하고 있었다. 그러면서 카시는 재무적으로 어려움을 겪는 부실기업이 발행한 '부실채권distressed debt'*에서 투자 기회를 발견했다. 부실채권을 싼 가격에 살 수만 있다면 기업이 회생해 채권 가격이 오르거나, 기업이 청산되더라도 자산 매각 후 보상받을 금액이 애초 채권을 매수한 가격보다 높으면 이익을 얻을 수 있으리라 본 것이다. 자신의 아이디어를 확인하고 싶었던 카시는 지인으로부터 채권 전문가 막스를 소개받았다.

* 부도가 나거나 파산 보호를 신청한 기업의 채권.

카시를 만난 막스는 그의 투자 아이디어를 듣자마자 강렬한 데자뷔를 느꼈다. 바로 1978년의 한 장면이었다. 뉴욕에서 밀켄을 처음 만났던 그날의 기억이 떠올랐다. 10여 년 전 하이일드 채권을 접했을 때 느낀 전율을 또 한 번 경험했다. 하이일드 채권에서 그랬듯 부실채권으로도 가치투자를 실현할 수 있다는 강한 확신이 들었다. 막스는 즉각 행동으로 옮겼다. 얼마 후 카시를 TCW로 영입해 부실채권 투자의 진용을 갖춘 것이다.

부실채권 투자 운용팀을 꾸린 막스는 1988년 업계 최초로 부실채권 펀드 조성에 나섰다. 가장 중요한 것은 역시 투자금 유치였다. 특히 이번엔 부실채권이라는 아주 생소한 투자 대상이라 투자자들을 설득하기가 쉽지 않으리라는 우려가 컸다. 하지만 의외로 투자금 유치는 대성공이었다. 두 차례에 걸쳐 1억 6,100만 달러라는 당시로선 상당한 규모의 투자를 유치한 것이다. 막스의 가치투자 철학에 투자자들이 호응한 결과였다.

막스는 투자자들에게 부실채권이야말로 가치투자의 기본인 '역발상 투자'의 블루오션임을 역설했다. '부도가 날 지경의 회사가 발행한 채권에 투자하는 건 말도 안 된다'라고 생각하는 투자자들이 많을수록 채권이 저평가돼 있을 가능성이 크기 때문에, 그들과는 반대로 적극적으로 투자하는 것이 큰 수익으로 연결될 수 있다는 논리였다. 특히 지금이 시장에 진입하지 않으면 누군가 다른 투자자들이 '선두 주자의 이점'을 누릴 것이라고 설득했다.

TCW에서 막스의 전성기는 1990년대 초반에 찾아왔다. 불안한 유가, 저축대부조합* 파산, 걸프전 등과 맞물려 경기가 침체하고 부도율이 급증하던 시기다. 설상가상으로 하이일드 채권시장의 큰손 밀켄이 증권거래법 위반으로 구속되자 채권 거래가 급감하고 금리 상승은 가속화됐다. 부도 기업이 속출하고 하이일드 채권의 금리가 급등하는 상황이 펼쳐지자 패닉에 빠진 투자자들은 보유 채권을 거칠게 매도하고 부실채권의 신규 매수에는 관심조차 보이지 않았다. 시장이 패닉에 빠진 그때 막스는 또 한 번 역발상 투자를 감행했다. 모두가 '셀Sell'을 외치는 그때야말로 부실채권에 투자할 절호의 기회라고 판단한 것이다. 그리고 이때부터 자신의 아이디어를 투자자들과 공유하기 위한 〈메모〉를 쓰기 시작한다.

막스는 발 빠르게 움직였다. 절호의 투자 기회를 살리기 위해 2차 펀드 모집에 나섰다. 1988년의 1차 펀드를 통해 입증된 실력 덕택에 투자자 모집엔 문제가 없었다. 1990년 한 해 동안 두 차례에 걸쳐 모집한 펀드에 무려 5억 2,000만 달러의 자금이 몰렸다. 넉넉한 실탄 마련에 성공한 막스는 남들이 헐값에 던지는 채권의 매수에 나섰다. 물론 이 경우 상황이 추가로 악화할 가능성도 배제할 순 없다. 시장의 천장과 바닥을 정확히 예측하기란 불가능하기 때문이다.

막스가 주목한 것은 '주기cycle'다. 경제든 금융시장이든 반복되는 주기가 있고 주기상 지금의 위치가 어디인지를 파악하는 것이 투자 의사결정의 출발점이라 믿었다. 그래서 그는 "역사는 그대로 반복되지는 않

---

* 우리나라의 저축은행에 해당하는 미국의 지역 거점 금융기관.

투자의 성공은
'좋은 것을 사는 것'이 아니라
'잘 사는 것'에 달려 있다.

Marks, Howard (2011). *The Most Important Thing: Uncommon Sense for the Thoughtful Investor*. Columbia University Press.

는다. 하지만 일정한 운율을 갖는다"라는 마크 트웨인Mark Twain의 말을 곧잘 인용하곤 했다. 대다수의 사람은 시간이 지나면 과거에 유사하게 반복된 주기를 잊어버린다. 강세장에선 가격이 한없이 올라가기만 할 것 같아 지나치게 흥분하고, 반대로 약세장에서는 가격이 바닥을 지나 끝없이 떨어질 것 같아 패닉에 빠지는 상황이 반복된다. 그 결과는 천장에서 매수하고 바닥에서 매도하는 악순환이다. 특히 부실채권 투자에선 경제 주기를 잘 읽는 것이 중요하다. 일반적인 주식이나 채권처럼 쉽게 사고팔기보다는 장기 투자의 관점에서 접근해야 하기 때문이다. 큰 주기 내에서 잔물결에 집착하기보다 극단적으로 비싸거나 싼 지점에서 역발상 투자를 실행하는 것이 성공 투자의 비결이다.

2차 펀드의 성과는 경이로웠다. 연평균 수익률 45%라는 놀라운 성적에 투자자들은 환호했고 추가 투자 문의가 이어졌다. 웬만한 대형 기관 투자자가 막스의 펀드에 투자하려면 번호표를 뽑아 들고 줄을 서야 할 정도로 인기가 치솟았다. 뒤이어 조성한 3차 펀드도 2차 펀드만큼은 아니지만 연평균 20%대 수익률을 올리면서 막스는 부실채권 투자에서 확고한 입지를 다졌다.

막스의 연이은 성공 투자는 TCW에도 큰 수익을 안겨주었다. 펀드의 규모가 커지면서 수수료 수입이 늘어난 덕이었다. 사실 이 때문에 대부분의 자산 운용사와 펀드 매니저는 펀드의 덩치를 키우고 싶어한다. 연이어 투자에 성공하면 투자금이 몰려 펀드의 규모가 커지고 이에 비례해 수수료 수입도 늘어나는 구조이기 때문이다. 그러나 막스는 4차 펀드를 조성하는 과정에서 뜻밖의 결정을 내렸다. 이전 펀드에 비해 규모를 절반으로 줄이겠다고 선언한 것이다. 줄어든 펀드 규모만큼 수수료 수입을 포기하는 것이기에 겉보기에는 어리석은 결정 같았다.

막스가 이런 결정을 한 데는 자신을 믿고 돈을 맡긴 고객에 대한 신의를 지키겠다는 굳건한 마음가짐이 자리했다. 그는 당시 환경이 이전처럼 투자금을 늘려 공격적인 투자를 하기에는 적절하지 않다고 봤다. 그가 중요하게 보는 관점인 경제 주기상 경기가 이미 재반등을 하면서 저점 매수의 기회가 사라진 상황이었기 때문이다. 더 많은 투자금을 모집하면 자신과 회사는 큰돈을 벌겠지만 투자자는 정반대 경우에 처할 가능성이 컸다.

막대한 수수료 수입은 포기했지만 그 대가로 그는 평생을 함께할 소중한 자산을 얻을 수 있었다. '고객을 최우선으로 하는 펀드 매니저'라는 명성이었다. '최고의 부실채권 투자가'라는 평가와 함께 고객의 이익을 자기 개인의 이익보다 우선하는 '선량한 관리자'라는 소중한 평판 자산까지 갖게 된 것이다.

오크트리를 설립하며 '투자 철학'을 실현할 새로운 무대에 오르다

10년 동안 TCW에서 일하며 부실채권 투자에서 선도적 입지를 다진 막스는 1995년 중대 결심을 하게 된다. 카시를 비롯한 5명의 직장 동료와 의기투합해 대체투자 전문 자산 운용사 오크트리를 설립한 것이다. 이들은 대형 자산 운용사 TCW의 품을 벗어나 자본금 1,000만 달러를 마련해 고위험 회사채 펀드 운용에 직접 뛰어들었다. 그때만 해도 대체 투자는 자산 운용사 포트폴리오에서 구색 맞추기 정도로 여겨지는 분위기였다. 그런데도 이들이 대체투자에만 집중하기로 한 건 매우 실리적인 이유였다. 누구나 전문가를 자처하는 평범한 주식이나 채권 펀드를 내세우는 건 레드오션에 뛰어드는 격이란 생각이었다. 그보다는 시장 정보를 구하기가 쉽지 않고, 늘 논란의 여지가 있으며, 두려움의 대상인 투자 자산을 다루는 것이 더 낫다고 봤다.

막스가 TCW를 떠나 창업한 이유를 좀 더 구체적으로 살펴보자면 세 가지로 명확히 정리된다. 첫째, 자신의 투자 철학을 구현하기 위해서였다. TCW에서는 자신의 사업부에 마치 슈퍼마켓처럼 50여 개의 펀드로 구색을 갖춰놓고 '영업'을 해야 하는 부담감이 상당했다. 여러 정황상 적합지 않다고 생각하는 펀드까지 고객에게 권유해야 하는 불편함을 극복하기가 어려웠다. 하지만 자기 소유의 회사라면 다를 수 있었다. 오롯이 자신의 투자 철학과 투자 전략에 기반을 둔 소수 정예 펀드를 조성해 집중할 수 있기 때문이다.

둘째 이유는 막스의 리더십에 있었다. TCW에서 막스의 부하 직원이었고 창업 후 지금까지도 동업자로 함께하고 있는 카시는 "탭댄스를 추며 출근했다"라는 워런 버핏의 표현을 빌려 막스의 리더십을 설명한다. 출근길에 춤을 출 정도로 막스와 함께 일하는 것이 즐거웠다는 말이다. 그랬기에 안정된 직장을 떠나 막스를 따라 창업에 동참하는 리스크를 기꺼이 감수할 수 있었다.

마지막은 경제적 이유였다. 막스는 자신이 회사에 벌어다 주는 수수료 수입 등 기여도에 비해 회사가 지급하는 성과급의 결정 체계를 받아들이기 어려웠다. 물론 펀드 운용의 초창기에는 회사의 규모와 인지도가 중요한 역할을 한 게 사실이다. '부실채권'같이 낯선 대상에 거금을 투입하는 데 TCW 같은 메이저급 운용사가 아니었다면 어떤 투자자도 선뜻 나서기 어려웠을 터이다. 하지만 시간이 흘러 막스와 그의 팀 인지도가 투자자들의 투자 결정 기준이 됐음에도 회사의 성과급 체계가 적절하게 조정되지 못했다. 1995년 막스와 그 동료들이 TCW에서 운용하던 자산 규모는 무려 70억 달러에 달했기 때문에 경제적 이유 역시 창업의 동기가 되기에 충분했다.

막스는 창업을 통해 그동안 실무에서 쌓은 투자 철학을 더욱 정교하게 다듬고 실천으로 옮길 수 있었다. 이 과정에서 그의 〈메모〉가 크게 기여했다. 투자에 대해 깊이 사고하고 그 결과를 설득력 있게 글로 표현하는 과정에서 성찰과 논리가 배가될 수 있었던 것이다. 또 독자로부터 받는 피드백을 통해 자신이 놓친 부분을 발견하고 개선해나갔다. 나아가 〈메모〉의 독자 수가 늘어나고 언론의 관심도 커지면서, 막스의 〈메모〉는 오크트리의 브랜드 가치를 높이는 가장 중요한 마케팅 수단으로 자리 잡게 됐다. 이렇게 높아진 영향력으로 인해 막스는 창업자와 경영자라는 위상을 넘어, 오크트리의 최대 무형자산이 된 지 오래다.

1995년 50억 달러의 운용 자산으로 시작한 오크트리는 이제 그 규모가 1,130억 달러에 달한다2020년 3월 기준. 부실채권이라는 틈새시장의 선두 주자로서 갖는 이점을 극대화하고, 막스의 투자 철학에 기반을 둔 자산 운용 원칙이 제대로 작동한 덕분이다. 그런데 지난 25년 역사에서 오크트리가 그야말로 퀀텀 점프 성장을 하게 된 사건이 있었으니 바로 2008년의 글로벌 금융위기였다.

'위기'는 준비된 자에게만 '기회'다

서두에서 말한 것처럼, 막스는 두 차례에 걸쳐 거대한 변곡점을 간파했다. '인터넷 광풍'의 끝과 '모기지 시장'의 붕괴가 그것이다. 모두 가치 투자 관점에서 부풀 대로 부푼 자산 가격을 '경제 주기'와 '시장 심리'를 읽고 판단한 결과였다. 그런데 금융위기를 거치며 막스의 위상이 급부상한 건 단지 위기를 한발 앞서 감지했기 때문만은 아니었다.

보통 위기에 대처한 성공 사례를 얘기할 때, 위기를 예감하고 관련 자산을 팔아 리스크를 없애거나 더 나아가 자산을 공매도한 스토리가 대부분을 차지한다. 금융회사 골드만삭스와 제이피모건 체이스 그리고 헤지 펀드 매니저 레이 달리오와 존 폴슨 등의 금융위기 극복담이 그랬다. 시간이 흘러도 그들의 무용담은 두고두고 회자된다. 반면 위기의 한복판에서 적극적으로 자산을 '매수'해 성공한 사례가 알려진 경우는 극히 드물다. 그 이유는 우선 사람들은 심리적으로 자산의 매도를 매수보다 불편해하기 때문에 이런 불편함을 감수한 사례를 더 높이 사는 경향이 있다. 다시 말해 자산을 매수해 돈을 버는 것은 그저 당연하게만 여기는 것이다.

그러나 '매수'가 말처럼 그렇게 쉽기만 한 일은 결단코 아니다. 글로벌 금융위기와 같은 상황에선 더더욱 그렇다. 폭락장에서 자산을 매수하는 건 그야말로 떨어지는 칼의 날을 잡는 격이다. 막스가 남달랐던 것은 바로 이 어려운 일을 몸소 실천했다는 데 있다.

2008년 5월, 막스는 다시 펜을 들었다. 이 글의 서두에서 언급한 2007년 2월의 〈메모〉 '바닥을 향한 경주' 이후 처음으로 투자에 긍정적 상황을 〈메모〉에 담기 위해서였다. 당분간 추가로 가격 조정이 있을 수 있지만, 최소한 분할 매수를 준비할 시점이 다가오고 있다는 논조였다. 막스는 〈메모〉와 함께 부실채권 투자를 위한 실탄 마련에도 나섰다. 오랫동안 막스의 투자 요청을 기다리던 고객들이 적극적으로 호응했다. 창사 이래 최대 규모인 110억 달러 투자금이 몰려들었다. 이제 과다한 부채로 유동성 위험이 높아진 기업들의 채권을 사들이는 일만 남았다. 펀드 운용을 맡은 카시는 서서히 투자 집행을 시작했다. 막스의 〈메모〉대로 서두르지 않고 같은 해 9월 중순까지 15억 달러어치 부실채권을 분할 매수했다.

그러던 중 메가톤급 사건이 터졌다. 3대 투자은행의 하나였던 리먼브라더스가 무너진 것이다. 대마불사에 대한 믿음이 깨지자 투자 심리는 급격히 얼어붙었고 시장은 두려움으로 가득 찼다. 2007년 초반과는 정반대 분위기가 시장을 지배하게 됐다. 시장가격이 떨어질수록 더 악화될 상황을 우려하며 누구도 매수에 나서지 않았다. 아주 보수적인 잣대를 들이대도 과하다 싶을 정도의 저평가 상태였는데도 말이다.

그런 탓에 시장에는 부실채권 매물이 계속 쏟아졌고, 막스와 카시의 눈에는 그 같은 패닉 매도가 막대한 이익 창출의 기회로 보였다. 그야말로 '바겐세일' 형국이었다. 두 사람은 기다렸다는 듯 매수의 속도를 높였다. 9월부터 12월까지 무려 60억 달러를 집행하며 쏟아지는 매물을 쓸어 담았다. 막스의 머릿속엔 두 가지 극단적인 생각이 교차했다. 제2의 대공황을 맞아 세상이 끝나든 아니면 천문학적 이익이라는 해피 엔딩을 맞든 둘 중 하나였다. 그가 내린 결론은 세상의 종말을 가정한 비이성적 가격 움직임엔 결코 동의할 수가 없다는 것이었다.

그런데 시장의 방향성은 오버슈팅overshooting*이 있기 마련이다. 경제나 기업의 펀더멘털에 '시장 심리'가 더해지는 탓이다. 게다가 가격의 바닥을 정확하게 짚어낸다는 것은 거의 불가능하다. 2008년의 상황도 그랬다. 차이가 있다면 투자자들의 공포심과 가격 하락의 속도였는데, 이는 과거 어느 때와도 비교가 되지 않았다. 막스의 혜안을 믿고 투자한 고객들의 공포심도 마찬가지였다. 5월부터 시작한 부실채권 투자의 수익률이 9월을 지나며 급락하자 고객들의 우려와 불만이 쇄도했다. 막스는 대부분의 시간을 고객을 달래는 일로 보낼 수밖에 없었다. 동시에 〈메모〉의 수위를 높였다. 〈메모〉를 통해 공격적 매수를 권고하고 나선 것이다.

같은 해 10월, '부정주의의 한계The Limits to Negativism'라는 제목의 〈메모〉에서 "몇 년 후면 우리는 2008~2009년의 바겐세일을 이용했던 것이 얼마나 쉬운 일이었는지를 회상하고 있을 것"이라며 저가 매수에 대한 강한 자신감을 나타냈다. 그 후 시장의 움직임을 돌이켜보면 당시 투자의 결실을 가늠할 수 있다. 금융위기가 정점으로 치닫던 시기에 대거

* 적정 가치를 넘어서는 시장가격의 과도한 움직임.

집행된 110억 달러 투자는 그 후 V자를 그리며 반등한 경제와 금융시장에 힘입어 고객들에게 60억 달러의 투자 이익을 안겼고 막스와 카시에겐 15억 달러의 수입으로 돌아왔다. 덕분에 막스는 억만장자 리스트에 이름을 올리게 됐고 실적에 걸맞게 회사의 규모도 급성장했다. 고객의 투자금이 늘어나면서 2005년 300억 달러이던 운용 자산이 2010년엔 840억 달러로 급증한 것이다.

금융위기 한가운데서 실행된 막스의 투자는 그 자신의 평소 투자 철학과 소통 능력이 빚어낸 최고 결정체라 할 수 있다. 우선, 그는 가치투자에 대한 확고한 신념으로 공포심을 극복할 수 있었다. 막스가 생각하는 가치투자의 출발점은 자산의 적정 가치에 대한 견고하고 논리적인 추정이다. 막스는 경제 주기상 현재 위치를 파악하고 현재 실적을 바탕으로 자산의 적정 가치를 추정한다. 미래에 대한 기대를 배제한, 철저하게 현재에 기초한 가치평가다. 이는 부실채권 투자에 가장 적합한 접근법이기도 하다. 투자 판단이 잘못되면 순식간에 종잇조각으로 변할 가능성이 아주 큰 자산이라서 그 가치를 추정하는 데 엄격할 수밖에 없다. 이렇게 논리적이고 보수적으로 추정된 적정 가치이다 보니 시장 심리의 쏠림 현상으로 가격이 저평가 영역으로 떨어졌을 때 적극적으로 매수에 나설 수 있었던 것이다.

다음으로, 바닥 찾기가 아닌 분할 매수로 대응한 것 역시 성공에 주효했다. 혹시 모를 추가 하락에 대비해 리스크를 관리하고, 저가 매수의 기회를 놓치는 우를 범하지 않기 위해서였다. 막스는 "다수의 저가 매수가 몇 안 되는 바닥 매수보다 낫다"라고 말하며 정교한 계산으로 바닥에서 매수하려는 심리를 경계한다. 만약 막스가 2009년 3월에 형성됐던 시장 바닥을 정확히 예측했다 한들 투자의 성과는 실제 성과에 훨씬 못 미쳤을 것이다. 무엇보다 바닥에서 그 많은 투자금을 소진하는 것은 애당초 불가능한 데다 바닥 확인 후 급반등하는 가격을 놓고 닭 쫓던 개 지붕 쳐다보듯 하기 십상이기 때문이다.

마지막으로, 〈메모〉를 통한 소통도 빛을 발했다. 막스의 〈메모〉는 자신의 논리를 견고하게 해줄 뿐 아니라 외부와의 소통에도 아주 유용한 도구였다. 막스는 투자 경험에서 얻은 지혜와 통찰을 〈메모〉에 담아 고객만이 아니라 대중을 설득하는 노력을 기울였다.

월스트리트 투자가 중 막스만큼 글쓰기의 힘을 잘 활용하는 이는 드물다. 널리 알려진 투자가들 가운데 아무리 적극적으로 소통하는 유형이라 해도 유창한 언변을 도구로 삼지 섬세한 글솜씨를 활용하는 경우는 드물다. 그만큼 사고를 논리 정연하게 글로 풀어서 쓰기가 쉽지 않다는 얘기이고, 또한 글쓰기에는 많은 시간이 걸리는 탓도 있다. 게다가 글은 기록으로 남기에 더 큰 책임이 뒤따른다. 막스가 〈메모〉를 쓸 때 며칠, 때로는 몇 주 동안 몰입하는 이유다. 하지만 오랜 사고와 분석 끝에 나오는 글의 영향력은 그 어떤 소통 수단도 능가한다. 막스는 투철한 투자 철학과 오랜 경험, 그리고 글쓰기의 힘까지 더해지면서 고객들에게 더 큰 울림을 줄 수 있었다.

참고자료

책을 내며

- 메리 버핏, 데이비드 클라크. 《워렌 버핏 투자 노트》. 이은주, 이재석 옮김. 국일증권경제연구소, 2007.

1장 | 존 보글 뱅가드 그룹 설립자

- Bogle, John C., *Common Sense on Mutual Funds(Fully Updated 10th Anniversary Edition)*. Wiley, 2009.
- Bogle, John C., *Enough: True Measures of Money, Business, and Life*. Wiley, 2009.
- Bogle, John C., *John Bogle on Investing: The First 50 Years*. Wiley, 2015.
- Bogle, John C., *Stay the Course: The Story of Vanguard and The Index Revolution*. Wiley, 2018.
- "Here's The Next Big Thing That Will Disrupt ETFs and Your Practice". *ThinkAdvisor*, Feb. 11, 2019.
- "How The Vanguard Effect Adds Up to $1 Trillion". *Bloomberg*, Aug. 31, 2016.
- "Jack Bogle, Father of Simple Investing, Dies at 89". *NPR*, Jan. 16, 2019.
- "John Bogle And 'The Power Of Words' That Sparked An Investing Revolution". *Forbes*, Jan. 18, 2019.
- "John Bogle, Who Founded Vanguard and Revolutionized Retirement Savings, Dies at 89". *Inquirer*, Jan. 16, 2019.
- "John Bogle: The Defiant Patron Saint of Index Investing". *Kiplinger*, Jan. 17, 2019.
- "MIB: Remembering Jack Bogle". *The Big Picture*, Jan. 19, 2019.

- "Remembering Jack Bogle and Herb Kelleher, Two Great Strategists". *Harvard Business Review*, Jan. 18, 2019.
- "Saint Jack On The Attack John Bogle Thinks The Mutual Fund Industry Has Betrayed Investors. That Makes Him Mad". *Fortune*, Jan. 20, 2003.
- "The 8 Success Principles Jack Bogle Lives by". *CNBC*, Nov. 15, 2019.
- "The Real Bubble Has Always Been in Active Management". *The Reformed Broker*, Aug. 29, 2019.
- "The Whiz Kids Take Over". *Institutional Investor*, Aug. 05, 2012.
- "Vanguard Founder John Bogle Shares His Three Keys to Leadership". *Smart Business Magazine*, Apr. 26, 2010.
- "Warren Buffett, Ray Dalio And Ken Fisher Show There's Utility in Humility". *Forbes*, Sep. 30, 2019.
- "We Come Not To Praise Indexing, but To…". *The Big Picture*, Jan. 21, 2019.
- "You Can Use Jack Bogle's Investing Strategy and Keep Socially Responsible Focus". *CNBC*, May 20, 2019.

2장 | **제임스 사이먼스** 르네상스 테크놀로지 설립자

- "Bitter Lawsuits. Epic Meltdowns. Vicious Arguments. Jim Simons' Renaissance Made Him Billions-But It Came at a Price". *Institutional Investor*, Nov. 06, 2019.
- "Democratic Donor Built Up Vast $8bn Private Wealth Fund in Bermuda". *The Guardian*, Nov. 07, 2017.
- "Dr. James Simons, S. Donald Sussman Fellowship Award Fireside Chat Series. Chat 1". *Finance at MIT*, Mar. 05, 2019.
- "Dr. James Simons, S. Donald Sussman Fellowship Award Fireside Chat Series. Chat 2". *Finance at MIT*, Mar. 06, 2019.
- "Goldman's Quant Fund Clients Will See 'Massive Speed Improvement' After $100M Trading System Upgrade". *ZeroHedge*, Aug. 02, 2019.

- "How Billionaire Jim Simons Learned to Beat The Market? and Began Wall Street's Quant Revolution". *Forbes*, Nov. 08, 2019.
- "How Jim Simons Built the World's Most Lucrative Black Box". *Bloomberg*, Nov. 03, 2019.
- "How Renaissance Technologies' James Simons Transformed Finance". *Worth*, Dec. 10, 2019.
- "Inside a Moneymaking Machine Like No Other". *Bloomberg*, Nov. 21, 2016.
- "Is Trump Backer Robert Mercer a Billionaire? I Tried to Find Out". *Bloomberg*, Apr. 25, 2017.
- "Jim Simons Revamps Renaissance Board in Nod to New Generation". *The Australian Financial Review*, Jan 24, 2020.
- "Jim Simons Reveals Clues to Medallion Fund's Unrivaled Run". *Bloomberg*, Mar. 08, 2019.
- "Jim Simons, the Numbers King". *The New Yorker*, Dec. 11, 2017.
- "Learning from Jim Simons". *Investment Masters Class*, Apr. 02, 2019.
- "Lies, Damn Lies, and Financial Statistics". *Bloomberg Businessweek*, Apr. 07, 2017.
- Mallaby, Sebastian. *More Money Than God: Hedge Funds and the Making of a New Elite*. Bloomsbury Publishing, 2010.
- "Quant Pioneer James Simons on Math, Money, and Philanthropy". *MIT Sloan School of Management*, Mar. 29, 2019.
- "Renaissance Joins Big Hedge Funds in Defying 2018 Gloom". *Financial Times*, Jan. 07, 2019.
- "Renaissance Technologies' Return, AUM, and Holdings". Insider Monkey, Feb. 10, 2019.
- "Seeker, Doer, Giver, Ponderer–A Billionaire Mathematician's Life of Ferocious Curiosity". *The New York Times*, Jul. 08, 2014.
- "Simons at Renaissance Cracks Code, Doubling Assets". *Bloomberg*, Nov. 27, 2007.

- "The Best Hedge Fund Manager of All Time Is…". *Institutional Investor*, Jan. 27, 2019.
- "The Frailty of The World's Greatest Investor". *Livewire*, Nov. 15, 2019.
- "The Making of Jim Simons: The World's Greatest Investor". *Financial News*, Nov. 05, 2019.
- "The Mathematician Who Cracked Wall Street". *TED*, Sep. 26, 2015.
- "The Polymath Philanthropist". *MIT Technology Review*, Oct. 18, 2016.
- "The Rich List". *Institutional Investor*, Apr. 30, 2019.
- "The Secret World of Jim Simons". *Institutional Investor*, Nov. 01, 2000.
- "The Top Hedge Funds Everyone Wants to Work for, and Why". *eFinancialCareers*, May 24, 2018.
- "The Unsolved Mystery of the Medallion Fund's Success". *Bloomberg Businessweek*, Nov. 12, 2019.
- "This Investment Has Beaten Warren Buffett by 200X over The past 30 years–But Good Luck Grabbing A Piece of It". *MarketWatch*, Nov. 23, 2019.
- "Three Hedge Fund Titans Celebrated Over Dinner. Everything Was Fair Game? Except Investing". *Institutional Investor*, Oct. 23, 2019.
- "What Renaissance Technologies Has That You Don't…". *Institutional Investor*, Oct. 17, 2017.
- "'World's Smartest Billionaire': James Simons Is Cal Alumnus of The Year for 2016". *California Magazine*, Spring, 2016.

3장 | 데이비드 루벤스타인 칼라일 그룹 회장

- "All-American". *CBS*, May 03, 2015.
- "Becky Quick Interviews David M. Rubenstein From CNBC Institutional Investor Delivering Alpha Conference". *CNBC*, Jul. 18, 2018.
- "Billionaire Confessional: David Rubenstein on Wealth and Privilege". *The New York Times*, Mar. 12, 2020.

- "Carlyle Gains US$1 Billion on Purchase". *The Taipei Times*, Aug. 03, 2003.
- "Carlyle Group Buys General Dynamics Unit". *The Washington Post*, Oct. 06, 1992.
- "Carlyle Group Is Learning to Manage Adversity". *The Washington Post*, Sep. 26, 2015.
- "Carlyle Group Is Ready for Its Close-up". *The Washington Post*, Jun. 03, 2011.
- "Carlyle Group to buy BDM". *The Washington Post*, Sep. 19, 1990.
- "Carlyle's Big Returns for Investment Funds Elude Regular Shareholders So Far". *The Washington Post*, Jun. 05, 2016.
- "David Rubenstein And The Carlyle Group: The Kings Of Capital". *Forbes*, Oct. 03, 2012.
- "Death of Former Carlyle Group Beltway Bandit CEO". *The PEU Report*, Apr. 10, 2016.
- "Distinguished Speaker Series: David Rubenstein". Duke University-*The Fuqua School of Business*, May 14, 2014.
- "Exclusive: Interview with Carlyle Co-Founder David Rubenstein". *The Harbus, Apr.* 11, 2018.
- "Extra: David Rubenstein Full Interview (Ep. 322)". *Freakonomics*, Mar. 04, 2018.
- "G. William Miller". *Wikipedia*, Jun. 05, 2020.
- "George Talks Business-David M. Rubenstein". *The George Washington University School of Business*, Sep. 26, 2019.
- "How Did David Rubenstein-Yes, That David Rubenstein-Become a TV Star?". *The Washington Post*, Oct. 26, 2017.
- "'I Guess That's Revealing': David Rubenstein on Trump and The Weight of History". *The Guardian*, Nov. 02, 2019.
- "Lunch with the FT: David Rubenstein". *Financial Times*, Mar. 22, 2013.
- "McKinsey Conversations with Global Leaders: David Rubenstein of The

Carlyle Group". *McKinsey Quarterly*, May, 2010.

- "Meet the Carlyle Group's $174 Billion Man". *The Washington Post*, Feb. 03, 2018.
- "Philanthropist David Rubenstein Reflects on The Power of Giving Money Away". *The Washington Post*, May 15, 2018.
- "Terror Watch: More Distortions From Michael Moore". *Newsweek*, Jun. 29, 2004.
- "The Access Capitalists". *The New Republic*, Oct. 18, 1993.
- "The Carlyle Group Profits from Government and Conflict". *Center for Public Integrity*, Nov. 18, 2004.
- "The New Corporation Man". *The Harvard Crimson*, May 23, 2017.
- "The Untapped Power of Patriotic Philanthropy". *The Chronicle of Philanthropy*, Feb. 11, 2020.
- "Tracor Buying GDE Systems from Carlyle". *The Washington Post*, Oct. 14, 1994.
- "United Defense Pays Off for Carlyle". *The Washington Post*, May 13, 2002.
- "Why This Billionaire Is Spending A Fortune on Washington's Monuments". *WAMU* 88.5, Feb. 12, 2020.
- "William E. Simon". *Wikipedia*, May 04, 2020.

4장 | 데이비드 스웬슨 예일대학교 기금 최고투자책임자

- "6 Reasons For David Swensen's Success at Yale". *A Wealth of Common Sense*, Sep. 08, 2015.
- "10 Universities with The Biggest Endowments". *U.S. News & World Report*, Sep. 24, 2019.
- Bermiss, Y. S., Hallen, B. L., McDonald, R., & Pahnke, E. C. "Entrepreneurial Beacons: The Yale Endowment, Run-ups, and The Growth of Venture Capital". *Strategic Management Journal*, 38(3), 545-565, 2017.

- "David Swensen Is Great for Yale. Is He Horrible for Investing?". *Institutional Investor*, Jul. 31, 2019.
- "David Swensen: His Model and Execution Made Yale Richer". *GuruFocus*, Feb. 08, 2018.
- "David Swensen's Guide to Sleeping Soundly". *The Yale Alumni Magazine*, March/April 2009.
- "Endowments Shift from Hedge Funds to Private Equity". *Bloomberg*, Oct. 9, 2019.
- "For Yale's Money Man, a Higher Calling". *The New York Times*, Feb. 18, 2007.
- "Guest Speaker David Swensen". *YaleCourses*, Apr. 05, 2012.
- "How David Swensen Made Yale Fabulously Rich". *Bloomberg Businessweek*, Sep. 11, 2019.
- "How Yale's Endowment Negotiates Fees". *Institutional Investor*, Apr. 10, 2017.
- "Investment Return of 5.7% Brings Yale Endowment Value to $30.3 Billion". *YaleNews*, Sep. 27, 2019.
- "Lessons from Yale's Endowment Model and the Financial Crisis". *Advisor Perspectives*, Apr. 20, 2010.
- "Lessons Learned: Colleges Lose Billions in Endowments". *Institutional Investor*, Nov. 04, 2009.
- "The Money Game". *Fortune*, Oct. 3, 2005.
- "The Money Management Gospel of Yale's Endowment Guru". *The New York Times*, Nov. 05, 2016.
- "The Rise and Fall of HMC". *The Harvard Crimson*, May 24, 2017.
- "The(Easily Misunderstood) Yale Model". *Institutional Investor*, Feb. 01, 2020.
- "We Crush Stock Indexes, Yale Claims". *Institutional Investor*, Apr. 11, 2018.
- "Why David Swensen Is the Roger Federer of Investing". *Institutional Investor*, Apr. 11, 2019.
- "Why the Yale Model of Investing Doesn't Work for Everybody". *Harvard*

Business Review, Apr. 09, 2010.

- *Yale Endowment 2001*, Yale University.
- *Yale Endowment 2009*, Yale University.
- *Yale Endowment 2010*, Yale University.
- *Yale Endowment 2011*, Yale University.
- *Yale Endowment 2018*, Yale University.
- "Yale's $8 Billion Man". *The Yale Alumni Magazine*, July/August 2005.
- "Yale's Endowment Growth Larger Than Peers". *Yale Daily News*, Feb. 04, 2020.
- "Yale's Endowment Learns Hard Diversification Lesson". *Barron's*, Nov. 18, 2017.
- "Yale's Financial Wizard, David Swensen, Says Most Endowments Shouldn't Try to Be Like Yale". *ProPublica*, Feb. 18, 2009.

5장 | 로이드 블랭크페인 골드만삭스 전 회장

- "Blankfein Is Twofer at Goldman Sachs". *New York Post*, Jun. 03, 2006.
- "Blankfein Says He's Confident Goldman Will Fix Trading Woes". *Bloomberg*, Aug. 02, 2017.
- "Blankfein, in Victory, Remains Goldman's Chairman". *The New York Times*, May 07, 2010.
- "Corner Office : Lloyd Blankfein". *The New York Times*, Sep. 15, 2009.
- *Full Year and Fourth Quarter 2019 Earnings Results*, Goldman Sachs.
- "Goldman and Morgan Stanley Look for Profit Elsewhere After Trading Slumps". *Bloomberg*, Oct. 18, 2017.
- "GOLDMAN CEO : Here's The Secret to Moving up The Ranks without Making People Nervous". *Business Insider*, Aug. 13, 2015.
- "Goldman Has Rehabbed Its Reputation And All It Took Was This Huge

Bubble". *Forbes*, Sep. 28, 2018.

- "Goldman Sachs Adds Strength in Commodities and Foreign Exchange With J. Aron Acquisition". *Goldman Sachs History*.
- "Goldman Sachs CEO Lloyd Blankfein Speaks From Boston College". *CNBC*, Mar. 22, 2018.
- "Goldman Sachs Is A Tech Company". *Business Insider*, Apr. 13, 2015.
- "Goldman Sachs, Morgan Stanley Take A Tough Assignment: Reinventing Themselves". *The Wall Street Journal*, Aug. 28, 2016.
- "Goldman Unveils Checks on Conflicts in Bid to Fix Image". *Reuter*, May 24, 2013.
- "Goldman's Blankfein: Firm's Wealth Unit 'should Be Bigger'". *Bloomberg*, Feb. 12, 2010.
- "Here's One Reason Lloyd Blankfein Is In Charge Of Goldman Sachs". *Business Insider*, Mar. 25, 2011.
- "How Goldman Sachs Plans to Boost Its Reputation with Online Bank Marcus". *Yahoo Finance*, Nov. 05, 2019.
- "Inside Wall Street's Most Enduring Rivalry". *Bloomberg*, Jun. 23, 2015.
- "Lessons from Lloyd: Interns Meet Our Chairman and CEO, Lloyd Blankfein". *Goldman Sachs Career Blog*, Aug. 13, 2018.
- "Lloyd Blankfein Is Now A Billionaire". *Bloomberg*, Jul. 17, 2015.
- "Lloyd Blankfein's Big, Tricky, Game-Changing Bet". *Institutional Investor*, Mar. 04, 2018.
- "Morgan Stanley Is Winning A Wall Street Grudge Match". *Business Insider*, Jul. 20, 2016.
- "Must You Now Leave Goldman Sachs for Morgan Stanley?". *eFinancialCareers*, Apr. 19, 2017.
- "NY's Best Bank Ain't Goldman Sachs". *Crain's New York Business*, Feb. 24, 2015.

- *Reputation Risk on the Rise*, Oliver Wyman, 2016.
- "Secret Goldman Team Sidesteps Volcker After Blankfein Vow". *Bloomberg*, Jan. 08, 2013.
- "Straight Talk with Hank Paulson: Lloyd Blankfein, Senior Chairman of Goldman Sachs". *Paulson Institute*, Sep. 01, 2020.
- "The David Rubenstein Show: Goldman Sachs' CEO Lloyd Blankfein". *Bloomberg*, Oct 27, 2016.
- "The Humbling of Goldman Sachs". *The Business Times*, FEB 20, 2020.
- "The J. Aron Takeover of Goldman Sachs". *The New York Times*, Oct. 01, 2012.
- "The Man Goldman Is Banking On". *BusinessWeek*, Jan. 26, 2004.
- "The Rags to Riches Story of Goldman's CEO-Who Is Now A Billionaire". *Daily Mail*, Jul. 18, 2015.
- "Wells Fargo Splits Chairman and CEO Roles After Investor Pressure". *Financial Times*, Dec. 02, 2016.
- "What Happened to Goldman Sachs?". *Harvard Business Review*, Mar. 15, 2012.
- "Where Blankfein Came from". *Fortune*, Apr. 21, 2011.
- "Why United Capital Chose Goldman, Not a PE Backer". *Barron's*, May 16, 2019.
- "Will You Trust Marcus (And Goldman Sachs) With Your Debt?". *Fast Company*, Oct. 13, 2016.
- "'볼커 룰' 또 완화…' 美은행서 48조 원 풀릴 수도". 《조선비즈》, 2020. 06. 26.
- "美금융당국, 은행 고위험투자 금지한 '볼커 룰' 완화 승인". 《연합뉴스》, 2019. 10. 09.

6장 | 마이클 노보그라츠 갤럭시 디지털 CEO

- *2019 Crypto Hedge Fund Report*, PwC & Elwood.
- "A Conversation with Mike Novogratz, Founder, CEO and Chairman at Galaxy

Digital". *The Block*, Sep. 17, 2019.

- "A Crypto Fund King Says Bitcoin Will Be The Biggest Bubble Ever". *Bloomberg*, Sep. 26, 2017.
- "A Sidelined Wall Street Legend Bets on Bitcoin". *The New Yorker*, Apr. 09, 2018.
- "Billionaire Mike Novogratz: 'The Crypto Revolution Is Real'". *CCN*, Nov. 07, 2019.
- "Bitcoin Endorsed by Top Hedge Fund Manager". *CNBC*, Oct. 25 2013.
- "Bitcoin Hedge Fund Launches with Silicon Valley and Wall St. Support". *Fortune*, Mar. 19, 2014.
- "Brazil Walloped Fortress Fund, Forced Out Novogratz: WSJ". *CNBC*, Oct. 17 2015.
- "Cryptopia in Crisis: Joe Lubin's Ethereum Experiment Is A Mess. How Long Will He Prop It Up?". *Forbes*, Dec. 05, 2018.
- "Fortress Chieftain Mike Novogratz Wrestles with Olympians, Youth··· and Wall Street". *Observer*, Jun. 13, 2012.
- "Fortress Rolls Bitcoin Stash into $150m Hedge Fund". *Financial Times*, Mar. 19, 2014.
- "How Macro Trader Novogratz Became A Bitcoin Convert". *Bloomberg*, Sep. 27, 2017.
- "Legends and Leaders: Mike Novogratz, President of Fortress Investment Group". *Opalesque TV*, Jun. 03, 2010.
- "Meet The Man Running The 'Goldman Sachs of Crypto'". *Barron's*, Dec. 07, 2018.
- "Michael Novogratz Leaves Fortress Investment as $3.2 Billion Macro Fund Shuts". *The Sydney Morning Herald*, Oct. 14, 2015.
- "Mike Novogratz on Bitcoin, Macro Trading, Ayahuasca, Redemption, and More". *The Tim Ferriss Show*, Aug. 08, 2020.
- "Mike Novogratz Thinks He Knows How to Get Institutions Into Bitcoin".

Institutional Investor, Nov. 19, 2019.

- "Mike Novogratz Wants to Build The Goldman of Crypto and List It in Canada". *Bloomberg*, Jan. 09, 2018.
- "Novogratz on Cryptocurrencies, Galaxy Digital IPO". *Bloomberg*, Jul. 30, 2018.
- "The Crypto Comeback of Former Hedge Fund Billionaire Michael Novogratz". *Forbes*, Feb. 07, 2018.
- "The Fall of Fortress". *Institutional Investor*, Apr. 05, 2017.

7장 | 제임스 고먼 모건스탠리 회장

- "Analysis: Morgan Stanley Stock Traders Rebuild Burned Bridges". *Reuters*, Jul. 19, 2013.
- "Are These The People Responsible for Morgan Stanley's Fixed Income Trading Miracle?". *eFinancialCareers*, Jan. 17, 2017.
- "Awards for Excellence 2017: Morgan Stanley Reclaims the Investment Banking Throne". *Euromoney*, Jul. 06, 2017.
- Beard, Patricia. *Blue Blood & Mutiny: The Fight for The Soul of Morgan Stanley*. Harper Perennial, 2008.
- "Best Investment Bank 2015: The Reinvention of Morgan Stanley". *Euromoney*, Jul. 09, 2015.
- "Can James Gorman Make Morgan Stanley Great Again?". *Fortune*, Mar. 30, 2011.
- "Correction to Morgan Stanley Story". *The Wall Street Journal*, Jun. 19, 2017.
- "Goldman and Morgan Stanley Look for Profit Elsewhere After Trading Slumps". *Bloomberg*, Oct. 18, 2017.
- "Goldman Sachs, Morgan Stanley Take A Tough Assignment: Reinventing Themselves". *The Wall Street Journal*, Aug. 28, 2016.
- "Gorman's New Job at Merrill: Demotion Or Promotion?". *Wealth Management*,

Jun. 06, 2005.

- "How Morgan Stanley Got Its Mojo Back". *The Wall Street Journal*, May 03, 2018.
- "Innovations in Wealth Management Technology: Best American Private Bank for Innovation". *Euromoney*, Nov. 04, 2014.
- "Inside Wall Street's Most Enduring Rivalry". *Bloomberg*, Jun. 23, 2015.
- "James Gorman of Morgan Stanley, Going Against Type". *The New York Times*, Jun. 29, 2014.
- "James Gorman's Challenge at Morgan Stanley". *The New York Times*, Jan. 17, 2010.
- "James Gorman's Eight Lessons for Up-and-coming Execs". *Wharton Magazine*, Mar. 7, 2012.
- "Life on Wall Street Grows Less Risky". *The Wall Street Journal*, Sep. 09, 2013.
- "Lunch with the FT: James Gorman". *Financial Times*, May 23, 2015.
- "Merrill Lynch Brings Back The Bull for Its Latest Campaign". *The New York Times*, Jan. 17, 2003.
- "Morgan Stanley CEO James Gorman Is The Australian Fixing Wall St Culture". *The Australian Financial Review*, Sep. 13, 2018.
- "Morgan Stanley CEO Sees Trading Drop Similar to JPMorgan, Bank of America". *Bloomberg*, Jun. 01, 2017.
- *Morgan Stanley Fourth Quarter and Full Year 2019 Earnings*, Morgan Stanley.
- "Morgan Stanley Is Winning A Wall Street Grudge Match". *Business Insider*, Jul. 20, 2016.
- "Morgan Stanley Made a Big Move in Its Key Business-and It Says Everything about The Direction Wall Street Is Heading". *Business Insider*, Jul. 19, 2016.
- "Morgan Stanley Nearly Doubled Profit from Year Earlier Fourth Quarter". *The New York Times*, Jan. 17, 2017.

- "Morgan Stanley Passes Goldman Sachs in Risk Management". *FOX Business*, Oct. 24, 2013.
- "Morgan Stanley Tops Estimates as Fixed-Income Revenue Jumps". *Bloomberg*, Apr. 19, 2017.
- "Morgan Stanley: Gorman Aims for The Top on Wall Street". *Euromoney*, Oct. 07, 2009.
- "NY's Best Bank Ain't Goldman Sachs". *Crain's New York Business*, Feb. 24, 2015.
- "The CEO Agenda: James Gorman, Morgan Stanley". *Euromoney*, Jun. 19, 2019.
- "The David Rubenstein Show: James Gorman". *Bloomberg*, Apr. 12, 2017.
- "The Deal That Made Morgan Stanley's James Gorman". *Euromoney*, Jul. 16, 2015.
- "The Moment Morgan Stanley's Been Waiting for, It Can Buy All of Smith Barney". *Forbes*, Jun. 21, 2013.
- "Wealth Management: Bank of Morgan Stanley". *Euromoney*, Apr. 26, 2019.
- "World's Best Investment Bank 2017: Morgan Stanley". *Euromoney*, Jul. 06, 2017.

8장 | 마이클 블룸버그 블룸버그 L.P. 설립자

- "12 Awesome Things You Can Do with Your Bloomberg Terminal". *Business Insider*, Feb 25, 2010.
- "5 Leadership Lessons from Michael Bloomberg". *Medium*, Feb. 04, 2017.
- "Block Trader at Salomon". *The New York Times*, Nov. 09, 1975.
- "Bloomberg Aches from Wall Street's Pain". *Forbes*, Apr. 01, 2009.
- Bloomberg, R. Michael. *Bloomberg by Bloomberg*. Wiley, 2001.
- "Bloomberg Terminals Restored After Global Outage". *CNBC*, Apr. 17, 2015.

- "Bloomberg Vows to Work at Center of Things". *The New York Times*, Dec. 25, 2001.
- "Bloomberg without Bloomberg". *Vanity Fair*, Nov. 05, 2008.
- "Bloomberg: The Man, The Company, The Culture". *Bloomberg Careers*, Dec. 10, 2018.
- "Bloomberg's Plan for World Domination". *Newsweek*, Nov. 21, 2011.
- "Can Anyone Bury Bloomberg?". *Institutional Investor*, Jul. 17, 2017.
- "How A Systems Failure Took Bloomberg Customers Offline". *TechBeacon*, May 29, 2015.
- "How Michael Bloomberg Became The Richest Man in Media". *CNN*, Nov. 08, 2019.
- "How Michael Bloomberg Makes and Spends His $54 Billion Fortune". *Business Insider*, Mar. 21, 2020.
- "How Michael Bloomberg Went From Bond Trader to Billionaire Media Mogul". *Business Insider*, Sep. 05, 2014.
- "How Mike Bloomberg Made His Billions: A Computer System You've Probably Never Seen". *Vox*, Dec. 11, 2019.
- "How The Bloomberg Terminal Made History-And Stays Ever Relevant". *Fast Company*, Oct. 06, 2015.
- "How to Succeed in The Business News Business". *The New York Times*, Jul. 27, 1997.
- "Michael Bloomberg". *Talks at Google*, Jun. 18, 2007.
- "Michael Bloomberg's Office Is… A Cubicle?!". *Hollywood Reporter*, Apr. 09, 2015.
- Purnick, Joyce. *Mike Bloomberg: Money, Power, Politics*. Public Affairs, 2010.
- "The Amazing "Craigslist" Service That Exists Inside Your Bloomberg". *Business Insider*, Mar. 24, 2010.
- "The Bloomberg Terminal, A Wall Street Fixture, Faces Upstarts". *The New*

York Times, Sep. 09, 2015.

- "The Bloomberg Threat". *The New Yorker*, Mar. 10, 1997.
- "The Disruption of Bloomberg L.P.". *CB Insights*, Sep. 22, 2018.
- "The Lesser-known Billionaire Givers-The Bloomberg Bunch". *Fortune*, Jun. 20, 2011.
- "The Untouchable". *The New Yorker*, Aug. 17, 2009.
- "Towers of Babble". *The New Yorker*, Jul. 30, 2007.
- "Who Is Michael Bloomberg? Bio, Age, Family, and Key Positions". *Business Insider*, Mar. 03, 2020.

9장 | 레이 달리오 브리지워터 어소시에이츠 회장

- "Bridgewater's Culture Is Like A 'Nudist Camp' at First: 'Very Awkward'". *The New York Times*, Mar. 07, 2017.
- "Bridgewater's New Brain: A Millennial Woman Is Blazing to The Top of The World's Largest Hedge Fund". *Forbes*, Oct. 30, 2018.
- "Bridgewater's Ray Dalio on His Succession Plan, 'Radically Transparent' Culture". *Business Insider*, Mar. 22, 2016.
- "Citizen Ray: Bridgewater's Ray Dalio Is The Wise Uncle You Wished You Had". *TechCrunch*, Aug. 02, 2019.
- Dalio, Ray. *Principles: Life and Work*. Simon & Schuster, 2017.
- "Diversifying Well Is The Most Important Thing You Need to Do in Order to Invest Well". *Linkedin*, Aug. 12, 2019.
- "How to Build A Company Where The Best Ideas Win". *TED*, Sep. 06, 2017.
- "Inside The World's Biggest Hedge Fund". *Fortune*, Mar. 19, 2009.
- "Is Ray Dalio The Steve Jobs of Investing?". *Chief Investment Officer*, Dec. 13, 2011.
- "Mastering The Machine". *The New Yorker*, Jul. 18, 2011.

• "Ray Dalio-The Holy Grail Investing Strategy". *ValueWalk*, Jan. 03, 2018.
• "The Top Hedge Funds Everyone Wants to Work for, and Why". *eFinancialCareers*, May 24, 2018.
• "The World's Largest Hedge Fund is Developing An Automated 'Coach' That Acts Like A Personal GPS for Decision-making". *Business Insider*, Sep. 26, 2017.
• "Warren Buffett, Ray Dalio and Ken Fisher Show There's Utility in Humility". *Forbes*, Sep. 30, 2019.

10장 | 제이미 다이먼 제이피모건 체이스 회장

• "10 Facts about Jamie Dimon". *Politico*, May 10, 2012.
• "Citigroup Chief Stays Bullish on Buy-outs". *Financial Times*, Jul. 10, 2007.
• "Dimon Comes up Trumps". *Euromoney*, Oct. 19, 2016.
• "Dimon Says US Has Some of The Worst Health Outcomes Despite Best System". *CNBC*, Jan. 23 2019.
• "Dimon's Emergency Surgery Puts Spotlight on JPMorgan's Bench". *American Banker*, Mar. 06, 2020.
• "Firing Back: How Great Leaders Rebound After Career Disasters". *Harvard Business Review*, Jan. 2007.
• "How Chase CEO Jamie Dimon Became One of The Richest Men in Banking". *Business Insider*, Mar. 11, 2020.
• "How JPMorgan's Jamie Dimon Went from Being Fired to Becoming A Top Leader in Banking". *Fox Business*, Apr. 16, 2020.
• "How The Once-fired Jamie Dimon Turned JPMorgan Chase into A Banking Colossus". *Crain's New York Business*, May 20, 2019.
• "Jamie Dimon Is Now A Billionaire, and He Got There in an Unusual Way". *Bloomberg*, Jun. 03, 2015.
• "Jamie Dimon on Finance: 'Who Owns the Future?'". *Bloomberg*, Mar. 01,

2016.

- "Jamie Dimon on The Line". *Vanity Fair,* Oct. 04, 2012.
- "Jamie Dimon Questions Bernanke about Dodd-Frank". *CNN,* Jun. 07, 2011.
- "Jamie Dimon, Head of America's Biggest Bank, on Politics, His Company's Role in The 2008 Financial Crisis, and His Paycheck". *CBS,* Nov. 10, 2019.
- "Jamie Dimon: America's Least-Hated Banker". *The New York Times,* Dec. 05, 2010.
- "Jamie Dimon: 'I Would Love to Be President of The United States'". *Business Insider,* Sep. 13, 2016.
- *Jamie Dimon's Letter to Shareholders, Annual Report 2018.* JPMorgan Chase & Co.
- "JPMorgan's Jamie Dimon Proves The Ultimate 'Survivor'". *Financial Times,* Jun. 09, 2017.
- "Lunch with The FT: At The Cutting Edge". *Financial Times,* Mar. 31, 2006.
- McDonald, Duff. *Last Man Standing: The Ascent of Jamie Dimon and JPMorgan Chase.* Simon & Schuster, 2010.
- "Mission Accomplished-Should Jamie Dimon, Wall Street's Most Celebrated Boss, Call It A Day?". *The Economist,* Mar. 20, 2020.
- "The Bankers That Define The Decades: Jamie Dimon, JPMorgan Chase". *Euromoney,* Jun. 10, 2019.
- "The Curse of the Superstar CEO". *Harvard Business Review,* Sep. 2002.
- "The David Rubenstein Show: JPMorgan CEO Jamie Dimon". *Bloomberg,* Mar. 29, 2017.
- "The House That Jamie Built-Is Dimon's Work Done at JPMorgan Chase?." *The Economist,* Mar. 20, 2020.
- "The Hubris of Jamie Dimon". *Bloomberg,* May 18, 2012.
- "Why JPMorgan's Jamie Dimon Is Wall Street's Indispensable Man". *Bloomberg,* May 17, 2013.

11장 | 하워드 막스 오크트리 캐피털 매니지먼트 회장

- "A Memo from the Chairman". *Bloomberg*, Mar. 05, 2019.
- "Bubble.com". *Oaktree Capital Management Memos*, Jan. 02, 2000.
- "For Howard Marks, Investing Is Like A Game". *Institutional Investor*, Jan. 13, 2020.
- "How Southern California Became Home to Bond Kings". *Bloomberg*, Apr. 04, 2018.
- "Howard Marks, The Ultimate Bargain Hunter". *Financial Times*, Oct. 18 2018.
- "Howard Marks Investor Series with Bruce Karsh". *Wharton School*, May 25, 2017.
- "Howard Marks: Bonds Are Back in Fashion". *Fortune*, Mar. 31, 2011.
- "Howard Marks: 'Mastering the Market Cycle'". *Talks at GS*, Oct. 30, 2018.
- "Howard Marks: My Six Key Tenets of Successful Investing". *ValueWalk*, Apr. 15, 2019.
- "Howard Marks: The 'Uncomfortably Idiosyncratic' Billionaire". *Observer*, Jun. 19, 2015.
- "Interview with Frank Carroll and Tim Jensen, Managing Directors of Oaktree Capital Management, L.P". *Eurekahedge*, Feb. 2010.
- "Investment Legend Howard Marks on Mastering The Market Cycle". *UCLA Anderson*, Nov. 09, 2018.
- Marks, Howard. *The Most Important Thing: Uncommon Sense for the Thoughtful Investor: Uncommon Sense for Thoughtful Investors*. Columbia University Press, 2011.
- "Quants Don't Scare Howard Marks". *Institutional Investor*, Jun. 19, 2018.
- "The Aviary". *Oaktree Capital Management Memos*, May 16, 2008.
- "The Limits to Negativism". *Oaktree Capital Management Memos*, Oct. 15, 2008.

- "The Most Important Thing–Origins and Inspirations". *Talks at Google*, Mar. 30, 2015.
- "The Race to The Bottom". *Oaktree Capital Management Memos*, Feb. 14, 2007.
- "Treasure Hunters of The Financial Crisis". *The New York Times*, Nov. 10, 2013.
- "Wages Even Wall St. Can't Stomach". *The New York Times*, Apr. 03, 1989.
- "You Bet!". *Oaktree Capital Management Memos*, Jan. 13, 2020.